本书受到国家社会科学基金项目"基于供给侧结构性改革[...]
养老产业结构调整策略研究"（项目批准号：17BJY157）

海南旅游养老产业结构
调整策略研究

陈　才◎著

经济管理出版社

ECONOMY & MANAGEMENT PUBLISHING HOUSE

图书在版编目（CIP）数据

海南旅游养老产业结构调整策略研究 / 陈才著 . —北京：经济管理出版社，2024. 3
ISBN 978-7-5096-9612-5

Ⅰ . ①海…　Ⅱ . ①陈…　Ⅲ . ①养老—旅游业发展—产业结构调整—研究—海南
Ⅳ . ①F592. 766

中国国家版本馆 CIP 数据核字（2024）第 036935 号

组稿编辑：王玉林
责任编辑：高　娅　王玉林
责任印制：许　艳
责任校对：王淑卿

出版发行：经济管理出版社
　　　　　（北京市海淀区北蜂窝 8 号中雅大厦 A 座 11 层　100038）
网　　　址：www. E-mp. com. cn
电　　　话：(010)51915602
印　　　刷：北京晨旭印刷厂
经　　　销：新华书店
开　　　本：710mm×1000mm /16
印　　　张：15. 5
字　　　数：254 千字
版　　　次：2024 年 3 月第 1 版　　2024 年 3 月第 1 次印刷
书　　　号：ISBN 978-7-5096-9612-5
定　　　价：88. 00 元

前　言

　　旅游养老产业是以旅游产业和养老产业为主，并与其他相关产业融合发展而形成的一种新业态，至今尚未有准确的定义。随着我国进入老龄化社会，养老方式呈现多元化发展态势，旅游养老已经成为中国老年群体养老生活的新潮流，并在条件较为优越的地区逐渐发展起来，尤其是在海南、云南、广西等省区，已经粗具规模，旅游养老已经成为当地社会经济的重要组成部分，对社会经济发展具有重要影响。

　　从海南旅游养老产业发展的实践来看，旅游养老是在市场驱动下自然成长起来的，中间并没有受到地方政府的过度干预，其发展动力主要来自房地产发展的驱动。随着我国房地产政策的调整，加上目前需求侧日益增长且升级变化的养老消费需求与供给侧有效供给不足、拉动消费不力之间的矛盾日益严重，亟须从供给侧制定旅游养老产业结构调整对策，以走出房地产驱动旅游养老产业发展的旧模式，走向以养老机构为主导的供需协调发展的新模式。

　　海南旅游养老产业萌芽于21世纪初的老年观光旅游，兴盛于"候鸟式"旅居养老，目前已经形成了集观光休闲式的旅游养老与"候鸟式"旅居养老于一体的旅游养老产业体系，业态十分丰富。作为旅游产业和养老产业交叉融合而形成的一个新业态，旅游养老产业发展涉及城建、地产、商业、医疗、休闲、保健等多个产业部门，是一个围绕老年人的旅游活动而形成的产业群。目前，海南旅游养老业态主要包括置业养老(自购住房养老)、社区旅租、机构养老、酒店宾馆、老年公寓、乡村民宿等多种形式，市场主体多元化，这给本书从整体上分析旅游养老供求关系带来了诸多困难，尤其是各种调研数据的获取以及对数据做多维度的宏观分析难度极大。

从现状来看，海南旅游养老市场需求与旅游养老产品供给之间已经形成了比较庞杂的供求关系体系，旅游养老产业的供给侧相对于需求侧已经具有一定的适应性，但产业总体上处于不良循环中。这在一定程度上折射出我国旅游养老产业的总体状况。

鉴于海南旅游养老产业的典型性，本书以海南为研究样地，从产业经济视角，分析旅游养老产业供求模式与运行机制，阐释旅游养老产业结构调整的理论逻辑和实践路径。同时，结合对海南旅游养老产业现阶段供给侧主要问题与成因的研究，提出调整海南旅游养老产业结构的对策建议，并为国内其他地区发展旅游养老产业提供借鉴。

研究发现，海南旅游养老产业发展以旅游地产为主要驱动力，在供给侧存在着一系列问题，其成因比较复杂，尤其是地方政府对旅游养老产业重视程度不足，相关政策支持力度不够，旅游养老产业技术含量低，导致旅游养老产品和服务以中低端为主，整个产业发展处于经济收益低—行业吸引力低—产业升级困难—利润率持续低位的不良循环中，进一步导致养老产业吸引力不够，出现从业人员数量不足和素质不高等一系列问题。上述因素共同导致企业对旅游养老产业缺少信心，缺乏有效投资，不能引领市场发展。因此，大多数旅游养老类的企业没有清晰的发展定位，缺乏创新的运营模式，经济效益都不好，难以形成规模化、专业化、产业化的态势。上述状态又导致地方政府对旅游养老产业缺乏信心，不愿出台更有效的扶持政策。在上述各种因素的相互影响、相互作用下，海南旅游养老产业出现了一系列问题，如缺乏政策引导、行业定位模糊、产业要素不够集中、缺乏规模效应、没有培育出品牌、经营效益低下等。

基于对海南养老产业运行状况的分析，本书在系统描述和分析海南旅游养老需求供给现状的基础上，从供给侧改革视角，提出了系统化的旅游养老产业结构调整对策：一是明确旅游养老产业定位，做好顶层设计；二是优化旅游养老产品体系，丰富旅游养老业态；三是壮大旅游养老市场主体，激发旅游养老消费活力；四是推进产业融合，培育旅游养老新业态；五是完善养老产业要素供给，提高旅游养老产业效率；六是推进产业融合，构建旅游养老产业生态圈；七是健全产业标准，营造良好的旅游养老产业发展环境。

　　在自贸港建设的大背景下，海南于 2018 年开始实施被称为海南发展史上最严格的房地产限购政策，这直接影响到以旅游养老地产为主导的旅游养老产业的发展。在供给侧发生重大调整的情况下，为促进海南旅游养老产业结构的优化调整，本书从旅居社区、乡村旅居、健康旅游三个方面，就海南旅居社区评价、共享农庄与养老产业对接、海南健康旅游与养老产业融合发展三个目前亟待深入研究的关键问题作专题研究，进一步提升了本书研究的深度、加强了政策的针对性。

目　录

图目录

海南旅游养老产业结构调整策略研究

表目录

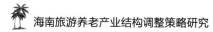

第一章

绪 论

一、研究背景

(一)中国进入老龄化社会

自 20 世纪 90 年代以来，中国人口老龄化速度不断加快。根据《中国统计年鉴 2020》，我国 65 岁及以上老年人口从 1990 年的 6299 万人增加到 2020 年的 19064 万人，占总人口的比例由 1990 年的 5.57% 上升到 2020 年的 13.50%。2000 年后，中国正式迈入老龄化社会，此后人口老龄化程度持续加深。2005 年，中国 65 岁及以上老年人口达到 1 亿人，超过许多西方发达国家人口规模。从图 1-1 可以看出，我国老龄人口增长率除 1995~2005 年缓慢降低外，2005 年后一直在持续增长，并存在着一定的加速度。

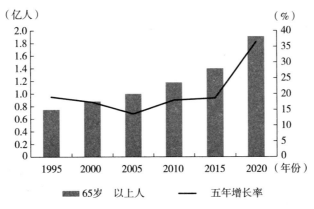

图 1-1 我国老龄人口增长率变动

（二）养老方式走向多元化

随着人口老龄化的发展，尤其是我国家庭人口规模越来越小型化，人口流动性持续增强，加上社会经济的发展，导致养老模式和养老需求呈现出多元化发展态势。目前，我国已经初步构建起以居家养老为基础、以社区养老为依托、以机构养老为支撑、医养融合发展的多层次社会化养老服务体系，具有如下基本特征：一是养老服务主体的社会化，家庭养老部分功能开始走向市场，发展出机构养老、居家养老、社区养老等多种形式；二是受益对象的公众化，从最初的"三无"和"五保"老人，扩大到社会所有老人；三是保障内容越来越全面，从单一的救助，扩大为日常照料、医疗护理、精神慰藉、休闲娱乐等方面；四是服务队伍的专业化，教育部门大力开展养老服务教育，开设相关专业，培养专业人才，养老机构专业人员队伍专业化水平不断提升[①]。

（三）旅游养老成为新时尚

随着居民生活水平的提高，加上人口老龄化问题凸显，越来越多的老人在养老上追求更高层次的身体和精神享受，旅游养老正成为不少中国老年人的生活新潮流。一般认为，旅游养老具有多种好处：一是养老环境的转换和变化，可以增加老年人的新鲜感，结识更多有共同语言的老年新朋友，帮助他们找到更多快乐和归属感；二是能够丰富老年人生活，真正做到"老有所乐"，进而提高老年人的生活品质和幸福指数；三是旅游养老在客观上能够减轻子女的照护负担。《中国中老年人旅游消费行为研究报告2016》显示，在经济和身体条件等都允许的情况下，国内81.2%的中老年受访者愿意去旅游，旅游消费认知水平不输年轻人；70%的老年受访者认同旅游消费在保持健康身心、增长见识等方面具有重要的积极作用；超过40%的中老年旅游者每年出游两次以上，并且偏爱长线游。目前，主打文化、温泉、养生、老年教育等理念的养老小镇已经遍地开花。我国较早出现旅游养老产业的省份是海南、云南、广西等地，其旅游养老业态主要包

---

① 杨素雯．推进养老模式多元化发展［N］．中国社会科学报，2019-02-20.

括养老社区、度假酒店、乡村民宿等多种形式。

(四)海南旅游养老产业长期缺乏有效的政策引导

海南自1988年建省办特区以来，虽一直处于我国改革开放的前沿地带，但社会经济总体发展水平不高，长期滞后于我国东部其他地区①。2001年博鳌亚洲论坛正式成立，标志着海南省开始走向世界舞台。2003"非典"疫情结束之后，海南增加了"健康岛"这一亮丽的名片。由于热带气候非常适合避寒，加上中国社会经济的持续发展，我国出现了一定规模的旅游养老需求。2003年之后，大量的北方老年人尤其是来自东北地区的老年人开始南下，逐渐形成了"候鸟人群"。2010年，海南开始建设国际旅游岛，正值我国房地产高速发展期，到海南买房投资和定居的人越来越多。随着经济条件越来越好，生活水平越来越高，加上人口老龄化加剧，来海南旅居养老的老人从2000年的几千人增加到如今的百万人以上，其入住形式以租房或买房为主。由于房价越来越高，有些老人会选择入住老年公寓或者高级疗养院，也有些老人会选择一些比较方便的宾馆、旅馆作为短期旅居住所；近几年，三亚、文昌、万宁等地出现不少私营老年公寓，这些老年公寓大多包吃包住，价格也比较实惠，一般的双退休老人基本都能接受。

海南旅游养老产业一直是在缺乏明确的产业政策引导下自然发展的，已经形成了一定的产业规模。目前，人们对于海南"候鸟式"养老存在两种基本观点：一是认为"候鸟式"人群的到来，为海南带来了一定的消费，增加了海南的活力，海南应大力发展旅游养老产业，以此推动海南社会经济结构优化与快速发展；二是认为海南属于经济欠发达地区，虽拥有优质的养老资源，但比较稀缺，许多"候鸟式"老人消费不高，并占用了大量公共资源，没有给海南带来较大的经济效益，从长远来看，弊大于利。

二、研究问题

结构性矛盾是当前我国经济面临的最大挑战。2015年12月的中央经济

---

① 1988年4月13日，七届全国人大一次会议正式表决通过海南建省，海南成为我国第31个省，也成为全国第一个经济特区省。

工作会议指出，推进供给侧结构性改革，是适应和引领经济发展新常态的重大创新，是适应国际金融危机发生后综合国力竞争新形势的主动选择，是适应我国经济发展新常态的必然要求。在服务业领域，国务院办公厅印发了《国务院办公厅关于加快发展生活性服务业促进消费结构升级的指导意见》（国办发〔2015〕85 号），提出从供给和需求两侧为居民和家庭、健康、养老、旅游、体育、文化、法律、批发零售、住宿餐饮、教育培训这十大类生活性服务业寻找突破口，其中养老、教育、旅游、餐饮等生活服务将更加注重供给侧和需求侧的"双轴驱动"。

海南是国内旅游养老产业重点发展地区之一。海南统计局数据显示，海南候鸟人口由 2015 年的 115 万人增至 2017 年的 130.98 万人。流动型候鸟人口占比逐年增加，2015 年流动性候鸟人口占比仅为 58.0%，2017 年占比突破 60%，占海南常住人口的 10% ~ 13%[①]。目前，受各种因素制约，海南旅游养老产业供需矛盾问题日益加深。对大多数企业而言，旅游养老市场需求旺盛，但投资收益率低，经营效益差；对地方政府而言，大量老年游客占用大量公共资源，但未能带来大量消费，对于地方经济社会发展负面影响较大，但又缺乏有效对策。上述现象表明，海南旅游养老产业结构亟须深度调整。

鉴于此，本书要研究的主要问题是：

第一，旅游养老的内涵、特点与模式。

第二，旅游养老产业的性质、结构与运行机制。

第三，海南旅游养老产业需求与供给的现状与特征。

第四，如何构建一个分析框架，系统分析海南旅游养老产业供需关系；如何分析供给侧存在的主要问题及其原因。

第五，如何构建一个海南旅游养老产业结构调整模式的逻辑框架，并从供给侧制定相关调整对策。

---

① 深度剖析海南候鸟人群：何处安放的晚年？［EB/OL］．［2019-02-13］．https：//baijiahao. baidu. com/s？id=1625339632082980170&wfr=spider&for=pc.

三、研究意义

本书研究的理论意义在于通过梳理相关文献，阐释旅游养老的内涵与特征，界定旅游养老产业的性质与特点，构建一个旅游养老产业结构调整的分析框架，并研究如何通过供给侧结构性调整，着力提高旅游养老产业供给体系的质量与效率，从而促进旅游养老产业高质量发展。

本书研究的实践意义在于结合海南社会经济发展实际，分析海南旅游养老产业需求和供给，找到其存在的主要问题，从供给侧对海南旅游养老产业结构调整提出新举措，并对国内其他地区调整旅游养老产业结构提供借鉴。

四、研究样地

海南岛是我国唯一的热带海岛，气候资源独特，生态环境优美，素有"健康岛""阳光岛""长寿岛"的美称。海南岛约有1823千米的海岸线，拥有阳光、蓝天、白云、碧海、沙滩和海湾，是发展热带休闲旅游和热带海滨度假的胜地，也是自然环境适宜的居住宝地，更是发展旅游养老产业的理想区域。同时，海南岛地貌以山地为主，自然条件多样，生物种类丰富，群落类型繁多，森林覆盖率达62.1%，有优质的森林康养资源，适合发展康养旅居产业。

海南是国内旅游养老产业重点发展地区之一。海南省政协的《进一步加强"候鸟群体"服务管理、发挥"候鸟人才"作用的调研报告》显示，2017年10月1日至2018年4月30日，来海南的候鸟老年人口总数约为164.77万，占海南户籍人口总数的17%左右，主要分布在三亚和海口地区。其中，三亚候鸟老年人口数为41万，占全省老年候鸟人口总数的24.9%；海口候鸟老年人口数为27.2万，占全省候鸟老年人口总数的16.5%①。目前，受各种因素制

---

① 深度剖析海南候鸟人群：何处安放的晚年？［EB/OL］．［2019-02-13］．https：//baijiahao．baidu．com/s？id=1625339632082980170&wfr=spider&for=pc．

约，海南旅游养老产业处于比较尴尬的境地：一方面，存在大量的市场需求，发展前景看好；另一方面，旅游养老企业经营效益差，地方政府又缺乏有效对策。这在很大程度上折射出我国旅游养老产业存在的结构性问题，具有代表性和典型性。鉴于此，海南是研究旅游养老产业健康发展和各种异地养老政策运行效果的理想区域。通过对海南旅游养老产业的研究，可为全国旅游养老产业发展提供经验和指导。

五、内容结构

第一章，绪论。本部分主要介绍研究背景，提出具体的研究问题，阐释研究意义，介绍本书研究的主要内容、研究方法、资料来源和整体框架。

第二章，旅游养老文献综述。本部分通过文献研究，对旅游养老及相关概念进行辨析，阐述旅游养老的基本特征、旅游养老需求的性质、旅游养老消费模式。对候鸟式旅游养老的概念、动机、行为、市场开发、情感体验、社会融入等进行文献评述。对旅游养老产品进行概念界定和开发评述。对国外养老发展进行分析总结以提供经验借鉴。

第三章，旅游养老产业结构调整的理论逻辑与实践路径。本部分通过理论研究，阐述旅游养老产业的内涵、特征、业态模式，构建旅游养老产业运行的动力模型、演进机制。从供给侧改革视角出发，阐述旅游养老产业供给侧结构性改革的必然性和实践路径，为制定旅游养老产业结构调整对策奠定基础。

第四章，海南旅游养老产业发展环境研究。本部分通过文献研究和实地调研，对海南旅游养老产业的发展环境进行系统分析，从自然生态环境、旅游产业环境、政策法治环境、经济发展环境和社会文化环境方面，揭示海南旅游养老产业发展环境的变化趋势，为分析海南旅游养老产业供需现状与问题奠定基础。

第五章，海南旅游养老产业需求研究。本部分通过统计分析、实地研究、个案研究等方式，对海南旅游养老市场需求状况进行深入调研，从旅居客市场和"候鸟式"旅居养老市场两种路径分析海南旅游养老市场状况与特征，分析海南"候鸟式"旅游养老的需求特征、居住模式和消费痛点。

第六章，海南旅游养老产业供给研究。本部分通过统计分析、实地研究、案例研究等方式，对海南旅游养老供给状况进行深入调研，从旅游地产、机构养老、宾馆酒店、养老公寓、乡村旅居等方面分析市场供给要素现状。从医疗卫生、公共交通、养老政策等方面研究政府供给现状。围绕产业发展的人才、资金、土地等基本要素，分析海南旅游养老产业的要素供给状况。

第七章，海南旅游养老产业供需关系分析。本部分构建海南旅游养老产业供需关系分析的逻辑框架，从总量和结构两个层面分析海南旅游养老产业供需状况及其表征，揭示旅游养老产业供给侧存在的主要问题及其成因，为从供给侧制定相关对策提供依据。

第八章，海南旅游养老产业发展衍生问题研究。由于本书在研究过程中遇到诸多衍生问题，因此本部分结合海南目前社会发展背景，从深度解决旅游养老发展问题出发，选择海南旅居养老社区评价、海南共享农庄与旅游养老产业对接、海南健康旅游业态配置与旅游养老融合发展三个问题作专题研究，以进一步提升研究的深度和加强对策的针对性。

第九章，研究结论、对策建议与相关讨论。本部分总结本书研究的主要结论，从供给侧层面探讨解决旅游养老产业结构调整的对策建议，在优化旅游养老产品供给、提升旅游养老要素供给、丰富旅游养老业态、营造旅游养老发展环境等方面提出了具体对策与建议，最后讨论了研究中的创新、不足与后续研究建议。

六、研究技术路线与研究方法

(一)研究技术路线

本书的研究技术路线如图 1-2 所示。

(二)研究方法

本书采用的研究方法主要有以下几种：

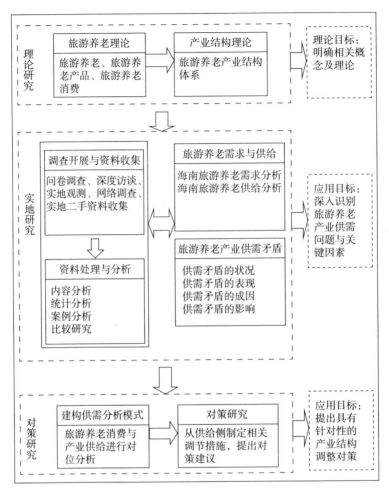

图 1-2　研究技术路线

1. 文献研究法

文献研究法主要用在理论研究阶段，针对旅游养老消费需求理论、产业结构理论、供给侧结构性改革等理论进行系统的文献研究，为本书研究奠定扎实的理论基础。

2. 问卷调查法

问卷调查法主要用在实地研究阶段，通过问卷调查，研究海南旅游养老消费行为特征，分析旅游养老消费模式。通过实地调研，了解旅游养老产业供给状况，分析海南旅游养老产业运行特征，揭示海南旅游养老产业供给侧结构性问题。

3. 案例研究法

案例研究法是实地研究的一种，主要是选择一个或几个典型实例为对象，系统地收集数据和资料，进行深入的研究。本书研究使用案例研究方法，在旅游养老需求侧、供给侧、供需矛盾分析和国内外经验借鉴方面，选取国内外典型案例进行分析。

4. 专题研究法

专题研究法也称"辅助研究或功能研究"，是对侧重的某个问题进行较深入的调查后所形成的研究，对整体研究起到深化作用。为提升研究深度，本书研究结合海南自贸港建设和乡村振兴实践，就海南旅居养老社区评价、海南共享农庄与旅游养老产业对接、海南健康旅游业态配置与旅游养老融合发展三个关键问题开展专题研究。

（三）资料来源

1. 一手资料

本书研究用到的调查资料始于 2015 年。为深入分析海南旅游养老供需状况，课题组自 2015 年开始就一直开展海南"候鸟式"旅居市场与产业发展的相关调查，调查方式包括实地考察、深度访谈、问卷调查、网络调查等，调查范围以三亚、海口、文昌、琼海、东方、保亭等市县为主。

2. 二手资料

（1）公开统计资料。本书研究系统收集了 2000 年以来针对海南省社会经济发展等的公开统计资料，包括《2022 年海南省国民经济和社会发展统计公报》《中国人口统计年鉴》等政府相关部门的统计资料。

（2）内部统计资料。本书研究从海南省旅游和文化广电体育厅收集到 2017 ～2020 年的海南省旅游卫星账户研究成果，其中，对旅居客的调查数据为本书研究分析海南养老旅居市场提供了大量的数据支撑。

（3）网络调查资料。海南作为国内旅游养老最为发达的地区之一，在网络上有大量关于海南"候鸟老人"与养老产业的各种信息，尤其是各种报道、采访与专题研究。此外，旅游养老企业通过网络营销宣传产品和服务，也为分析旅游养老产业供给提供了基础资料。

第二章

旅游养老文献综述

一、旅游养老

(一) 养老及养老方式

1. 养老的字面含义

养老是一个常用的概念。从字面含义来看,"养"可解释为赡养、供养、奉养等,主要是供给生活品。"老"是指老年人,是指个体进入老年后,由于劳动能力逐渐衰减,需要依靠家人与社会提供其生活必需品,以维持其生存。在中国传统文化中,养老一词通常包括养老、敬老、送老三层含义。其中,养老是从物质层面满足老年人需求,包括能养和善养;敬老即尊敬老人,是从精神层面满足老年人需求;送老即为老年人送终,依礼送葬①。

2. 养老的一般性定义

一般来说,养老是指老年人(我国通常以退休为标准)在生理需求、安全需求等层面得到一定程度的满足,并在此基础上,最大化满足社交需求、尊重需求和自我实现需求的生命过程。养老是退休人员从被动生命阶段走向主动生命阶段、自主生命阶段的过程。

3. 主要养老方式

目前,中国老年人的养老方式主要有家庭养老、居家养老、社会养老、

---

① 李振纲,吕红平. 中国的尊老敬老文化与养老 [J]. 人口学刊,2009(5):27-31.

机构养老四种形式①，其各自含义如下：

（1）家庭养老是以家庭为场所，依靠家属或其他赡养人提供照顾的养老。目前，家庭养老是我国最主要的养老方式。老年人的居住方式主要有独居、与配偶居住、与未婚或已婚子女居住等方式。

（2）居家养老是老年人居住在家庭，但由社会承担物质供养，其具体分工主要为：社会承担劳务养老，家庭承担精神养老，国家、集体和个人共同承担物质养老。由此可见，居家养老是家庭养老和社会养老的有机结合。

（3）社会养老是由社会承担老年人的经济来源和生活服务。老年人的退休金、医疗费、福利费、救助费、生活照料等方面由社会保障机构、各级政府、企事业单位、社会团体等提供。目前，社会养老的主要机构有养老院和敬老院两种。

（4）机构养老是指老年人入住专业的养老机构。养老机构是为老年人提供饮食起居、清洁卫生、生活护理、健康管理和文体娱乐活动等综合性服务的机构。它可以是独立的法人机构，也可以是附属于医疗机构、企事业单位、社会团体或组织、综合性社会福利机构的一个部门或者分支机构。

（二）旅游养老及相关概念诠释

从字面意义来看，旅游养老就是通过旅游的形式来完成养老。而从目前旅游养老的定义来看，旅游养老基本上可分为三类：一是从强调旅游养老引发的关系和现象的角度来定义，将旅游养老解释为老年人在不以获取经济利益为目的的异地养老活动过程中所发生的一切现象和关系的总和②。显然，这种定义明显受到了旅游定义的影响，用旅游的定义来推导旅游养老的定义。二是强调环境对旅游养老的重要性，认为旅游养老定义中要注重舒适的环境属性③，即从旅游养老者的基本动力或行为目的入手来解释旅游养老。例如，何云灿（2015）认为，养生养老是以良好的生态环境为基础，对人类身体和精神进行调理以达到健康长寿、修养身心目的的整个活动过

---

① 孙伊凡. 养老方式嬗变及其原因探析 [J]. 人民论坛，2019(13)：74-75.
② 李松柏. 我国旅游养老的现状、问题及对策研究 [J]. 特区经济，2007(7)：159-160.
③ 梁陶. 我国旅游养老产品开发策略研究 [J]. 现代商贸工业，2008(7)：117-118.

程。三是强调旅游养老的本质是度假旅游①，即旅游养老实质上是度假旅游的延伸，本质上与度假无异。

从这些定义来看，旅游养老强调的是异地养老，类似于度假，其动机主要是以康养保健、修身养性、人际交往和逃避等为主，通过参与各类旅游活动，从而实现生活质量的提高。

从我国旅游养老发展的实践来看，旅游养老实质上是异地养老的一种形式，与之相关的概念有老年旅游、旅居养老等②。从这些概念的关系来看，老年旅游是最早出现的概念，之后衍生出旅游养老、候鸟型养老、旅居养老、康养旅居等相关概念，现对其中一些概念及其关系进行阐释。

1. 老年旅游

老年旅游，最初是指老年人的外出旅游，尤其是旅行社组织的老年团。显然，旅行社在做老年旅游团的行程计划时，要充分考虑老年人的身体状况和需求特点，以满足其特殊需求，提高产品竞争力。其中，最典型的老年旅游产品是"夕阳红"。毫无疑问，老年人有强烈的旅游愿望，对交通、饮食、安全等有特定的需求，除了游历欣赏异地丰富的自然景观和人文景观外，其更侧重于经济实惠、安全慢游等。就此而言，老年旅游模式与普通旅游模式没有实质区别，无非就是带着老人们多去几个景点，多拍一些照片，多照顾老年人的身体状况和食宿要求，仅此而已。

随着我国老龄化进程加快，老年旅游将成为最具发展潜力的细分市场。《中国老年旅游产业发展现状和趋势研究》显示，我国老年游客平均出游时间达到 5 天/年，人均消费超过 3600 元。据此推算，我国老年旅游市场目前的市场价值高达万亿元以上，未来发展十分可观。从实践来看，我国已经开发出一批老年旅游目的地和线路产品，初步形成了一批专业的老年旅游指导机构和供给商，这表明老年旅游市场供给越来越专业化，各种旅游养老业态将更加丰富。

---

① 周刚. 旅游养老理论与实践研究 [J]. 地域研究与开发，2009，28(2)：112-116.
② 宋欢，杨美霞. 旅游养老的概念与本质 [J]. 三峡大学学报(人文社会科学版)，2016，38(6)：37-41.

2. 老年度假

老年度假是老年旅游的升级版。随着中国旅游从观光时代走向度假休闲时代，老年度假逐渐兴盛。在此时期，老年人中尤以"活力化银发族"为主，年龄在60~75岁，他们开始不再满足基本的物质生活需求，而是追求更高层次的旅行、休闲和社交等活动，于是休闲度假式旅游开始取代传统的观光式旅游。他们有钱、有闲，身体健朗，还可以出行，于是老年旅游中出现了"医疗+养老""度假+养老""旅行+养老"等各种旅游养老形态，也融合成"旅游+度假+宜居+医养"的多种养老方式。

3. 旅居养老

随着老年度假的发展和生活水平的提升，加上我国房地产市场的发展，异地购房成为人们投资置业、旅居养生与养老的重要方式，在这过程中，市场上逐渐出现了旅居养老、康养旅居等诸多新概念。

旅居养老是指老年人为享受更高质量的生活环境，促进身心健康发展，到自然环境更为舒适的地点进行较长时间的居住[①]。目前，关于旅居养老的官方定义来自《旅居养老服务机构评价准则》，即老年人在常住地域以外的地域旅行并居住，单次旅居时间超过15日，在旅居过程中享受各类适老服务，进行养老的生活模式[②]。这个定义明确指出旅居养老是由旅游、居住和养老三项活动构成，同时具备异地性和时限性，这样就能将旅居养老与和它相似的异地养老及老年人旅游等概念区分开来。从实践来看，我国典型的旅居养老有候鸟型、乡村型、周游型三种基本形式。

4. 旅游养老和旅居养老的关系

从字面含义来看，旅游养老和旅居养老在概念上稍有差别。旅游和旅居都是离开自己的常住地到异地去游历、居住。异地有着丰富的自然景观和人文景观。旅游以欣赏自然风景为主要诉求，具有时间紧、节奏快、内容单一、日程安排不够灵活、很少重复再来的特点。旅居则表现为时间充裕、节奏舒缓、内容丰富、日程安排灵活、重复性强。旅居地的住所虽然

---

① 康蕊. 关于旅居养老产业发展的思考——以海南省为例 [J]. 社会福利，2016(4)：25-28.
② 雷挺. 海南旅居养老基地规划设计研究 [D]. 北京：清华大学，2016.

是临时住所，但还有一些"家"的味道，可称其为第二居所或旅居房产。

从产业角度来看，旅游养老和旅居养老可视为一个概念，都是以异地养老的形式而发生的不以工作、定居和移民为目的的旅行、暂居和游览活动的总称。但从需求的角度来看，二者存在一些差异：旅游养老可称为养老旅游，是一种以短期度假、旅游为主的需求，是以延缓衰老、提升老年生活质量为目的的旅游活动，把旅游作为老年人养老生活的一种状态。这种形式主要采用跟团旅游或自由行的方式，以旅为主、以居为辅，以次数为单位。旅居养老可称为养老旅居，是老年人选择去气候宜人的异地居住，以达到气候养生的目的，老年人在目的地购置房产，或者租住民宿与酒店，更关注居住需求。

本书统一使用旅游养老这一概念，泛指长期旅居养老和短期旅游养老。调研中发现，在海南长期旅居的多数老年人也不是完全居住在同一个地方，而是环岛短期旅游。因此，本书在使用上述概念时，对二者不加区分，均视为一个概念，只是为了方便陈述，在表述中同时使用这两个概念。

二、旅游养老模式研究

旅游养老具有多种模式，在此方面已有诸多成果，概括起来主要有五种分类方式：一是从旅游养老与目的地的资源和组织方式之间的关联入手，进行分类。例如，赖一阳（2019）将旅游养老分为旅居式、乡村式、跟团式和抱团式四种形式。二是根据旅游的核心动机来划分，将旅游养老分为观光型养老、探亲型养老、休闲型养老、疗养型养老和投资型养老[1]。这种形式的划分较为全面地阐释了旅游养老的动机。在现实社会中，许多旅游养老地会根据旅游动机的不同，结合自身资源情况，开发基于不同养老动机的旅游产品。三是根据异地养老时间的长短，将旅游养老分为长期性迁居养老和季节性休闲养老两种方式[2]。四是根据疗养的地方差异，将旅游养老分为候鸟式养老、疗养式养老、文艺鉴赏式养老、田园养老和社区旅居养

---

① 赵西君. 我国旅游养老服务业发展现状与对策研究——以广西壮族自治区为例 ［J］. 中国市场，2016（26）：107-111.

② 穆光宗. 关于"异地养老"的几点思考 ［J］. 中共浙江省委党校学报，2010（2）：19-24.

老模式，并对每一类养老模式进行细分。其中，候鸟式养老分为暖冬养老和避暑养老；疗养式养老分为中医养老、西医养老和美食养老；文艺鉴赏式养老分为古镇养老、民俗养老、宗教禅修养老①。这种分类更为具体，体现了产业融合的特征。五是一些学者根据旅游养老的频率、动机和地点，将旅游养老分为机构抱团疗养型、候鸟式安居养老型、季节性休闲度假型、互动式旅游养老型和移居探亲交友型五种类型。其中，机构抱团疗养型的最大优势是能够降低养老风险，可以有效调节身体健康和获得精神慰藉；候鸟式安居养老型的优势在于适宜的生活方式和舒适的环境；季节性休闲度假型更加突出对老年人休闲、娱乐、观光、养生等方面需求的满足；互动式旅游养老型突出借助互联网资源进行资源整合，来满足养老需求②。

我国地域辽阔，人口众多，旅游养老资源丰富，旅游养老消费呈多元化发展态势。从旅游养老的实践来看，目前国内的旅游养老主要有四种主要模式。

（一）观光休闲式旅游养老

观光休闲式旅游养老是老年旅游的典型形式之一，是指老年人为满足旅游休闲娱乐需求到外地进行观光休闲活动，时间长短不一，一般不超过一个月。最典型的观光休闲式旅游养老方式是参加"夕阳红"旅游团。由于老年人时间比较自由，因此许多老年人会选择错峰出游，避免节假日客流高峰。显然，观光休闲式旅游养老是以"游为主，居为辅"，比较适合于拥有中高收入、喜欢去生态环境更优美和养老服务更完善的旅游风景区度假的老年人。而随着老年人旅游需求的升级，尤其是团队游市场的不断衰退，自驾出游的老年人越来越多，他们对居住条件和休闲设施的要求越来越高。

（二）候鸟式旅游养老

候鸟式旅游养老是旅游养老的主要形式，是指老年人随着季节的变换

---

① 杨涛. 新常态下的新业态：旅居养老产业及其发展路径 [J]. 经贸实践，2017（21）：23-27.

② 陆杰华，沙迪. 老龄化背景下异地养老模式类型、制约因素及其发展前景 [J]. 江苏行政学院学报，2019（4）：56-63.

而在南、北方之间变换居住地点，享受舒适怡人的气候条件，类似于候鸟般季节性迁移。我国幅员辽阔，气候条件复杂多样，尤其是从南北跨越了赤道带、热带、亚热带、暖温带、温带、寒温带六个温度带。许多老年人在冬季迁移到南方过冬，在夏季迁移到北方避暑。这种"冬夏轮回"的旅居形式，目前已经形成很大的市场规模。显然，这种模式几乎适合于所有想到外地养老的老年人，其特点是"居为主、游为辅"，只要经济条件较好、身体状况允许，即可进行候鸟式旅游养老。候鸟式旅游养老具有较强的规律性，流动性相对较弱。一般来说，大多数老年人会在每年的 10 月到次年的 3 月迁移到南方，如海南、云南、广西等地，次年的 4 月到 9 月迁回北方老家居住。

（三）疗养式旅游养老

疗养式旅游养老是指老年人为满足自身保健、疗养或治疗的需要，选择到具有特殊医疗资源（如温泉、民族医药、特色中草药等），或医疗条件（大型医院、特色专科医院等）好的地区进行治疗和疗养。例如，海南省的博鳌乐城医疗旅游先行区以其特殊的医疗技术吸引了一批老年人前来医疗旅游。

（四）置换式旅游养老

置换式旅游养老是指异地养老机构之间，通过老年人之间的换住，满足老年人的旅游需求。这样，老年人就可以从常住地的养老机构置换到某个旅游地的养老机构，从而实现旅游养老。一般来说，这种方式主要适合身体健康状况欠佳、自理能力较差、伴有部分慢性疾病但可以支持远行、有较高的机构养老倾向的老年人。

三、旅游养老需求、动机与消费模式

（一）旅游养老需求的性质

随着我国社会养老保障体系和商业养老保障体系的日益完善，传统的

"养老院"与"敬老院"已经不能满足老年人日益增长的养老需求，尤其是对于经济、身体等条件较好且热衷旅游的"活力老年人"而言，更无法满足他们养生养老、丰富生活和涵养灵魂等高层次需求。"养老+旅游"目前已经成为老年人的一种生活时尚，老年人通过丰富多彩的旅游、养生保健、休闲娱乐等方式，生活品质及幸福指数得到很大提高。

显然，旅游养老需求是一种高层次的综合型需求。根据马斯洛的需求层次论，将旅游养老需求与一般养老需求进行比较(见图2-1)，可以看出，旅游养老需求属于高层次的生活需求，涵盖了物质需求和精神需求两个层面，是一种综合性需求。

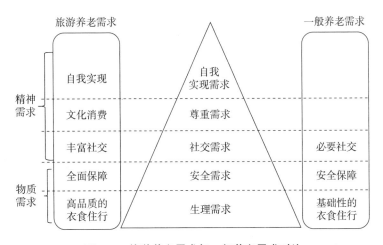

图2-1　旅游养老需求与一般养老需求对比

(二)旅游养老需求的特性

与一般养老需求相比，旅游养老需求呈现如下主要特性：

1. 康养性

旅游养老需求强调健康与养生，这是旅游养老需求的核心。康养性不仅强调生理层面的康养，也强调生活层面的康养和精神层面的康养。因此，旅游养老者特别关注气候的适宜性、空气水体的健康性、居住环境的舒适性、日常饮食的养生性、养老服务的优质性等。

2. 享乐性

旅游养老需求具有鲜明的享乐性特征。目前，我国大多数老年人都经历了中华人民共和国成立后的艰苦岁月，甚至历经生活磨难。他们经过大半辈子的奋斗，在晚年都期望能享受美好的生活。而有能力进行旅游养老的老年人经济条件都比较好，对服务质量要求较高。在物质方面，老年游客对硬件设施有高品质的要求，住宿条件要求舒适安逸，餐饮讲究健康养生，交通要求便捷，医疗设施要求完善。在精神方面，老年游客大多心态开放，能洒脱地享受养老生活，对自我价值和社交需求要求很高，需要更多的精神关怀。他们追求健康的生活，注重文化体验，追求自我价值的实现。

3. 季节性

旅游养老是一种具有较强季节性的养老行为。老年游客主要选择气候宜人的季节出行，时间长短取决于出行目的，主要有两种：一种是以短期度假旅游为主，时间以天为单位来计数，相对较短，出游形式多种多样，以组团方式为主，少数老年人选择自由行的方式。出游动机主要是领略自然风光，体验社会风情，以旅为主、以居为辅。另一种是"候鸟式"旅居，以躲避严寒或酷热气候为主导动机，时间较长，多达数月甚至半年以上。出游动机以居为主、以旅为辅。

4. 自理性

健康的身体是长途旅行的必要条件。尽管人到老年，身体素质和运动技能已经下降，甚至有各种各样的慢性病，但大多数老年游客都能做到生活自理，可独立进行旅游活动，因而具有自理性。

(三)旅游养老需求的分类

旅游养老需求是一种综合型需求，涵盖了食、住、行、游、购、娱等多个方面，其分类方法有多种。本书主要介绍三种基本分类方法，现阐述如下：

1. 二分法：物质需求和精神需求

二分法是最简单的分类法，将旅游养老需求分为物质性需求和精神性需求，如表2-1所示。

表 2-1　旅游养老需求二分法

物质性需求	安全需求	全方位的安全保障、多样化的老年保险
	交通需求	公共交通、旅游交通
	医疗需求	医养结合、养生康体、医疗保障
	环境需求	气候温度适宜、生态环境优美、空气质量好
	饮食需求	绿色有机蔬菜等高品质健康食物
精神性需求	社交需求	社区公共空间、旅游出行
	购物需求	当地特色餐饮、特产、养生产品等
	精神需求	丰富的当地文化体验、旅游体验
	服务需求	旅游、养生、医养等高品质的全方位服务

2. 三分法：基本需求、核心需求和衍生需求

三分法把旅游养老需求分为基本需求、核心需求和衍生需求，具体如表 2-2 所示。

表 2-2　旅游养老需求三分法

基本需求	安全需求	全方位的安全保障、多样化的老年保险
	交通需求	公共交通、旅游交通
	住宿需求	气候温度适宜、生态环境优美、空气质量好
	饮食需求	绿色有机蔬菜等高品质健康食物
核心需求	养生保健	气候养生、饮食养生、环境养生、文化养生
	休闲娱乐	运动、健身、休闲、旅游
	医疗保障	医养结合、养生康体、医疗保障
衍生需求	经济需求	节省生活成本，经济使用养老金
	理财需求	各种投资、金融保险等

3. 四分法：旅游养老需求内容细分

四分法是依据相关理论对物质性需求和精神性需求展开分析，借鉴理论界对养老服务需求内容的相关研究，将旅游养老需求分为生活照料需求、医疗护理与保健需求、文化娱乐需求和精神慰藉需求，如表 2-3 所示。

表 2-3　旅游养老需求四分法

养老服务需求	生活照料需求	送餐服务、打扫卫生、代购生活用品、日间照料等
	医疗护理与保健需求	家庭医生和家庭病床、定期体检和保健、健康讲座和咨询、社区卫生服务中心
	文化娱乐需求	棋牌室、老年建设设施和场地、书报阅览室、文艺表演活动、老年兴趣小组、普法宣传和法律咨询
	精神慰藉需求	心理咨询、陪同聊天、举办各种知识讲座、发挥余热活动

(四)旅游养老动机与行为的研究

1. 旅游养老动机研究

旅游养老动机复杂多样，因人而异。魏来和章杰宽(2012)认为，养生动机、情感交流动机和文化审美动机等是中国老年人出游的主要动机。由于养老对气候和环境因素较为敏感，因此，李松柏(2007)指出，气候条件和地理环境是出游的主要动机。在此方面，甚至有学者认为生态环境是旅游养老最为主要的动机之一①。刘芳和傅云新(2006)指出，由于退休后生活枯燥，摆脱单调的生活方式已经成为旅游养老的动机之一。

2. 旅游养老行为及其影响因素研究

旅游养老行为受多种因素影响。其中，气候和环境因素在旅游养老中占有重要的位置。江海燕和刘庆友(2014)认为，新鲜空气、闲适的乡村生活、无公害农产品是影响乡村旅游养老的主要因素。除气候外，收入水平、医疗设施、子女态度、健康状况及家庭结构也影响旅游养老的意愿②。潘美含(2017)运用生命历程理论，以重庆为案例地，采用 Logistic 回归模型研究发现，个人能动性是影响旅游养老意愿最为显著的影响因素，收入水平、职业、文化程度、活动爱好是影响出游的重要因素。除量化研究外，一些

---

① 金天超，余子萍. 养生生态旅游地核心竞争力研究 [J]. 产业与科技论坛，2011，10(3)：39-40.

② 张丽，朱圆梦，韩学风. 老年人旅游养老意愿影响因素实证研究 [J]. 四川旅游学院学报，2021(3)：46-50.

研究采用访谈法和观察法，总结出社会关系影响旅游养老者的信息来源、住宿选择、出行方式①。

（五）旅游养老消费的主要模式

从实践来看，目前我国旅游养老消费模式主要分为以下五种：

1. 置业养老

置业养老是指有一定经济实力的家庭到生态宜居的地区购买地产，用来养老或投资。随着社会的不断发展、人口老龄化的持续严重，越来越多的"待老"人群和老年群体选择在气候舒适、环境优美的地方置办房产，用来养老。老年人通过异地购房方式进行异地旅游和养老。这类养老消费模式以去南方避寒和去北方避暑为主，其消费特点是：自己拥有住房，流动性较差，具有较强的家庭氛围和私密性，可以在旅居地享受当地日常生活。

2. 社区旅租

这种消费模式是，旅游养老者在旅居地选择一个社区，通过租房方式获取居住权，从而实现旅游养老。这类消费群体主要是经济条件相对一般，既追求经济实惠又想满足旅游养老需求的老年人，其消费特点是：可自由选择旅居地和社区，选择面宽，具有一定的流动性和家庭私密性，可以在旅居地享受当地日常生活。

3. 酒店公寓

这种消费模式是，旅游养老者选择旅居地的酒店或公寓作为居住地来旅游养老。这种消费模式主要是针对经济条件较好、对服务要求较高的养老人群，其消费特点是：居住环境好，具有度假性质，消费水平高，居住时间相对较短，以10~60天居多，选择面宽，流动性强，可以在旅居地享受度假养老生活。

4. 机构养老

这种消费模式是旅游养老者选择一个专业养老机构来旅游养老。这种

---

① 罗赟敏. 社会关系对异地旅游养老者行为的影响研究 [J]. 长春大学学报，2017，27(7)：21-25.

消费模式主要面向经济条件好、对专业服务有一定要求、具有较强康养需求的养老人群，其消费特点是：居住环境好，具备一定的专业康养条件，消费水平高，居住时间可长可短，具有一定的流动性。

5. 农家旅居

这种消费模式又称田园旅居，是指旅游养老者在条件较好的乡村地区选择农家乐或乡村民宿作为居住地点，实现乡村旅游养老。这种消费模式主要面向经济条件一般、对居住环境和服务要求不高的养老人群，其消费特点是：消费水平低，喜欢田园乡村生活，食宿条件一般，具有较强的流动性。

四、候鸟式旅游养老的研究

候鸟式旅游养老属于旅游养老的一种形式。候鸟式旅游养老者更加注重养老目的地的自然气候条件、生活方式和文化氛围。候鸟式旅游养老受季节和气候影响较大，具有旅游养老目的较为单一、旅居时间和周期较为固定以及巡回式的独特生活方式的特点。关于候鸟式旅游养老的研究主要集中在以下几点：

(一)候鸟式旅游养老的概念和类型划分

目前对候鸟式旅游养老的界定强调季节的变化和地点的选择。一种是从季节变迁的角度来看，强调老年人随着季节的变迁而变换自己的生活地点，目的地是追求适宜居住的地方。黄诚(2016)指出，候鸟式旅游养老是老人到冬季像候鸟一样来到温暖适宜的南方生活，来年春天变暖再回到北方，是老人离开原住地前往南方的过程。另一种是从动机的角度来界定候鸟式旅游养老，强调候鸟式旅游养老是追求舒适的生活环境、便利的生活设施、良好的医疗条件和丰富的景观资源①。

---

① 梁增贤，陈颖欢.退休移民的流动模式与社会融入研究——以珠海为例 [J].旅游学刊，2021，36(2)：27-39.

（二）候鸟式旅游养老者消费行为方面的研究

候鸟式旅游养老者的出游动机也是学者们关注的一个焦点，避寒过冬、游览观光、休闲养老、探亲访友是候鸟式旅游养老的主要动机。在旅游决策方面，候鸟式旅游养老的出游季节、获取信息渠道、出游方式、居住方式和花费比重有一定的规律特征①。潘梦婷（2019）分析了个人情况、企业因素和目的地因素与候鸟式旅游养老行为的关系，发现个人年龄、经济状况、品牌、产品质量、产品价格对消费行为有正向影响。巩慧琴（2018）对三亚候鸟式旅游养老调查发现，避寒过冬、疗养保健和探亲访友是其主要动机，候鸟式旅游消费主要集中在房租、饮食和医疗方面，景观和活动偏好为海岛沙滩、热带雨林和养身保健。

（三）候鸟式旅游养老市场开发研究

候鸟式旅游养老成为退休老人的一种新选择，旅游养老企业要根据候鸟老人的需求，开发相应的旅游产品，提升候鸟旅游养老者的满意度②。避暑与避寒是候鸟式旅游养老的主导动机。在此方面，一些避暑旅游地和避寒旅游地以及其市场开发受到学者们的广泛关注。例如，史家利（2012）将丹东视为避暑旅游地，研究旅游养老市场问题，为开发旅游养老市场奠定了基础。大理成为候鸟式旅游养老的重要目的地，李佳薇（2017）探讨了大理市候鸟式旅游养老市场的情况，指出旅游养老市场开发的难度较大。孟桂如等（2017）提出黑龙江发展候鸟式旅游养老有一定的市场潜力，指出发展候鸟式旅游养老是经济转型和产业规范标准化的重要举措。张颖超和巩慧琴（2018）认为提升候鸟式旅游养老者的满意度具有十分重要的意义，且研究得出市场价格、产品、渠道、促销方式是影响满意度最为重要的因素，并据此提出营销对策。针对三亚候鸟式旅游市场的情况，王亚丽（2015）提出候鸟式旅游养老市场存在安全、产品、医疗体系、市场秩序和对外宣传等方面的问题，因此，旅游养老市场的开发需要围绕这些问

---

① 王亚丽. 三亚"候鸟式"老年旅游市场的开发研究 ［D］. 兰州：西北师范大学，2015.
② 刘芳. 老年群体"候鸟式"旅游心理研究及开发策略分析 ［J］. 旅游纵览（下半月），2017（4）：92.

题展开。

（四）候鸟式旅游养老情感体验和社会融入方面的研究

候鸟式旅游养老者在目的地停留时间较长，在目的地活动容易使其产生地方感，其正向情感体验可总结为社区归属感、地方依恋、幸福感和满意度四个方面。旅居者的情感体验在空间上存在差异，江沪地区旅居者的积极情感体验强度最弱，而东北地区旅居者的情感体验较强[①]。梁增贤和陈颖欢（2021）分析了退休移民与社会融入和幸福感之间的关系，结论显示，相比于经济适应和人际交往，退休移民比较容易实现生活习惯和文化接纳方面的融入。

社会融入度的提升，很大程度上取决于是否能够接纳当地人的语言和社会文化。于红和苏勤（2019）认为，身体健康影响地方融入，社会经济因素起促进作用。在融入障碍方面，社会保障措施、社区服务和交往行为的改变等因素对候鸟式老人的社区融入起阻碍作用[②]。因此，需要强化公共服务，提升公共服务的可及性以及优化公共信息的传播路径，以实现资源最优配置来提升移民社会融入度[③]。

（五）候鸟式旅游养老存在的问题及对策方面的研究

在问题对策方面，一部分学者关注具体问题，聚焦单个问题的解决。由于公寓成为候鸟式旅游养老者选择住宿的基本形式，王姜彤（2015）针对现有老年公寓存在各种问题，提出了解决的办法。旅游地产是候鸟式旅游养老的重要业态，针对地产业态存在的问题，吴娟娟（2017）分析了候鸟式旅游养老地产开发的影响因素，并建立了适宜性的地产评价指标体系，根据研究结论，提出了解决对策。另一部分学者从整体角度出发，关注系统性问题的解决。海南成为候鸟式旅游养老群体的重要去处，社会服

---

① 孟宪敏. 候鸟型养生旅游社区居住者情感特征研究［D］. 南宁：广西师范学院，2017：50-51.

② 耿童. 论候鸟老人社区融入的障碍——以三亚金鸡岭社区为例［J］. 长江丛刊，2016（12）：93-94.

③ 张开志，高正斌，张莉娜，等. "候鸟式"流动亦或"永久"迁移？——基于社会融入视角的公共服务可及性与人口流迁选择［J］. 经济与管理研究，2020，41（7）：112-133.

务和社会管理服务等方面存在不足，问题集中在跨省异地报销问题、社会融入问题和社会服务供需失衡，需要从医疗资源数量和质量、异地结算的便捷性方面入手解决①。潘梦婷（2019）针对广西北海候鸟式旅游养老存在的宣传单一、资源不均、监督不到位、缺乏龙头企业的问题，提出了从企业品牌维度、产品质量维度和价格维度三个方面来综合解决上述问题。

五、旅游养老产品的要素、形态与开发

（一）旅游养老产品的构成要素

从营销学的角度来看，旅游养老产品可解释为"在旅游养老市场上可供旅游养老者消费的各种产品及其组合"。旅游养老产品是综合性产品，具有多种属性。因此，旅游养老产品可定义为"旅游养老经营者依托旅游养老目的地的吸引物等资源，向旅游养老者提供用以满足养老需求的适老型旅游产品的总和"②。

一般而言，旅游养老产品属性包括居住形态、日常饮食购物、医疗资源、文化休闲、公共交通、气候条件、自然景观、生态环境、物价水平等多种。概而言之，旅居地的所有现象和活动都是旅游养老产品的有机组成部分。从构成要素来看，旅游养老产品构成要素按其功能可分为三类：一是基础性要素，包括住宿、餐饮、交通、购物四种要素；二是核心性要素，包括养生、休闲和医疗三种要素；三是延伸性要素，包括精神慰藉、保险服务、心理咨询三种要素③，如表2-4所示。

---

① 李雨潼，曾毅．"候鸟式"异地养老人口生活现状研究——以海南省调查为例［J］．人口学刊，2018，40（1）：56-65.

② 张铠宁．云南旅游养老产品供需分析与发展对策研究［D］．昆明：云南师范大学，2021.

③ 周刚，章天园，高晓妍．重庆避暑型旅游养老产业基础调查研究［J］．经济师，2017（7）：172-174.

表 2-4　旅游养老产品构成要素

要素		要素构成
基础性要素	住宿	自购住房、养老机构、酒店宾馆、民宿农家乐等
	餐饮	自己做饭、机构食堂、社会餐饮等
	交通	公共交通、自驾车、养老企业专用交通工具
	购物	菜市场、便利店、超市、大型购物中心等
核心性要素	养生	气候、温泉、森林、文化等资源
	休闲	各种娱乐活动，如打牌、运动、散步、广场舞等
	医疗	私人诊所、社区医院、中心医院、大型医院
延伸性要素	保险服务	医疗保险、意外保险、综合保险、旅行保险等
	精神慰藉	聊天解闷、排解情绪、问候和陪伴、旅游娱乐活动等
	心理咨询	沟通、情绪疏导、心理咨询、危机干预

根据旅游养老产品要素，本书认为旅游养老产品的概念可从广义和狭义两个角度加以解释。广义的旅游养老产品可理解为养老地点，涵盖了旅游养老目的地中所有的要素，包括食、住、行、游、购、娱等，是一个整体概念，相当于一个地点产品。在这个地域空间内，老年人享受和体验养老旅居生活。狭义的旅游养老产品可解释为在旅游养老中购买的各种服务的总和，即旅游养老经营者依托旅游养老目的地的吸引物等资源，向旅游养老者提供用以满足养老需求的适老型旅游产品的总和。

(二)旅游养老产品的空间形态

如前所述，旅游养老产品在空间上是一个地点，主要表现为两种空间形态：一种是康养旅游城市；另一种是康养旅居小镇或旅居社区。

我国的康养旅游城市可追溯到 20 世纪 80 年代末期的"卫生城市"建设。20 世纪 90 年代中期，世界卫生组织与中国卫生部合作试点中国境内的健康城市项目，奠定了我国康养旅游城市的雏形。2003 年"非典"疫情后，健康的概念开始深入人心，推动了健康城市的发展，许多地区开始打造本土健康城市。《"十三五"旅游业发展规划》将健康医疗和旅游融合式发展作为国家层面的发展战略，进一步推动了健康城市的发展。

康养旅游城市有健康、经济和文化三重内涵①：首先，康养旅游城市的基础是健康，健康城市有秀丽宜人的自然风光和民风淳朴的人文环境，有益于人体健康的自然生态环境，是现代"宜居"城市的首选。其次，康养旅游城市有发达的服务业，尤其是有与健康、休闲、旅游水乳交融的服务型经济。最后，康养旅游城市十分重视本土传统文化和养生文化的挖掘。

在2021年中国文化和旅游高峰论坛上，湖北大学旅游发展研究院发布了中国康养旅游城市百强榜单。这一榜单是基于康养旅游生态环境、医疗卫生环境、经济发展环境、康养旅游开发环境四个指标体系计算出的康养旅游城市指数。榜单显示，海口、重庆、三亚、北京、杭州、丽江、桂林、成都、南京、武汉位居前十。

康养小镇是近年来非常流行的一个概念。作为康养旅居的重要载体，一些学者对其概念内涵进行了研究。例如，朱子依（2018）认为，康养小镇最突出的功能是健康养生，因此，康养小镇必须依托适宜康养的生态环境等，打造生态环境友好型小镇。华云（2018）认为，康养小镇是多健康业态聚合的居所集合地，必须充分挖掘康养小镇的资源特色。总体来看，人们对康养小镇的概念认识已经形成了共识，即康养小镇是以"健康"为核心，良好的生态气候环境和健康业态的聚集对康养小镇极其重要。

从实践层面来看，在健康中国战略驱动下，康养小镇建设备受关注。目前康养小镇的发展更多地融入了度假休闲功能，打造"宜居、宜养、宜游"的"三宜"康养小镇，把康养小镇建设成为全龄健康生活目的地，是未来康养小镇建设发展的潮流。

显然，康养小镇是为人们提供快乐、活力和精神满足的生活家园，有其独特的运营模式。康养小镇是以康养相关的产业为中心，打造与健康相关的业态聚集的特色小镇，同时具备完善的康养服务设施②。

海南具有发展康养小镇的独特优势。《海南省健康产业发展规划（2019-

---

① 罗鹤蓉．康养旅游城市的内涵与规划［J］．住宅与房地产，2020（15）：77．
② 何况．度假养老型康养小镇规划研究——以蒙自南山康养小镇为例［D］．昆明：昆明理工大学，2019．

2025 年)》明确提出，海南将以康养服务业为核心，打造沉香小镇、养生保健小镇、运动休闲小镇等一批康养特色健康小镇，以支撑海南健康产业的发展。

(三)旅游养老产品开发研究

旅游养老产品开发是学者们较为关注的领域，目前关于旅游养老产品开发的研究成果最为丰富，主要集中在产品开发形式和运营管理两个方面。在产品开发形式方面，针对旅游养老的需求，旅游养老产品可以开发产权酒店、分时度假、温泉旅游养老度假产品、农家乐旅游养老产品[①]。关帆(2009)提出了将弱势旅游地开发成为旅游养老地的观点。在运营管理方面，主要成果集中在连锁经营和会员管理机制方面[②]。

六、国外旅游养老相关研究

国外关于旅游养老产业的研究最早出现在 20 世纪 40 年代的老年学研究领域[③]。欧美地区学者认为旅游养老是对老年人健康具有重要意义的生命历程事件，但并未引起其他学科的重视。直到 20 世纪 70 年代，人文地理学、社会学、人口学开始关注具有季节性迁移特征的"银发旅游"现象，旅游养老开始成为多学科交叉的研究领域，其研究关注点主要集中在旅游养老的需求动机、空间行为、社会整合和影响效应[④⑤]。近年来，旅游养老研究已经拓展到跨区域身份认同、老年家庭心理建构、社区运作模式、多居所生活方式、旅游与迁移的时序转化、旅游者政治权利等内容[⑥]。

---

① 梁陶. 我国旅游养老产品开发策略研究 [J]. 现代商贸工业，2008(7)：117-118.

② 关帆. 旅游养老目的地开发模式研究 [D]. 青岛：中国海洋大学，2009.

③ Williams A M，Hall C M. Tourism and Migration：New Relationships between Production and Consumption [J]. Tourism Geographies，2000，2(1)：5-27.

④ De Jong G F，Wilmoth J M，Angel J L，et al. Motives and the Geographic Mobility of Very Old Americans [J]. Journal of Gerontology：Social Sciences，1995，50(6)：S395-S404.

⑤ Walter W H. Place Characteristics and Later-life Migration [J]. Research on Aging，2002，24(2)：243-277.

⑥ Bozic S. The Achievement and Potential of International Retirement Migration Research：The Need for Disciplinary Exchange [J]. Journal of Ethnic and Migration Studies，2006，32(8)：1415-1427.

　　亚洲国家或地区将旅游养老称为长宿休闲（Long-Stay Tourism），是指老年人旅行到其常住地之外生活，连续停留时间在一个月至一年，旅行距离一般跨越省界甚至国界①。从研究成果来看，欧美研究多关注旅游养老产品和市场需求方面，很少从产业发展层面进行系统性研究，只有在述及旅游养老对增加消费、扩大税收及驱动产业政策时才有所涉及。

　　旅游养老在很大程度上反映出老年人对传统居家养老方式的抗拒，旅游养老需求是在老年人的兴趣爱好、生活方式、制度环境等影响下而形成的一种综合性需求②③。诱发老年人进行旅游养老的动机因素复杂多样。其中，宜居环境（包括气候条件、自然环境、文化氛围等）是首要动机④；其次是社会关系，包括社交网络、社区联系和亲朋关系等因素⑤；最后是经济动机，包括消费水平、生活成本、税率水平、投资收益等因素⑥⑦。同时，制约旅游养老的因素也十分复杂，其中年龄和身体状况是制约旅游养老的主要因素⑧，其次是制度因素⑨。

　　旅游养老具有显著的时空特征。在时间方面，通常将连续停留一个月至一年作为时间标准⑩。在空间方面，老年人通过观光旅游了解目的地，并选择一个作为旅居地，甚至少数人成为长期移民。一些老年人有季节性、多居所、巡回式的生活方式，享受着既依托于客源地又归属于目的地的旅

――――――――――――――

　　① 黄璜. 国外旅游养老研究进展与我国借鉴 [J]. 旅游科学，2013，27(6)：13-24+38.

　　②⑥ Oliver C. Retirement Migration：Paradoxes of Ageing [M]. New York：Routledge，2008.

　　③ Nimrod G. Retirement and Tourism Themes in Retirees' Narratives [J]. Annals of Tourism Research，2008，35(4)：859-878.

　　④ Casado-Díaz M A，Kaiser C，Warnes A M. Northern European Retired Residents in Nine Southern European Areas：Characteristics，Motivations and Adjustment [J]. Ageing and Society，2004，24(3)：353-381.

　　⑤ Oldakowski R K，Roseman C C. The Development of Migration Expectations：Changes throughout the Lifecourse [J]. Journal of Gerontology，1986，41(2)：290-295.

　　⑦ Sunil T S，Rojas V，Bradley D E. United States' International Retirement Migration：The Reasons for Retiring to the Environs of Lake Chapala，Mexico [J]. Ageing and Society，2007，27(4)：489-510.

　　⑧ Zimmer Z，Brayley R E，Searle M S. Whether to Go and Where to Go：Identification of Important Influences on Seniors' Decisions to Travel [J]. Journal of Travel Research，1995，33(3)：3-10.

　　⑨ Warnes A M，Williams A. Older Migrants in Europe：A New Focus for Migration Studies [J]. Journal of Ethnic and Migration Studies，2006，32(8)：1257-1281.

　　⑩ Hogan T D，Steinnes D N. A Logistic Model of the Seasonal Migration Decision for Elderly Households in Arizona and Minnesota [J]. The Gerontologist，1998，38(2)：152-158.

居生活体验[①]，具有旅游者和当地居民双重身份，没有明晰的存在感，缺乏身份认同[②]。

旅游养老同样会引起复杂的经济、社会和文化效应。在经济效应方面，旅游养老将给旅游目的地带来消费和就业机会，促进旅游养老目的地的经济增长[③]，促进产业结构升级，优化服务业态和老年服务品质提升[④]。在社会和文化效应方面，一般认为老年人迁入会增加公共交通、医疗、养老等公共服务的负担，与地方居民共享公共资源，从而增加地方政府财政负担，并引发社会问题。如果社会整合度不高，旅居老年人可能成为孤立群体，难以融入当地社会文化。

七、本章小结

本章对国内旅游养老文献进行了系统梳理。从文献来看，国内学者对旅游养老的研究起步较晚，并呈现出多学科交叉的特征，研究的主要关注点集中在三个方面：一是旅游养老的需求、动机和消费模式；二是"候鸟式"旅游养老的成因和空间分布；三是旅游养老产品的开发与管理。国外研究旅游养老起步早，对旅游养老需求、动机及时空特征的研究比较深入，对旅游养老效应也比较关注。基于文献研究，本章进一步界定了旅游养老、旅游养老需求、旅游养老产品的概念内涵及其主要特征，并对相关概念进行了辨析，为后续研究奠定了基础。

---

① Oliver C. Retirement Migration：Paradoxes of Ageing［M］. New York：Routledge，2008.

② Gustafson P. Tourism and Seasonal Retirement Migration［J］. Annals of Tourism Research，2002，29(4)：899-918.

③ Longino C F，Crown W H. Retirement Migration and Interstate Income Transfers［J］. The Gerontologist，1990，30(6)：784-789.

④ Bennett D G. Retirement Migration and Economic Development in High-amenity，Nonmetropolitan Areas［J］. Journal of Applied Gerontology，1993，12(4)：466-481.

第三章

旅游养老产业结构调整的
理论逻辑与实践路径

一、旅游养老产业的性质与特征

（一）旅游养老产业的性质

毋庸置疑，旅游养老产业是旅游产业和养老产业交叉融合而形成的一个新业态。根据产业的一般特征，可以认定旅游养老已经成为一个产业。一般认为，旅游养老产业是为满足养老者旅行、暂居、医疗、保健等活动的物质和精神需求而提供食、住、行、游、娱、用、医、养、学等产品和服务的多个产业交叉融合的综合性产业。

作为一种新业态，旅游养老产业涉及多个产业，是一个产业集群，彼此之间存在着内在的联系。根据日本学者鞠川阳子提出的"养老产业三维产业链理论"，结合旅游养老产业的发展实际，可将旅游养老产业分成本位产业、相关产业和衍生产业。本位产业包括旅游养老的九个基本要素，分别是"住、食、行、医、养、闲、咨、精、险"，即"住宿、饮食、旅行、医疗、养生、休闲、心理咨询、精神慰藉、保险"。相关产业包括专业人才培养和服务人员培训等产业。衍生产业包括老年储蓄投资和金融等产业。

对于旅游养老本位产业的九个要素，按其在旅游养老产业中的地位和功能，可分为基本要素、核心要素和延伸要素三个大类。其中，基本要素包括住宿、餐饮和交通三个方面，简称"食、住、行"；核心要素包括休闲、医疗和养生三个方面，简称为"医、养、闲"；延伸要素涉及心理咨询、精神慰藉和保险三个方面，简称"咨、精、险"①。

(二)旅游养老产业的特征

1. 以服务业为主

总体上看，旅游养老产品是多项服务的组合。因此，旅游养老产业实际上是一个以提供劳务为主的服务产业，具有综合性和多样性。根据服务性质，旅游养老服务包括硬件服务和软件服务。其中，硬件服务是以有形物体为载体，为老年人提供的服务，如住房设施、健身设施、康养设备、医疗设备等；软件服务是以劳务形式为主的服务产品，如咨询服务、养老保险、日常照护、心理慰藉等。总体上讲，旅游养老产业所提供的产品更多是服务产品，因此旅游养老产业是一个以服务业为主的产业②。

2. 产业关联性较强

旅游养老产业是多个产业围绕满足老年旅游需求而联结形成的产业体系，各产业之间因老年需求而形成较强的关联性。因此，旅游养老产业包含多种要素和系统。首先，作为旅游产业的一部分，旅游养老中必然涉及"食、住、行、游、购、娱"六大基本要素，围绕旅游养老活动展开。其次，作为老年产业的重要组成部分，旅游养老产业涉及老年用品制造、老年护理照料、老年娱乐服务等老年产业。最后，旅游养老产品与服务的提供，必然涉及旅游产业与养老产业之外的众多行业和部门，如通信业、金融业、保险业、公共服务业、咨询服务业等，并延伸到相关的第一产业和第二产业③。

3. 区域性特点突出

由于旅游养老产业与生态环境、旅游资源和气候状况密切相关，因而呈现出较强的区域特征。我国各地气候条件千差万别，旅游资源各具特色，生态环境也存在优劣之分，因此，我国旅游养老产业在不同区域呈现出不同的区域特征，各个区域均具有开展旅游养老的条件和优势。以避寒型养

---

①③　周刚，周欣雨，梁晶晶. 旅游养老产业化发展初步研究 [J]. 荆楚学刊，2015(1)：53-58.

②　陈昶屹."候鸟式异地养老"的困境 [J]. 经法视点，2005，25(1)：40-41.

老产业为例，南方地区尤其是海南、云南、广西等地具有明显的地域优势，而在避暑型养老产业中，北方地区尤其是内蒙古、吉林、黑龙江等区域优势明显。

二、旅游养老产业的业态模式

"业态"一词来源于日本零售业，意思是业务经营的形式和状态。国内使用业态这一概念，其含义有所变化，通常是指行业的经营形态或模式。目前，旅游养老产业的业态主要分为以下五种模式：

（一）旅居社区模式

旅居社区模式是利用目的地的自然环境、旅游资源等特有优势，开发旅游地产和配备养老设施，形成旅游养老社区，旅居老人与当地居民共享社区设施服务资源。显然，养老旅居社区是养老产业和地产相结合的产物。随着老龄化时代的来临及我国房地产市场的发展，越来越多的社区开始强调适老化发展，旅居社区将大量出现。为满足旅居老人多元化需求，许多大型社区通过建设老年住宅区、老年大学、休闲酒店和专业医院等，将"养老住宅销售+养老地产持有经营+综合商业租赁"相结合，形成功能齐全的产业链，从而为老年群体提供多样性的养老服务。可以预见，随着我国老龄化进程的加剧，将会出现大量各种形态的养老旅居社区。

（二）机构养老模式

这种模式是以专业养老机构为经营主体，属于兼顾"医养结合"，集养老、医疗、保健、康复、生活照料、专业护理、娱乐休闲于一体的多元化、综合性的养老模式。为满足旅游养老的需求，养老机构在全国气候环境较好、异地养老需求旺盛的城市开设分支机构，既可接待本地养老的老人，也可接待异地养老的老人。例如，恭和苑在海口开设了分支机构，光大汇晨养老在威海开设了旅居养老公寓。由于这种旅游养老模式的主体是专业的养老机构，因此设施设备、医疗康养、生活服务更加专业，而且在养老业界已有一定的品牌效应和营销模式，在旅游养老市场有较为稳定的客源，但与旅游地配合对接仍需完善。

（三）酒店公寓模式

酒店公寓模式是以酒店为体，将旅游养老中的"居住"和"护理"功能结合在一起，突出酒店的服务功能，并对酒店的客房、餐厅、健身房等产品功能进行延伸，打造"养老+养生"模式，主要针对中高档养老群体。此种模式是以酒店式的硬件设施及服务为主，配以科学健身、保健、理疗、药浴水疗等医疗和健康改善设施。此种模式包括两种类型：①"酒店+养老"产品。例如，首旅集团将核心位置的酒店改造成养老机构，推出"首厚大家"养老品牌。②"养老+酒店"服务理念。例如，开元旅业集团旗下的开元之心颐养园项目从本质上属于养老机构，但是尝试将开元酒店服务理念融入其中，主张"乐养护医"，乐养为主，医护为辅，健康管理，医疗保障，让老人在养老院度过比较有意义、丰富多彩、超过他本身所期望的生活。这样的酒店公寓，可以让旅游养老者有居家的氛围，并随时享受物业公司提供的清洁、送餐、接送等管家式服务。

（四）老年公寓模式

老年公寓是专供老年人集中居住，符合老年体能心态特征的公寓式老年住宅。随着房地产市场的发展，一些地产商看好老年住宅市场，开发老年公寓，为那些有生活自理能力的老年夫妇和单身老人，提供居住和其他一些便利服务。老年公寓不同于提供机体膳食服务的养老院，也不同于需要医护照料的护理院，它主要提供住宿产品，是独立居住的整个住宅单元，单元内有卧室、起居室、浴室、厕所、厨房等，公寓内有各种服务、文化娱乐、医疗设施，以及专门的服务人员。

（五）乡村民宿模式

乡村民宿旅游养老是"民宿+休闲"的养老模式，指老年人离开现居住地，选择到生态环境优良的乡村进行居住养老。相对于城市而言，乡村拥有清新的空气、安静的环境和田园化的生活方式，能够满足很多老年人亲近自然、归居田园的生活追求。加上受中国归居田园传统文化的影响，乡村民宿模式市场潜力巨大。这种模式一般围绕乡村旅游点，开发乡村旅游资源，利用农家乐和乡村民宿，建设旅居养老基地。在乡村，老年人与村民有更多交往，能真实地体验农家日常生活，体会到独特的农耕文化和乡土气息，既可以享受良好的自然环境，又可以体验乡村生活，符合我国传统文化。此种养老模式较酒店公寓型旅游养老模式消费较低，老年人年纪一般在 70 岁以下，身体比较硬朗。

三、旅游养老产业的运行动力

根据系统论观点，任何系统都是由各个要素组成的有机整体，存在于一定的外部环境中。系统中的每个要素在系统中都处于一定的位置，具有特定的功能，系统运行需要有内在的运行动力来驱动系统运行进化，不断升级。从系统论的角度来看，旅游养老产业也是一个系统，具有自己的运行动力，如图 3-1 所示。

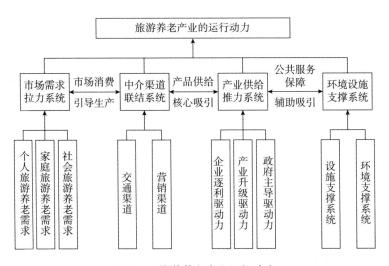

图 3-1　旅游养老产业运行动力

资料来源：根据相关研究自行编制而成。

在图 3-1 中，旅游养老产业是一个由市场需求拉力系统、产业供给推力系统、中介渠道联结系统、环境设施支撑系统四大部分组成的一个多要素复合动力系统①。其中，旅游养老产业发展的核心动力来自于市场需求拉力系统和产业供给推力系统，二者从需求和供给两端发力，驱动旅游养老产业不断发展。中介渠道联结系统的功能是将市场需求和市场供给联结起来，形成一个整体。环境设施支撑系统主要起到支撑作用，保障整个系统有序运转。在旅游养老产业系统中，各子系统及其要素之间相互作用、相互影响，从而推动整个系统发生变化，打破平衡，并从一个平衡走向新的平衡。

（一）市场需求拉力系统

市场需求是产业运行与演进的原动力。目前，我国已经形成一定规模的旅游养老市场，并随着老龄化进程的发展而不断扩大。在老年旅游群体中，大多数老年人都属于健康活力型老人，他们有一定的经济基础，追求乐活生活方式，身体健康，希望通过旅游来提高自己的生活品质。具体来看，旅游养老市场需求呈现出三个层面的需求：个人养老需求、家庭养老需求和社会养老需求。

1. 个人养老需求

个人养老需求是旅游养老的基础。从个体层面来看，老年人的旅游养老需求不断增长和升级。从需求规模来看，随着我国经济社会的发展，旅游市场规模不断扩大，已经进入大众休闲旅游时代。与之伴生的旅游养老市场同步发展，成为旅游市场的重要细分市场之一，被称为"银发旅游"。从需求内容来看，现代老年人不仅追求健康养生、求知求乐，提高生命质量，还追求沟通交流、精神慰藉、修身养性和实现自身价值等。

2. 家庭养老需求

改革开放以来，我国的家庭结构发生了很大变化，呈现出小型化、空巢化、流动性强三个基本特征。一是早期严格的计划生育政策使大量独生子女家庭出现，三口之家普遍增多，导致家庭小型化发展。二是独生子女成年立业后，出现大量的空巢家庭。三是现代社会中人口流动性增强，传

---

① 李莉，陈雪钧. 旅游养老产业的构成体系与发展动力机制研究［J］. 经济研究导刊，2018（15）：67-70.

统家庭的养老功能开始减弱，部分家庭养老功能已经转移到社会。目前，许多经济条件较好的家庭，开始组团出游，享受家庭出游之乐；或者支持父母参团旅游、疗养度假、购买养老地产等，安排好父母的晚年生活，履行赡养义务。由此可见，家庭旅游养老需求，尤其是购置第二居所，极大地推动了旅游养老产业快速发展。

3. 社会养老需求

社会养老需求主要来源于政府机关和企事业单位。目前，我国的各级政府机关、事业单位、行业系统、企业组织中，都有各种各样的福利政策，包括外出旅游、带薪度假、休养疗养等。在从计划经济向市场经济的转向过程中，各级政府机关、行业系统、企事业单位不断深化改革，在"政企分离"改革进程中，逐步剥离其下属的疗养院、干休所、养老院等附属机构，转向通过购买社会服务方式，为职工提供相关福利，从而产生了大量社会旅游养老需求。

（二）产业供给推力系统

在产业发展动力系统中，供给是产业发展的推力，旅游养老产业也是如此。具体来看，在旅游养老产业动力系统中，来自供给层面的推力主要有三种，分别是企业逐利的内在驱动力、产业升级的竞争驱动力和政府主导的行政驱动力。

1. 企业逐利的内在驱动力

追逐利润是企业的本性。旅游养老是一个正在成长中的市场，自然会吸引一批企业去开发旅游养老产品，获取利润，实现企业生存与发展。目前，我国已经初步形成了一批专业的老年旅游经营商和供给商，市场主体在不断扩大。未来的老年旅游市场竞争将十分激烈。为追逐更大利润，占领更多的市场份额，各个企业将不断创新产品和服务，改善经营管理，提高生产效率。对利润的追求将驱动旅游养老产业不断转型升级。

2. 产业升级的竞争驱动力

作为多产业融合的新兴业态，旅游养老产业不仅包括养老地产、酒店、旅行社、医疗保健等直接关联产业，也涉及与其间接关联的产业。在旅游养老产业组织体系中，各个旅游养老产业组织和各个服务主体之间，会通过市场竞争、分工合作、协同演化等机制，推动旅游养老产业发展。基于资本逐利性本质，各个企业为争夺利润，彼此会相互竞争。上述各种力量共同作用，形成了养老产业转型升级的驱动力，推动旅游养老企业不断发展。

3. 政府主导的行政驱动力

政府在产业经济发展中具有重要的作用，主要是通过制定产业政策来实现的。为促进养老产业的发展，我国已经出台了一系列的政策文件。对于旅游养老产业而言，相关的政策扶持分散在政府出台的各项政策文件中，但还没有专门的产业政策。然而，对于旅游养老资源丰富、旅游养老市场需求旺盛和旅游产业基础较好的省份，地方政府则把旅游养老产业作为地方经济的重要产业，甚至是主导产业，来引导旅游养老产业的发展，并出台了相关的产业政策，在用地、财税等方面给予扶持。

（三）中介渠道联结系统

在旅游养老产业结构体系中，中介渠道联结系统主要包括交通渠道和营销渠道两个组成部分，它们在旅游养老需求和旅游养老产业供给之间起到联结作用。其中，交通渠道的主要功能是建立空间联结，实现旅游养老者从客源地到目的地的空间转移；营销渠道的主要功能是建立市场联结，实现旅游养老者和旅游养老企业的市场交换。

1. 交通渠道

交通是传统旅游六大要素的重要组成部分，它将客源地和目的地联结起来，在旅游养老产业体系中具有举足轻重的决定性作用。安全、快速、便捷的交通渠道是旅游业发展的基础。便利的交通渠道有助于减轻老年人的旅行阻力，扩大市场规模。同时，交通渠道的完善程度、价格水平和便利程度直接影响企业的投资意愿、运营成本和供给水平。

2. 营销渠道

营销渠道主要包括信息渠道和中间商渠道，是联结旅游养老者和旅游养老企业的市场中介，在旅游养老产业组织体系中具有举足轻重的作用。

在信息化社会中，信息渠道直接左右着旅游养老产业的发展进程。具体来看，信息渠道主要分为公共信息渠道、企业信息渠道等。其中，公共信息渠道主要为旅游养老企业和旅游养老市场提供政策法规信息、产业信息、市场信息、技术信息、人才信息、资金信息等。企业信息渠道主要为市场提供各种产品信息、公关信息等，形式复杂多样。传统的信息渠道包括传单、报纸、广播、电视、网页、论坛、门户网站、搜索引擎等；新兴的信息渠道主要包括博客、微信、微博、脸书、推特等自媒体。

中间商渠道直接影响旅游养老产业的发展深度。中间商渠道的长度与宽度决定了旅游养老产业的市场范围。目前，大部分旅游养老客源市场主要通过中间商去开拓。因此，中间商渠道的运营效率、交易流程、交易成本等决定了旅游养老产业的营销绩效。

（四）环境设施支撑系统

环境设施支撑系统主要包括设施支撑系统和环境支撑系统两部分，在旅游养老产业系统中的核心功能是支撑旅游养老产业系统正常运行。任何一个地区的经济社会发展，都离不开完善的设施和良好的发展环境。环境与设施是支撑经济社会健康发展的必要条件。

1. 设施支撑系统

设施支撑系统主要包括公共基础设施（如公共交通、电信设施、供排水设施、环卫设施等）、公共服务设施（如公共文化休闲设施、公共治安服务设施、医疗保健服务设施、银行与金融服务设施、地方政务服务设施等）。这些设施与老年人的日常生活息息相关，直接影响旅居者的生活便利度。因此，良好的公共基础设施和公共服务设施是吸引旅游养老者的重要因素，也是保障旅游养老企业生产经营活动正常开展的物质条件。

2. 环境支撑系统

环境支撑系统主要包括政策法律环境、社会文化环境、技术环境、人才环境等。这些环境是难以量化但却能够被人们所感知，对旅游养老产业发展有长期性、间接性甚至决定性的影响。

政策法律环境决定了一个地区旅游养老产业发展的市场规范程度和政

府支持程度。良好的政策法律环境有利于旅游养老产业开展有序市场竞争，有利于引导企业向政府期待的方向发展，也有利于规范政府的行政管理行为，从而促进一个地区的旅游养老产业发展。

社会文化环境包括一个地区的公共价值观、风俗习惯、传统文化等。良好的社会文化环境有利于形成尊老爱老的社会习俗和营造崇尚健康长寿的消费文化。社会文化会影响企业的经营理念，从而影响旅游养老产业发展。

技术环境主要指科学技术在产业发展中的应用程度。技术环境直接影响一个地区旅游养老产业的生产效率及生产要素的质量。目前，各种技术诸如智慧养老等开始广泛应用于旅游养老产业，将大大提高旅游养老产业的科技含量，提高企业的生产效率、产品价格、利润率等，提升企业的服务质量。

人才环境包括行业待遇、社会地位、用人机制等各种因素，决定了旅游养老产业的人才结构、人才数量和人才层次。高品质的旅游养老产品和服务依赖于高素质的专业旅游养老人才，因此，人才环境影响旅游养老产业发展。

四、旅游养老产业的演进机制

根据产业经济学理论，旅游养老产业的发展是一个规模不断扩大、供给水平逐步提升的演进过程，也是供给和需求交互驱动、动态调整适应的发展过程，其动态演进路径如图3-2所示。

在图3-2中，供给与需求是旅游养老产业的两大动力源。两者之间的矛盾是旅游养老产业发展驱动力。供给和需求交互发展，交替响应，在不断均衡中推动旅游养老产业市场化程度不断加深，规模不断扩大，集群化水平不断提升，因此，旅游养老产业遵循"市场化—规模化—集群化"的演进路径①。

---

① 张园. 供给侧改革视角下我国养老服务产业化模式与路径研究 [M]. 北京：经济科学出版社，2018.

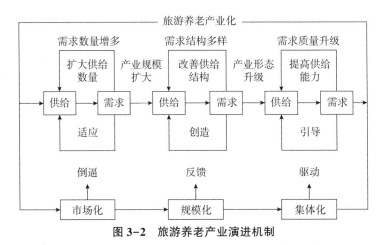

图 3-2　旅游养老产业演进机制

资料来源：张园.供给侧改革视角下我国养老服务产业化模式与路径研究［M］.北京：经济科学出版社，2018.

（一）市场化：市场机制导向化的"适应—倒逼"式供需互动

一方面，供给推动需求变化是通过"供给适应需求"实现的。在养老产业发展中，在养老需求驱动下，供给端不断增加供给数量，并与养老市场需求相适应，形成供求之间相互适应的发展状态。另一方面，"需求倒逼供给"机制，反向促进养老服务供给数量变动。由于老年市场需求是不断升级的，因而向旅游养老供给端传递出更多的需求变动信息。需求信息和价格信息通过市场机制传递给市场供给端，倒逼旅游养老产业扩大有效供给，减少无效和低端供给。由此可见，旅游养老市场供求之间的关系在不断调整，在"供给—需求—供给"的自我循环中，实现旅游养老服务的市场化，激发旅游养老服务市场的活力，从而促进养老服务供需数量的增加，实现量的积累，并推动养老服务产业向下一阶段演进。

（二）规模化：科技创新导向下的"创造—反馈"式供需互动

科技创新是推动人类社会发展的首要动力。人类社会的历史发展及生产力进步，基本都是由科技创新所推动的。产业创新是建立在科技创新基础上的，科技创新是推动产业高质量发展的核心动力，也是转变经济发展方式的重要抓手。

一方面，随着科学技术的进步，大数据、互联网、物联网技术等相关技术在养老服务领域得到逐步推广和应用，使养老产业发展呈现出多元化发展态势，不断形成新的动能。养老产业的技术创新带来养老产品的变化，为老年人带来新的体验，将引发上下游关联产业的融合，从而产生协同效应，改善旅游养老产业供给结构，实现产业的"升级换代"。在这一过程中，养老产品供给不断地向个性化、智能化、高端化发展，又会催生出更多个性化、丰富化的消费市场。养老产品市场通过供给结构创新来适应需求结构变动，旅游养老产业市场规模和空间逐步扩大。另一方面，旅游养老产业需求的多样化发展，又将通过"需求反馈供给"机制，反向调节旅游养老服务供给结构变动，完成旅游养老产业"供给—需求—供给"的再一次自我循环，推动旅游养老产业供需的循环均衡，推进旅游养老产业供求结构的精准匹配，推进旅游养老产业进一步演进。

（三）集群化：产业链导向下的"引导—驱动"式供需互动

产业集群是现代经济中的一个重要现象，它突破了传统产业经济学的分析方法，形成了独特的中观经济视角。根据产业集群理论，为满足旅游养老市场需求，实现规模经济，旅游养老产业将不断吸收关联产业，通过"引导—驱动"式的供需互动模式，提高旅游养老产业供给能力，促进产业集群化发展。

一方面，供给推动需求的变化是通过"供给引导需求"的模式实现旅游养老服务的集群化发展的。在旅游养老产业横向发展上，通过大数据、互联网+、智能网络等信息技术，将旅游养老产品研发设计端、生产营销端、供给人员端等部门进行整合，使上下游旅游养老企业产生集聚，建立旅游养老产业集群化的横向网络体系。产业集群内的企业实现资源、信息、技术的共建共享，极大地降低了交易成本。产业链上的不同养老企业主体将依据老年人的多元化需求，共同提供服务并产生协同效应。在旅游养老产业纵向发展上，基于供给侧结构性改革视角，以全生命周期协调发展和积极老龄化为理念，提升老年人生活和生命质量为目标，通过产业强化效应和集群效应，促进旅游养老服务链各端集聚在一个紧密的地域空间内，实现产业集群化发展，产生更大的竞争优势，并形成规模经济。

另一方面，旅游养老产业需求的多元化发展，通过"需求驱动供给"机制，反向驱动旅游养老产业供给能力的提升。随着旅游养老需求的多元化发展和螺旋式上升，需求层次不断变化。需求层次的变化会通过市场供求机制自动传递给旅游养老供给市场，引起供给调整，以适应新需求的变化，促进旅游养老产业供给能力改善和产业转型升级。在这种交互适应的过程中，旅游养老产业将实现"供给—需求—供给"的又一次自我循环。

五、国内外旅游养老产业发展经验分析

随着世界范围内老龄化进程的发展，旅游养老成为许多国家和地区养老市场的热点，推动了旅游养老产业的发展，尤其是美国、日本、欧洲等发达国家和地区。东南亚地区和我国的台湾省大力拓展日本旅游养老市场，发展长宿休闲产业，积累了很多经验，值得我们学习与借鉴。

(一)美国旅游养老产业发展与主要经验

美国是世界上头号强国，也是较早进入老龄化社会的国家之一，是一个典型的老龄化国家。早在 20 世纪 60 年代，美国就开始有了私人经营的养老服务设施。发展到现在，美国已经形成比较完善的养老产业，旅居养老也成为美国养老产业的重要组成部分，主要经验概括如下：

1. 完善的养老保障体系

美国的养老金保障体系是一个多元化、多层次的养老保险体系，包括公共养老保险、私人养老金和商业养老金。这一体系最突出的特征是政府和市场定位十分明确，充分体现"国家保基础，市场保品质"这一原则，极大地减轻了个人养老压力，推动了养老需求的快速增长，也促进了旅游养老产业的发展。

2. 大力发展养老地产

养老地产是养老产业的基本载体。20 世纪 70 年代以来，随着美国老龄化的发展，养老地产业开始兴起，形成了一个结构比较完善、门类比较齐全的养老地产产业结构与老年住宅体系，也是美国养老产业中发展最为成熟的产业[①]。养老地产重视项目选址、环境美化和养老设施建设，尤其注重产业融合，将养老地产与医疗、休闲、娱乐、教育等产业整合，有效地延长了产业链，大大提升了地产价值。

3. 兴建养老旅居社区

社区养老是养老的基本形式之一。为满足旅游养老需求，美国建立了集中式旅游养老社区。集中式旅游养老社区是"旅游养老地产+配套完善的养老服务设施+综合旅游养老服务"的旅游养老业态[②]。例如，佛罗里达西海岸的"太阳城中心"是美国建立的第一个"老年住宅项目"，把老年人"集中供养"作为一种应对人口老龄化的解决方案，取得了重大成功，成为世界各地模仿的对象[③]。

4. 投资主体多元化

旅游养老产业是高度市场化的产业，其健康发展离不开多元化的投资主体。研究发现，美国旅游养老投资主体主要来自市场资本，旅游养老企业主要由个人或团体投资和经营管理。与此同时，政府可以通过向私营机构购买"服务合同"的方式为部分老年群体提供旅游养老福利[④]。

（二）日本旅游养老产业发展与主要经验

20世纪70年代开始，日本逐步进入老龄化社会，养老产业开始萌芽。到20世纪90年代，日本形成了较为成熟的养老产业体系。目前，作为亚洲老龄化最严重的国家，日本建立了符合国情的行业标准，促进了旅游养老产业的发展，其主要经验如下：

1. 丰富的旅游养老产品

日本旅游产业发达，各种产品丰富，尤其是乡村旅游、温泉旅游、医

---

① 丁恩超. 国外养老产业发展经验及启示 [D]. 郑州：河南大学，2017.

②④ 陈雪钧，李莉，付业勤. 旅游养老产业发展的国际经验与启示 [J]. 开发研究，2016 (5)：122-126.

③ 乌丹星. 国外养老产业发展经验对中国的借鉴 [J]. 中国保险，2021 (4)：60-63.

疗旅游、文化旅游等，为老年人提供了多元化的选择。在乡村旅游方面，主要有观光农园、农业公园、教育农园等产品系列。在温泉旅游方面，日本素有温泉王国之称，至少有 7.5 万家温泉旅馆，形成了享誉全球的温泉文化①。在医疗旅游方面，日本充分挖掘本国特色旅游资源和优势医疗技术作为医疗旅游发展的基础，通过实施系统措施以促进老年人医疗旅游②发展。在文化旅游发面，针对老年人的乡愁情节、文化养生、求知研学等需求，大力开发以文化、历史、地理、民俗为主题的旅游产品。

2. 建立标准化服务的机构养老

日本社会福利较好，早在 1950 年就有了专门面向老人的养老设施。根据《老人福利法》，日本养老设施分为养护老人之家、特别养护老人之家、低收费老人之家、收费老人之家四类③。为加强管理，日本建立了《老人保健法》《老人福利法》等养老政策法律体系，针对养老机构，推出了 29 项养老产业国家标准，对养老机构的性质、设施配置、人员配比、服务质量及资金管理制度做出了规定，保证了养老机构的标准化管理。

3. 积极的政策推动

在养老产业发展初期，日本政府积极制定养老产业政策，大力推进养老产业发展，开展产业指导和培训，同时给予税收减免扶持④。特别是，日本根据国情，设置了介护保险制度，很好地解决了老年人的护理问题，推动了日本养老产业的发展。

（三）亚洲国家与地区长宿休闲产业发展经验

长宿休闲（Long Stay，又称长居旅游），兴起于 20 世纪 80 年代的日本，用以描述日本老年人到中国台湾或东南亚地区的养老旅居现象。换言之，

① 叶萍，刘晓农．日本温泉旅游产业发展及对我国的启示［J］．老区建设，2019（18）：12-18.

② 张美英，李柏文，陈晓芬．日本医疗旅游的发展经验及其对中国的启示［J］．广西职业师范学院学报，2022，34（1）：56-63.

③ 郭莉莉，杨洁．日本机构养老服务发展经验与启示［J］．中国管理信息化，2022，25（15）：221-223.

④ 丁恩超．国外养老产业发展经验及启示［D］．郑州：河南大学，2017.

长宿休闲特指以日本"银发族"为主的国外旅居休闲活动，与异地养老、候鸟式休闲基本一致①。

2007年后，日本约有700万的退休老人。2000年前，欧美、加拿大位居日本长宿休闲的前10名；2000年后，马来西亚、泰国、印度尼西亚、菲律宾等国家以及我国的台湾地区积极发展长宿休闲，并有相关政策及配套措施来妥善执行，很快位居受日本长宿休闲旅客欢迎的前10，长宿休闲成为当地的一项重要产业活动。

相关资料显示，泰国、印度尼西亚、马来西亚、菲律宾及我国的台湾地区，都将Long Stay产业纳入经济发展政策。政府部门积极推动此产业，并推出许多相关配套措施(如签证与基础设施等)及可参与的系统性的文化活动等，以吸引日本"银发族"群前来消费②，其主要经验如下：

1. 政府制定相关配套措施

主要配套措施包括：①在签证方面，提供签证便利。②在医疗方面，成立能用日语沟通的医疗机关。③在金融方面，确保合作国金融机构的便利合作。④在基础设施及交通机构方面，提供极富便利性及可及性的Long Stay空间。⑤在治安方面，优化居住环境，加强安全防范措施。⑥在物价方面，提供"容易生活、物价便宜"的生活环境③。

2. 选择适合区域形成产业集聚发展

长宿休闲以融入"当地生活"为主要活动，并需进行"适量休闲旅游"。在地点选择方面，主要考虑如下因素：①生活机能便利性、可及性。②交通资源方便性。③食材取得可得性。④医疗资源可近性。⑤当地文化特色独特性。⑥居住形态是否符合需求④。

① 蒋秀芳，陈才. 长宿休闲研究进展 [J]. 海南师范大学学报(自然科学版)，2015，28(4)：456-460.

② 林昱宏. Long Stay产业行销策略研究——以小垦丁度假村为例 [D]. 嘉义：嘉义大学管理学院，2020.

③ 颜建贤，方乃玉. 台湾发展日本银发族长宿休闲评估指标之研究 [J]. 台湾乡村研究，2008(8)：39-64.

④ 郑宜颖. 日本长宿休闲客选择长宿地点影响因素之探讨 [D]. 台北：台湾师范大学，2014.

六、供给侧改革视角下的旅游养老产业结构调整路径

(一)供给侧结构性改革理论的内涵

供给侧是一个经济学术语,是与需求侧相对应的一个概念。作为国民经济发展中的两个端口,供给和需求相互作用,共同驱动国民经济不断发展。

自20世纪80年代以来,我国改革开放力度不断加大,国民经济高速发展,目前我国已经成为世界工厂,国民生产总值已经跃居世界第二位。在"十三五"期间,我国经济发展进入新常态,其主要特征有四个:一是经济增长速度放慢,从高速发展转向中高速发展;二是经济发展方式从规模速度型转向质量发展型,进入高质量发展阶段;三是经济结构从增量扩张转向存量调整、做优增量并存;四是发展动力从主要依靠资源和低成本劳动力等要素投入转向创新驱动①。

在新常态下,我国国民经济发展必须调整发展思路,以适应新常态发展。供给侧结构性改革理论就是在这一发展背景下提出来的,用以指导我国社会经济调整的基本理论。"供给侧结构性改革"理论的基本出发点是在适度扩大社会总需求的同时,大力加强供给侧结构性改革。供给侧结构性改革,说到底最终目的是满足需求,主攻方向是提高供给体系质量和效率,根本途径是深化改革。供给侧结构性改革就是用改革的办法推进供给侧结构调整,以更好地满足需求,促进经济社会持续健康发展②。

对于供给侧结构性改革,学术界进行了深入研究,目前积累了一定的研究成果。马晓河等(2017)认为,供给侧结构性改革就是从提高供给质量出发,用改革的办法推进结构调整,矫正要素配置扭曲,提高供给水平,增强供给结构对需求变化的适应性和灵活性,提高全要素生产率,以更好满足广大人民群众的需要,促进经济社会持续健康发展。王守义等(2017)

---

① 董伟. 浅谈中国经济"新常态"[J]. 中国商论,2017(6):3-4.

② 胡鞍钢,周绍杰,任皓. 供给侧结构性改革——适应和引领中国经济新常态 [J]. 清华大学学报(哲学社会科学版),2016,31(2):17-22.

将供给侧结构性改革形象地表述为："供给侧结构性改革=供给侧+结构性+改革。"其中，"供给侧"包括生产要素、生产者和产业三个层次，是经济增长的供给体系。"结构性"是指生产要素、生产者(企业)和产业之间的比例配置，对经济增长质量和效率具有决定性作用。"改革"是指通过完善制度建设，改变生产要素、生产者(企业)和产业的重大比例关系，包括数量关系调整和质量提升两个层面。

概而言之，供给侧结构性改革是党中央对新时期我国经济运行主要矛盾做出重大研判后而做出的全局性、长远性的战略部署，是把握新发展阶段、贯彻新发展理念、构建新发展格局和实现社会经济高质量发展的重要路径[①]。由此可见，供给侧结构性改革是新时期指导我国经济社会发展的重大理论。我国各行各业将深入开展供给侧结构性改革，对错配的供需结构和扭曲的要素配置进行矫正，优化供给结构，以实现资源优化配置和经济长期均衡发展。

(二)我国旅游养老产业发展趋势

1. 市场规模化

我国老年人旅游市场需求旺盛。国家统计局的《第七次全国人口普查公报》表明，我国60岁及以上人口有2.6亿人。其中，65岁及以上人口1.9亿人，未来的养老需求空间无限。相关数据表明，目前我国老年旅游已占国内旅游市场总量的1/5，在旅游淡季时达到旅游市场总量的一半以上。[②] 由此可见，老年人是错峰旅游、淡季旅游的主力军。旅游养老已经成为老年人的时尚消费，其消费群体正在不断扩大。近年来，在北方雾霾天气影响下，许多来自北方大城市的老年群体来海南旅游养老的意愿不断增强，市场规模进一步增大[③]。

2. 主体多元化

面对老龄化时代，越来越多的市场主体将投资转向养老产业。国家也

① 张衔，杜波.供给侧结构性改革的理论逻辑和本质属性 [J].理论视野，2021(5)：42-48.

② 老年旅游市场规模 [EB/OL].[2018-04-20].http：//www.chinabgao.com/k/lvyou/33747.html.

③ 赵西君.我国旅游养老服务业发展现状与对策研究 [J].中国市场，2016(26)：107-111.

相继出台了一系列促进养老服务业发展的政策，推动社会力量投资养老产业。从实践来看，目前已有多家国际知名养老企业、大型保险机构、大型地产商、民营养老机构、大型旅游企业、度假酒店企业等开始涉足旅游养老，开发出各种各样的旅游养老产品，如产权式养老度假酒店、连锁式异地置换旅游养老机构、旅游养老地产、旅游养老度假村等，市场主体越来越多元化。

3.产业融合化

目前，旅游养老产业融合不断深化，形成多元化融合态势。一是养老产业与康养产业融合发展，形成"养老+康养+旅游"模式，推进养老、康养、旅游产业与其他产业和业态的全面融合，发展密切相关的休闲度假、康体疗养、养生养老、旅游社区、体育健身、有机农业、中医药产业等健康产业经济，构建康养旅游产业集群。二是旅游养老与信息通信技术结合，形成智慧化发展趋势。运用现代化大数据信息通信技术作为运行支持平台，实现旅游养老的市场化、规模化管理。三是旅游养老与保险业融合发展，有效解决健康管理服务消费支付的"瓶颈"问题，推动产业快速发展。以健康检查为核心，在国内率先实行"医生+助检"双检制质量控制模式，提供星级服务标准，将健康管理与健康保险相结合，打造出"保险保障+健康管理+医疗服务"的创新模式。

(三)旅游养老产业供给侧结构性改革的必然性

旅游养老产业供给侧结构性改革是从供给端出发，进一步调整旅游养老产业结构，推动产业高质量发展。换言之，旅游养老产业供给侧改革就是从旅游养老产业的供给端入手，通过调整旅游养老产品结构，改进旅游养老生产要素，通过产业政策优化、技术创新和制度创新等手段，提高旅游养老产业运行效率和效益，促进旅游养老产业持续健康发展。目前，我国旅游养老产业存在着有效供给不足、经济效益不高、行业吸引力较低等现象，亟待从供给侧进行改革，现对其必要性阐释如下：

1. 从养老产业发展历程来看旅游养老产业结构性调整的必然性

我国养老产业已经走过近 40 年的发展历程，大体可分为五个阶段①，如表 3-1 所示。

表 3-1　我国养老产业发展历程

	第一阶段：五保阶段	第二阶段：福利院阶段	第三阶段：社会养老阶段	第四阶段：商业养老阶段	第五阶段：智慧养老阶段
服务对象	"五保"户	普遍性的老年人，但数量较少	普遍性的老年人	普遍性的老年人，开始出现档次分化	普遍性的老年人，年轻化趋势
名称表现	敬老院	福利院、敬老院	养老院、养老公寓	养老社区	智慧养老
时间阶段	20 世纪 80 年代以前	20 世纪八九十年代	2000~2007 年	2008~2016 年	2017 年至今
主要特征	五保、生活保障	老年人权益、社会福利	养老服务、社会化、机构养老	消费升级：医养结合、候鸟式养老、度假养老、温泉养老、持续照料等	科技化、智慧化，互联网技术的引入，模式更加多元化

从表 3-1 可知，我国养老产业已经发生了巨大变化。伴随着改革开放的发展，老年人作为一个特殊的群体开始受到普遍性的关注，并开始相关立法。在这过程中，养老福利机构逐步发展，养老规章制度逐步颁布和完善，养老逐步向产业化发展，服务从内容、技术标准、管理体系、从业人员方面都在逐步建立与发展。在科技、互联网发展的带动下，养老消费不断升级，专业化、特色化、个性化的追求在养老服务领域有非常明显的体现，如休闲养老、度假养老、候鸟式养老、温泉养老、医养结合等各种养老概念层出不穷，而且伴随着以移动互联、人工智能、大数据等最前沿信息的进一步迅速发展，养老产业开始智慧化发展，养老服务发展空间和创

---

① https://www.sohu.com/a/497354886-120171113.

新模式会更加广阔。因此，从供给侧改革成为推进旅游养老产业的必然选择。

2. 从养老产业发展现状来看养老产业结构性调整的必要性

我国人口老龄化起步较晚，发展速度较快。目前，养老问题已经成为我国经济社会发展中的重大问题。人口老龄化带来了巨大挑战，但也扩大了养老服务市场，带来了无限的商机。随着观念和社会环境的改变，传统的居家养老方式开始改变，机构养老、家政养老服务、社区养老等模式逐渐发展起来，养老产业呈现多元化发展态势。目前，养老产业发展存在诸多问题，供给有效性不高，产业运行效率低，产业总体效益差。养老产业市场的供给不足，既有量的不足，也有供给结构的不匹配。因此，在供给侧改革背景下，如何通过对养老服务产业供给结构的调整来最大限度地满足养老需求是至关重要的。

3. 从旅游养老产业自身来看结构性调整的必然性

我国旅游养老萌芽于21世纪初期的"夕阳红"团队游，后逐渐发展到现在的候鸟式养老游、养生养老游、康养旅居游等多种形式，其产业形态、要素结构越来越复杂，与其他产业的融合度也不断加深。换言之，旅游养老产业的供给侧已经日趋复杂，制约旅游养老产业健康发展的各种因素越来越凸显。而随着旅游养老需求的升级，供求关系之间的矛盾日益突出。在新常态下，供给侧改革成为主旋律，对旅游养老产业发展起到指导作用。因此，旅游养老产业必然需要从供给侧改革入手，优化供给结构，合理配置资源，扩大旅游养老服务的有效供给，实现旅游养老的高质量发展。

（四）供给侧改革视角下的旅游养老产业结构调整路径选择

关于旅游养老产业发展路径，已有诸多研究成果，刘昌平和汪连杰（2017）提出完善养老保障体系、推动"互联网+旅居养老"产业的新发展、提升旅居养老产业的专业化水平等路径。刘丽（2021）认为，随着养老产业与旅游产业的融合发展，应不断健全养老保障体系、积极进行老年服务业的供给侧改革，同时增强旅居养老产业的服务特色，并积极引入"互联网+"模式，从而满足老年人群的个性化旅居养老需求。基于旅游养老产业结构体系，陈雪钧和李莉(2018)将旅游养老产业发展路径归纳为产品发展路径、经营发展路径、市场发展路径、供应链发展路径和组织发展路径。

本书以供给侧改革理论为指导，探索旅游养老产业结构性改革的实践路径。供给侧结构性改革的根本出发点是充分发挥市场在产业发展中的决定性作用，不断放松政府对经济发展的各种管制，释放产业活力，从而有效降低制度性交易成本，提高供给体系的质量和效率，提高投资有效性[1]。从实践层面来看，供给侧改革主要是从产业层面、要素层面和制度层面入手，制定产业结构调整的路径。因此，旅游养老产业供给侧改革的目标就是建立一个适应老年群体不断增长的多元化、个性化的旅游需求，形成精准供给的旅游养老服务体系，达到供需匹配合理，推进旅游养老产业不断演进升级。旅游养老产业结构调整要从产业层面、要素层面和制度层面入手，制定切合实际的实施路径，具体路径如下：

1. 创新旅游养老产品，培育旅游养老新业态

第一，要大力创新旅游养老产品。随着旅游养老需求的不断升级，各种新的养老产品不断出现，引发旅游养老业态更新。目前，随着互联网、物联网技术在养老领域的应用，养老服务供给将不断升级，推进旅游养老产业不断迈向产业链中、高端。目前，养老产业正在发生三大变化：一是"互联网+智能"养老服务。在此方面，要充分发挥智能养老服务平台的作用，利用先进的科技手段，将养老市场、旅居社区、医疗机构等连接起来，促进养老服务的智能化、信息化、标准化、连锁化发展，通过智能穿戴设备、手机 App 等智能化养老设备，实现健康养老。二是医养结合不断延伸。在此方面，探索医养一体化模式、医养协作模式、医疗外包模式、社区"互联网"+医疗服务模式等，深度延伸和拓展医养结合，为老年人提供高质量的医养服务。三是金融养老服务新业态。在此方面，虽然相关政策与制度尚处于初级阶段，但已经初见端倪，一些新的老年金融产品、保险产品、理财产品、信贷产品正在不断出现。

第二，要加强公共产品的供给。旅游养老者作为流动人口的重要组成部分，大量老年人的到来会对目的地公共产品的供给带来较大压力，这是

---

① 冯志峰. 供给侧结构性改革的理论逻辑与实践路径 [J]. 经济问题，2016(2)：12-17.

对地方政府的管理能力和地方财政的一种考验。因此，如何创新公共产品的生产机制，把社会资金引入公共产品的生产，加大对交通道路、公共交通、城市公园、公立医院等各类公共产品的建设，有效增加公共产品供给，是发展旅游养老产业的重要环节。

2. 优化要素配置，提升旅游养老产业质量

旅游养老产业的生产要素主要涉及人力、资金、土地、政策四大类，可从上述四个要素入手，提升旅游养老产业质量，提高生产率。

第一，培养高素质的人力资源。旅游养老产业是劳动密集型产业，需要大量的劳动力，这就需要构建一个以职业教育为主、学历教育和职业培训为辅的养老服务人才培养体系。要提升从业人员的福利待遇，减少流失率。要鼓励职业院校和养老机构共建、对接，发挥养老机构实训基地的作用。要建立资格认证、技能鉴定等制度，不断提高从业人员的专业化水平。

第二，加强资金引导。通过建立产业基金等方式，吸引更多的社会资本进入养老市场。要探索实施减免税费、贷款贴息、直接补贴、资金奖励的资金支持，降低企业发展的成本，给产业发展一个缓冲期、培育期。

第三，合理安排土地供给，盘活闲置资产。要根据市场需求，合理安排土地供给，并给予相对优惠的价格。要有效盘活闲置的厂房、校舍、既有养老机构等空间，提高资源利用率。

第四，优化扶持政策。目前，关于推进养老产业发展的政策已经出台多部，但在具体落实方面还缺乏具体深入的实操，导致政策难以落地。与此同时，各种政策之间也相互制约，难以协调，需要进一步优化。

3. 改革管理体制，做好顶层设计

第一，做好"放管服"。在供给侧改革视角下，我国各行各业都在推行"放管服"，即简政放权、放管结合、优化服务。这就意味着旅游养老产业在管理体制方面也要顺应改革大势，深入做好"放管服"工作，减少政府对经济运行的干预，让市场机制自发有效地配置资源。为此，地方政府及其职能部门要定好位，从制度供给侧发力，完善旅游养老产业发展的各项制度。

第二，做好顶层设计。首先，地方政府要做好旅游养老产业发展规划，

有明确的发展战略和主要举措。其次，要明确养老机构准入门槛，明确服务标准和退出机制。最后，要加强养老机构的许可、监管和服务工作。

七、本章小结

本章从产业视角出发，界定了旅游养老产业的概念、要素与特征，概括了旅游养老产业业态模式和演进机制，分析了国内外旅游养老产业发展经验。在供给侧改革背景下，进一步阐释了旅游养老产业供给侧改革的必要性及主要路径，为指导海南旅游养老产业发展奠定了理论基础。

第四章
海南旅游养老产业发展环境研究

　　旅游养老是海南旅游产业和养老产业融合发展而成的新业态，已经成为海南社会经济的重要组成部分，深入到海南社会经济生活的多个领域。在自贸港建设加速推进的大环境下，海南加快经济社会调整步伐，大力调控旅游地产，大力发展旅游产业和健康产业，大力改善营商环境，海南旅游养老产业发展环境正在发生巨变。本章从自然生态环境、旅游产业环境、政策法治环境、经济发展环境、社会文化环境五大方面，深入分析海南旅游养老产业环境的变化趋势，为海南旅游养老产业调整提供基础分析。

一、自然生态环境分析

(一)海南自然生态环境要素分析

　　气候与环境是影响旅游养老目的地选择的基本因素，直接影响一个区域的旅游养老产业发展。海南岛处在热带海洋南海的北部，属热带季风海洋性气候，夏长无冬，春秋时短，降水丰沛且干湿分明。独特的气候与环境条件，对来自北方的老年人具有极大的吸引力，特别适合避寒。

1. 气温

　　适宜的温度是影响人们户外活动的关键因素，直接影响人的身体健康。海南冬无严寒，夏无酷暑，尤其是冬季最佳。从我国冬季最冷月 1 月的平均气温来看，东北地区的温度大多在 -15℃ 左右，比较寒冷；海南 1 月平均温度在 15℃ 以上，最北端的海口 1 月平均气温为 16.7℃。由此可见，冬季海南舒适度最高，这是海南旅游养老的基础，比同期的云南、广西、广东等

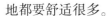

地都要舒适很多。

2. 降水与湿度

降水量和空气湿度影响人们的生活体验。从 1 月的平均降水量来看，我国南方降水主要集中在长江以南地区受海陆位置的影响，海南冬季降水较少，在降水量方面具有优势。海南各地年降雨量最多在 2400 毫米左右，呈东多西少分布，空间分布形态与气候态年雨量的分布接近，高值中心位于琼中和万宁。各地年降雨量最少在 1000 毫米，中部山区以外少于 1000 毫米。① 从空气湿度来看，海南按不同气候可分为湿润区、山地湿润区、半湿润区、半干旱区和半干旱半湿润区，各种养老人群都能在其中找到适合的空气湿度地进行旅居。

3. 日照

日照是影响生活质量的一个重要因子。良好的日照条件可增加人的户外活动量，增加身体对钙质的吸收，从而改善人的情绪，使人心情愉悦。数据分析显示：海南省各地年平均日照时数为 1700~2600 小时，日平均日照时数为 5.0~6.9 小时。在空间分布上，海南西部和南部地区的日照情况较好，每年的晴天天数超过 300 天。与其他省份相比，海南的日照条件虽不及云南，但与南方各省相比，具有相对优势。

4. 空气质量

海南四面环海，拥有大面积的热带雨林，无大规模的工业区，空气质量极高。2022 年海南全省环境空气质量总体优良，优良天数比例为 98.7%。其中，优级天数比例为 84.0%，良级天数比例为 14.7%，轻度污染天数比例为 1.3%，无中度及以上污染天。六项污染物细颗粒物（$PM_{2.5}$）、可吸入颗粒物（PM_{10}）、臭氧（O_3）、二氧化硫（SO_2）、二氧化氮（NO_2）和一氧化碳（CO）浓度分别为 12 微克/立方米、23 微克/立方米、112 微克/立方米、4 微克/立方米、6 微克/立方米和 0.7 毫克/立方米。$PM_{2.5}$、PM_{10}、SO_2、NO_2、CO 五项污染物浓度均符合国家一级标准，O_3 接近国家一级标准。根据生态环境部《城市环境空气质量排名技术规定》计算城市环境空气质量综合指数，

---

① 吴胜安，邢彩盈，朱晶晶．海南岛气候特征分析［J］．热带生物学报，2022（7）：315-323.

对海南全省 19 个市县环境空气质量进行排名，排名前三位的是五指山市、三沙市和乐东县，排名后三位的是临高县、海口市和儋州市。① 相关医学研究表明：患有呼吸道疾病、心脑血管疾病的老年人在这良好的气候环境下将得到很好的缓解。

5. 水体质量

目前，海南水环境质量总体为优，大江大河水质总体较好。海南省生态环境厅发布的《2022 年海南省生态环境状况公告》显示，2022 年全省地表水水质总体为优，优良比例为 94.9%，城市（镇）集中式饮用水源地水质稳定达标；地下水水质状况总体较好。全省地表水水质为优，水质优良（Ⅰ～Ⅲ类）比例为 94.9%，劣Ⅴ类比例为 0.5%。全省主要河流和湖库水质为优，近岸海域水质为优，沉积物质量总体保持良好。

(二)海南自然生态环境总体评价

海南冬无严寒，夏无酷暑，空气质量和水体质量达到国内一流水准，这为发展旅游养老产业提供了先天性优势，海南是我国最适合避寒养老的区域，有利于气候治疗的开展。

气候治疗是利用有利的气候环境和自然条件使身体康复的一种疗法。其中，平原保护性气候、森林气候、海滨气候是最适合的气候治疗资源。海南拥有优质的热带海滨气候、热带雨林气候，适宜来海南进行气候治疗有慢性支气管炎、支气管哮喘、慢性肺炎、肺气肿、慢性咽喉炎、哮喘等呼吸系统疾病患者，以及"三高"人群、心脑血管疾病、过敏性疾病等患者。此外，从控制感染的角度来看，海南的自然条件有利于术后康复、运动康复等。

二、旅游产业环境分析

海南是我国著名的热带滨海旅游胜地，旅游资源丰富，类型多样，与旅游养老密切相关的主要有海岸带景观资源、山地森林旅游景观资源、江

---

① 海南省生态环境厅.2022 年海南省生态环境状况公报［EB/OL］.［2023－06－05］. https：//www.hainan.gov.cn/hainan/5309/202306/b1de4ffee74346bc8a25a6caebff12fd.shtml.

河湖泉旅游景观资源等。同时，海南旅游产业比较发达，在景区、酒店、餐饮等方面为发展旅游养老产业提供有力支撑。

(一)海岸带旅游资源

海南拥有1900多千米形态各异、风光旖旎的海岸线，分布着众多的海湾、沙滩，蜿蜒秀美的海岸带上集聚了丰富的生态资源、景观资源和文化资源。

海南海岸带可划分为四类，即基岩海岸、砂(砾)质海岸、泥质海岸和生物海岸[①]。其中，砂质海岸占岸线总长的50%~60%。海南有很多优质沙滩，适宜游泳和赶海；环岛有很多著名的海湾，风平浪静，海水清澈，适合开展海上运动；海岸带景色优美，呈现椰风海韵之景观特色；海水温度一般在18℃~30℃，光照充足，一年中的多数时间可进行海水浴和日光浴。此外，海南东部沿海地区分布着红树林海岸景观，以海口东寨港红树林自然保护区为代表，具有较高的观赏价值[②]。

(二)山地森林旅游资源

海南地势为中部高、四周低，山地与丘陵约占全岛面积的38.7%。其中，海拔1000米以上的山峰有81座，著名的主要有五指山、霸王岭、鹦歌岭、黎母山、吊罗山、太平山、铜鼓岭、七仙岭、东山岭、白石岭等。近年来，全省森林覆盖率稳定在62.1%以上，森林蓄积量为1.61亿立方米，森林面积约3208万亩。这些山地热带雨林资源优势突出，负氧离子含量极高，均为海南登山运动和康养旅游胜地，适于气候疗养和康养旅居。

(三)江河湖泉旅游资源

海南降水丰富，形成数量众多的大小河流，从中部山区向四周分流，形成放射状的海岛水系，因此形成了众多的河流景观、水库湖泊景观和溪流泉水景观。海南著名的河流主要有南渡江、昌化江、万泉河等，形成众

---

① 吴传钧，蔡清泉. 中国海岸带土地利用 [M]. 北京：海洋出版社，1993.
② 辛建荣，唐惠良，陈水雄. 海南海岸带旅游开发及环境问题与可持续发展 [J]. 热带农业科学，2011，31(9)：82-86.

多的风流河段，成为旅游观景的好地方。在海南中部高山区域，溪流密布，形成瀑布景观，如五指山市的太平山瀑布、琼中县的百花岭瀑布、白沙县的红坎瀑布。由河流而形成的水库风光也极富特色，特别是松涛水库、牛路岭水库、石碌水库等，湖光山色，景色宜人。海南温泉分布广泛，素有温泉岛之美誉，其中琼海市被誉为中国温泉之乡[①]。海南的温泉大多属于治疗性温泉，对各种皮肤病、慢性支气管炎、哮喘、高血压等多种慢性病都有一定疗效，特别适合老年人。著名的温泉主要有兴隆温泉、南平温泉、蓝洋温泉、七仙岭温泉、官塘温泉、观澜湖温泉等，适于发展融度假、治疗、康养等为一体的健康旅游养老。目前，海南开发了一批温泉康养旅游项目，吸引了部分旅游养老者。

（四）旅游产业要素类资源

海南旅游产业已经形成较大规模，整体运行良好。与旅游养老产业密切相关的旅游产业资源主要有旅游景区、住宿、餐饮，现分述如下：

在旅游景区和产品开发方面，相关统计表明，截至 2021 年底，海南共拥有 75 家景点，其中国家 A 级以上景点有 30 家[②]。近年来，海南不断优化旅游产品结构，在传统观光旅游基础上，突出发展休闲度假、养生度假旅游、体育运动旅游等符合市场发展需求的具有海南特色的专项旅游产品，有效提升了旅游产品竞争力。

在住宿方面，截至 2020 年底，海南有各类住宿企业 4113 家，床位数达到 281830 个。其中，正式评定的星级酒店有 122 家，未评定星级的准三星级以上酒店有约 250 家，豪华型公寓酒店有约 150 家，各类乡村民宿有 336 家，其余为各种类型的社会旅馆[③]。

在餐饮方面，截至 2020 年底，各种类型的经营主体 4 万余家，主要分为酒店餐厅、乡村餐馆、城市餐馆三大类。其中，酒店餐厅约 3000 家，乡

---

① 2005 年，经原中国国土资源部审查，批准海南琼海、北京小汤山、湖南郴州为"中国温泉之乡"。

② 海南省旅游和文化广电体育厅的 2022 年统计报告。

③ 海南省酒店餐饮行业协会. 2020-2021 海南省酒店与餐饮行业发展报告 [EB/OL]. [2021-06-28]. https：//www.sohu.com/a/474033442_101283.

村餐馆约 25000 家，城市餐馆约 15000 家。海南餐饮企业以小、微型企业为主，年销售额在 500 万元以上的规模化法人企业仅 71 家，占比不足 0.2%。值得一提的是，在餐饮方面，海南优越的自然生态环境为海南提供了诸多鲜美的食材。由于食材新鲜，琼菜在烹饪时尽可能保持原汁原味，形成了以"淡雅"为主要风味的饮食文化特色，十分适合老年人饮食养生①。

三、政策法治环境分析

从 20 世纪 80 年代初期起，我国政府开始关注老龄化发展。1982 年，我国成立了中国老龄问题全国委员会。在此基础上，各个省、市、县、乡逐渐建设老龄工作委员会及其办事机构，由此形成了从中央到地方的老龄工作网络。从 2000 年开始，我国人口年龄结构正式进入老年型，国家出台了《关于加强老龄工作的决定》，并陆续出台了一系列相关政策和法规②。这些政策和法规，都零星地涉及旅游养老，但比较分散，现对相关重要政策进行分类并加以阐释。

（一）关于养老服务业发展方面的政策

2000 年，国务院首次提出"要使老龄服务业走社会化、产业化的道路"，要大力"培育和发展老龄消费市场"，标志着国家要大力培育和发展养老服务业，推进其社会化、市场化进程。

2006 年，《关于加快发展养老服务业的意见》进一步提出"大力发展社会养老服务机构，促进老年用品市场化，推动养老服务业加快发展"。

2015 年，《关于鼓励民间资本参与养老服务业发展的实施意见》提出"鼓励民间资本参与居家和社区养老服务；鼓励民间资本参与机构养老服务；支持民间资本参与养老产业发展"。

2015 年，《全国医疗卫生服务体系规划纲要（2015—2020 年）》提出开发建设一批集养老、医疗、康复与旅游于一体的医药健康旅游示范基地，

---

① 刘光前，刘逸．海南饮食文化特色［J］．新东方，2010(3)：35-38.
② 陈茉．中国养老政策变迁历程与完善路径［D］．长春：吉林大学，2018.

进一步健全社会养老、医疗、康复、旅游服务综合体系。

2016年,《关于2016年深化经济体制改革重点工作的意见》要求深化养老服务业综合改革试点,全面放开养老服务市场,鼓励民间资本、外商投资进入养老健康领域,提高养老服务质量,推进多种形式的医养结合,增加有效供给。

2016年,《关于促进医药产业健康发展的指导意见》提出开发建设一批集养老、医疗、康复与旅游为一体的医药健康旅游示范基地,进一步健全社会养老、医疗、康复、旅游服务综合体系。

2019年,《国家积极应对人口老龄化中长期规划》指出要大力支持社会资本参与养老机构投资,落实与公办养老机构的同等优惠政策,同时全面放开养老服务市场,积极对金融、地产企业参与养老市场进行引导、规范。

2019年,《国务院办公厅关于推进养老服务发展的意见》针对养老服务业提出深化放管服改革、拓展养老服务投融资渠道、扩大养老服务就业创业、扩大养老服务消费、促进养老服务高质量发展、促进养老服务基础设施建设六个方面共28条具体政策措施。

2019年,《关于加强规划和用地保障支持养老服务发展的指导意见》针对我国人口结构、老龄化趋势,结合新一轮国土空间规划编制的有利时机,充分发挥国土空间规划的刚性指导作用,合理规划配置养老服务设施用地,推动养老服务设施合理布局。并坚持充分保障需求,多渠道多方式供应养老服务设施用地。

(二)关于旅游养老消费者权益保障方面的政策

2016年4月26日印发的《深化医药卫生体制改革2016年重点工作任务》的通知,明确将继续推进基本医保的全国联网和异地就医结算。

2018年12月29日,第十三届全国人民代表大会常务委员会第七次会议修正了《中华人民共和国老年人权益保障法》,规定各级人民政府及其有关部门要根据老年人的特殊需要,拟定优待老年人的条例,并逐步取消优待限制,对常住在本行政地区内的非户籍老年人给予同城待遇,为老年人在异地生活提供便利的条件。

2018年,《关于进一步加强和改善老年人残疾人出行服务的实施意见》

要求以加强和改善老年人、残疾人无障碍出行服务为核心，加快无障碍交通基础设施建设和改造，鼓励推广应用无障碍出行新技术、新设备，提升服务水平养老服务。

四、经济发展环境分析

（一）经济发展状况

海南虽处于东部沿海地带，但属于经济欠发达地区，与长三角、珠三角等东部经济发达地区相比具有较大差距。长期以来，海南社会经济以热带农业和旅游业为主，缺乏制造业，呈现出典型的"岛屿经济"特征，产业结构很不合理。2010 年海南国际旅游岛建设上升为国家战略后，海南社会经济开始加快增长，但增长幅度近似于中西部地区的省市。近 10 年来，海南经济发展总体上一直保持着持续增长态势，除了 2020 年受新冠肺炎疫情影响，主要经济指标出现大幅波动外，其他年份均有较大幅度增长，具体如表 4-1 所示。

表 4-1　海南社会经济发展一览

年份	地区生产总值（亿元）	增长率（%）	第三产业增加值（亿元）	增长率（%）	房地产业增加值（亿元）	增长率（%）
2015	3702.80	7.8	1971.81	9.6	306.75	5.4
2016	4044.51	7.5	2171.90	10.1	345.04	13.2
2017	4462.54	7.0	2486.07	10.2	437.54	20.1
2018	4832.05	5.8	2736.15	6.8	389.66	12.0
2019	5308.94	5.8	3129.54	7.5	497.86	-0.5
2020	5532.39	3.5	3341.15	5.7	526.02	-0.9
2021	6475.20	11.2	3981.96	15.3	589.04	9.4

资料来源：根据海南省统计局统计数据编制而成。

2018 年后，海南迎来了千载难逢的发展机遇。目前，海南正在建设世界最高开放水平、特殊的税收制度、生产要素自由流动的自由贸易港。受益于自贸港建设的驱动，近几年海南经济增长开始领跑全国。2021年，海南经济增长速度实际上居于全国首位。此前海南产业一直以房地产和旅游为主，随着海南自贸港政策的逐步落地，海南投资、消费和进出口均呈现快速增长的态势。2021年，海南固定资产投资同比增长10.2%，两年平均增长9.1%；而非房地产领域的产业投资同比增长33.5%，对全省投资增长贡献率高达81.0%；社会消费品零售总额同比增长26.5%，两年平均增长13.1%。

（二）基础设施条件

1. 交通条件

目前，海南基本形成海、陆、空全面发展的交通网络格局，为海南旅游养老者提供了方便快捷的交通服务。

在航空方面，海南目前有三个国际机场，即海口美兰国际机场、三亚凤凰国际机场和琼海博鳌国际机场。在未来规划中，海南还将建设五指山市和儋州市两个民用机场，形成覆盖全岛的民用机场网络，提升民航运力，提供便捷的航空服务。

在陆地方面，目前，海南已实现环岛铁路全线运营，海南环岛铁路成为全球首条环岛高铁。海南的环岛高速公路将海南沿海城镇串联起来，极大地改变了海南交通状况。2019年底，万洋高速开通。至此，海南"田"字形高速公路网络基本形成，各市县基本上形成了高速联通，初步形成了"两小时生活圈"。

2. 医疗条件

近年来，海南的医疗条件得到了很大改善。统计数据表明，2019年全省共有卫生机构5646个，其中医院（卫生院）538个，疾病预防控制中心（卫生防疫站）27个，妇幼保健院（所、站）24个，专科疾病防治机构13个，农村乡（镇）卫生院287个，社区卫生服务中心（站）200个。医疗卫生机构病床位47274张，卫生机构人员总数为85087人[1]。目前，海南的医疗服务体系正在不断完善，基本上构建了"1小时三级医疗服务圈"，县级公立医院基

---

[1] 海南省统计局.2019年海南省国民经济和社会发展统计公报[EB/OL].[2020-03-03]. https://www.hainan.gov.cn/hainan/ndsj/202003/a03a4d8c72184b6b867bea6e70aa25b3.shtml.

本达到二甲以上水平，乡镇卫生院和村卫生室标准化建设水平不断提高。

3. 信息技术条件

随着互联网与通信信息等技术的推广应用，旅游养老中的许多问题得到了有效解决。在现代信息技术的支撑下，老年人的旅居生活质量得到了极大的提升。智能手机带来了便捷的购物支付和远距离的视频通话，大大缓解了老年人异地生活的购物和社交难题。智能健康监测设备能让老人实时掌握自己健康状况，为健康提供及时诊疗和预防，减少了子女心理负担。

五、社会文化环境分析

社会文化环境包括历史、人口、文化等方面，对旅游养老产业发展起到间接但十分重要的影响。

1. 历史与居民

海南历史悠久，最早可追溯到旧石器时代晚期至新石器时代早期。目前已发现的最早的人类活动遗址是位于三亚市的落笔洞古人类文化遗址，迄今已有10000年左右的历史。新石器时代的遗址主要有陵水的石贡遗址、大港遗址，东方的付龙园遗址和文昌的凤鸣村遗址等。可以推知，海南的古人类主要从事原始农业、手工业、狩猎、捕鱼和采集等活动，开创了海南历史的文明。

在距今3000年前，百越族的一支"骆越"人从大陆两广和越南北部迁移到海南岛，成为黎族的祖先。秦末汉初，原始社会开始瓦解，先从岛北部、西北部开始，逐渐向东部、南部沿海及内地山区推移，延续的时间很长，五指山少数民族地区在清末民初还保留着原始社会的残余①。

西汉在海南开疆立郡后，海南虽隶属中央政权，但没有大规模开发，使海南自汉以后孤悬海外，多达500多年。在梁、陈、隋、唐时期，岭南百越族首领冼夫人及其子孙在海南治理长达上百年，谱写了民族文化融合的历史篇章。在唐、宋时期，海南成为大批重臣名士贬谪流放之地，出现了

---

① 海南省人民政府网站（https：//www.hainan.gov.cn）。

谪寓和流放文学,成为唐宋流寓文学的重要组成部分。南迁入琼的中原文化与原始氏族文化相融合,形成了独树一帜的海南文化,成为中华文化中一枝奇葩①。

从明代开始,因战乱、人口增多压力,大批海南人逐渐移民海外,目的地以东南亚(南洋)居多。明初,因为海上丝绸之路,海南与阿拉伯通商,产生回族;明朝,苗兵在海南驻防,撤防后留下苗族。其他进入海南的居民来源,或是随历代政府组织的移民,或是躲避战乱而来,或是遭贬谪官员的族人及随从。

2. 人口与民风

海南是一个由汉族、黎族、苗族、壮族、彝族、侗族、瑶族等 30 多个民族的人共同构成、共同生活的省份②。历史上由于海陆相隔,交通不便,海南人口总量偏低。近年来,海南外来人口不断增加。根据第七次全国人口普查统计,海南人口首次突破 1000 万人,达到 10081232 人,人口增长速度比全国人口增长速度还要高 10%③。受热带海岛地理环境的影响,海南人性格大多谦和随性,少焦躁和争斗心;饮食清淡有节,不喜煎炸,偏好新鲜食材。同时,海南民风淳朴,家庭观念浓厚,比较恪守本土习俗。

3. 文化与性格

海南文化总体上属于移民文化。历史上,大陆不同地区的居民多次移民到海南,各地移民很快融入了海南社会,但又部分保留了原住地的传统习惯,因此形成了多姿多彩的海南文化。海南文化具有海岛性、热带性、山地性、海洋性、开疆性、多元性、包容性、务实性和滞后性等特质。④ 总体来看,"岛民性格"是海南文化的根基。"岛民性格"实质上是开拓进取的"移民精神"的历史沉淀。海南属中国南海上的岛屿,全年高温多风多雨,

① 符和积.海南地域文化的历史构成、发展与特性 [J].海南师范大学学报,2015(4):96-106.

② 符嘉愉.岛屿旅游视域下海南民族文化的传承与保护 [J].海南热带海洋学院学报,2021,28(3):104-110.

③ 海南省统计局.海南省第七次全国人口普查公报(第四号)[EB/OL].[2021-05-13].https://stats.hainan.gov.cn/tjj/ztzl/rkpc/pcyw/202105/t20210512_2977792.html.

④ 司徒尚纪,许桂灵.海南文化的特质和历史地位 [J].琼州学院学报,2014,21(1):93-98.

来自中原地区的人民忍受着恶劣的生存环境。在海上、空中交通极其不发达的年代，大陆移民一代又一代历尽千难万险来到海南，时时刻刻与环境抗争，存在严峻的生存危机，从而逐渐养成了高度的生命危机意识①。

六、本章小结

独特的热带海岛赋予了海南发展旅游养老产业的先天优势，持续向好的经济环境、不断完善的政策环境和宽松的社会文化环境为海南旅游养老产业的发展奠定了良好基础。在"健康岛""生态岛""长寿岛""旅游岛""自贸港"等诸多名片支撑下，海南具备了发展旅游养老产业的独特优势和良好条件。

---

① 杨国良，谭奇辉. 海南岛民性格及文化的形成 ［J］. 文艺争鸣，2006(3)：148-150.

第五章

海南旅游养老产业需求研究

一、研究设计

海南的流动人口主要分为四类：第一类为候鸟型人群，在海南居住时间多在半年以内，以老年人为主；第二类为外来务工人群，其住所随工作变动而变动，时间不固定；第三类为高端科研、技术型人才群，停留时间不规律；第四类为短期来旅游的游客群，停留时间短[①]。

旅游养老人口属于流动旅居人口。从旅游养老市场细分来看，海南旅游养老市场主要由两大部分构成：一是以长期旅居为主的候鸟型老年居客，其中在旅居期间也有部分老年人环岛短期旅游。二是以短期旅游为主的老年游客，类似于短期观光与度假游客。上述两种市场交织在一起，构成了海南旅游养老市场的整体样貌。

对于海南旅游养老市场规模，迄今为止官方尚无统一的公开数据。广泛引用的数据主要有两组：第一组数据是关于 2015～2017 年的候鸟型人口数据。该数据表明，2015 年海南候鸟型人口约 115 万人，到 2017 年增至 130.98 万人。海南流动性候鸟型人口占全省候鸟型人口的比重由 2015 年的 58.0% 增加到 2017 年的 60%。其中，三亚候鸟型人口数达 41 万人，占全省候鸟型人口总数的 24.9%。第二组数据是 2017 年 10 月 1 日至 2018 年 4 月 30 日的数据。该数据表明，在此期间来海南过冬的"候鸟老人"数量高达 165 万人。2017 年，海南户籍人口约为 930 万人，而外来候鸟型老人相当于

---

① http：//www. hainan. gov. cn/hainan/5309/201405/f547712ccfcb41278aab4ccddc45f158. shtml.

海南户籍人口的 1/10①。由此可见，海南旅居养老市场数量已具有较大规模。也有调研发现，受到物价因素影响，近年来海南养老旅居市场规模开始缩小，低端养老市场转移到广西、云南等地，甚至转移到泰国、马来西亚等消费较低的国家与地区。就此研究发现，海南候鸟型旅居市场在总量上目前应处于停滞状态，尤其是从 2020 年开始处于下行状态。

为了系统地掌握海南旅游养老市场发展状况，本章采用问卷调查、实地访谈、文献分析等方式获取一手和二手资料。根据研究资料特征，从旅居客市场和候鸟型旅居养老市场两种路径来分析海南旅游养老市场状况与特征，如图 5-1 所示。

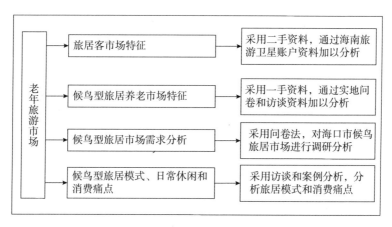

图 5-1　海南旅游养老市场研究路径设计

在图 5-1 中，本章采用 2019 年海南旅游卫星账户中海南旅居客中的数据，间接反映海南旅游养老市场的现状与特征；对于海南候鸟型旅居市场特征，采用问卷调查、访谈调查方式，获取一手数据，直接反映海南候鸟型旅居市场现状与特征；对于候鸟型旅居市场需求特征、旅居模式、日常休闲和消费痛点等问题，采用问卷调查、实地访谈、案例分析等方式，进行调研分析。

---

① https：//s. askci. com/news/qiye/20190213/1521371141495. shtml.

二、海南旅居客市场现状与特征分析

目前，关于海南旅居市场，长期以来缺乏翔实的数理统计数据。尽管官方特别关注这一市场，但一直未有深入的调查研究。2016 年，海南省旅游和文化广电体育厅开始试行使用旅游卫星账户对全省旅游发展状况进行统计分析，并将旅居客作为其中一个专题进行调研，此后在官方层面才有了一个比较权威的统计数据。有鉴于此，本章采用 2019 年海南省旅游卫星账户编制成果中关于海南旅居游客消费专项调查中的相关数据进行分析。尽管该调查是针对海南旅居客的，但其中候鸟型老人占了很大比重，能够在很大程度上间接地反映出海南省养老旅居市场总体状况。之所以使用 2019 年的数据，是因为 2020 年开始的新冠肺炎疫情影响了海南旅居养老市场，并一直延续到现在，其间的数据不能客观地反映常态下的海南旅游养老市场状况。

根据 2019 海南省旅游卫星账号项目研究成果，2019 年全省旅居游客调查样本量为 2326 份，样本分布在全省 18 个市县(不含三沙市)，抽样调查地点分布于各个社区、小区、养老公寓等旅居游客集中地，现将具体数据分析分述如下：

(一)海南旅居市场人口统计特征分析

1. 性别情况

如图 5-2 所示，2019 年海南省旅居客的性别结构比约为 82∶100，女性游客多于男性。与 2018 年相比，2019 年全省旅居客女性占比下降 2.48 个百分点，男性占比增长 2.48 个百分点。

2. 年龄结构

如图 5-3 所示，55~64 岁的旅居客为海南旅游消费主力，2019 年占比高达 39.85%；排名第二的是 65~74 岁中老年游客人群，2019 年占比为 37.40%。与 2018 年相比，2019 年游客年龄结构并未发生变化。2019 年 55~64 岁主流旅游群体占比较 2018 年(38.59%)增长了 1.26 个百分点，65~74 岁旅游群体占比增长了 4.54 个百分点。

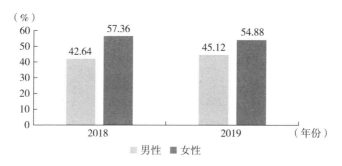

图 5-2　2018~2019 年海南省旅居客性别构成

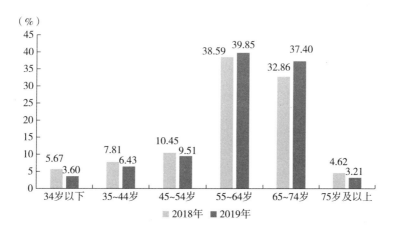

图 5-3　2018~2019 年海南省旅居客年龄构成

3. 职业构成

如图 5-4 所示，从旅居客的职业构成来看，2019 年旅居客职业占比第一名的是专业或文教科技人员，占总数的 28.53%，第二名的是企事业管理人员，占总数的 20.57%，第三名的是工人，占总数的 16.97%，排名后三的分别是军人（2.57%）、其他（3.08%）、农民（8.10%）。与 2018 年相比，2019 年游客的职业结构特征变动较大，其中，专业或文教科技人员占比较 2018 年（14.67%）增长了 13.86 个百分比，其他占比较 2018 年（27.52%）下降 24.44 个百分点。根据上述数据判断得出，来海南的候鸟型旅居老人大多在政府、国有单位、事业单位、军队、医院等机关事业单位工作，专业或文教科技人员、企事业管理人员占比较高。

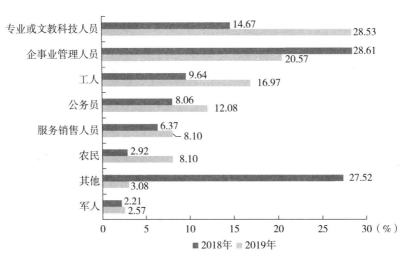

图 5-4　2018~2019 年海南省旅居客职业构成

4. 家庭经济状况

如图 5-5 所示，从家庭月均收入来看，2019 年，月均收入在 5001~10000 元的家庭为旅居客的主要组成部分，占比为 40.62%；月均收入在 20000 元以上的家庭占比为 20.82%。这表明，来海南的旅居客家庭经济条件较好，主要是高收入人群，具有较强的消费能力。

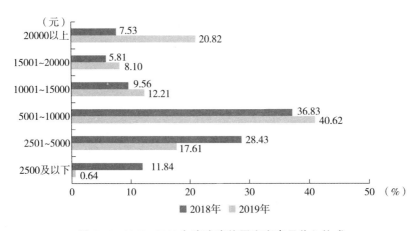

图 5-5　2018~2019 年海南省旅居客家庭月收入构成

5. 客源地分布情况

如图 5-6 所示,海南旅居客遍布全国各地。在 2019 年占比排名中,第一是辽宁(9.64%),第二是黑龙江(9.13%),第三是吉林(7.97%);排名后三的分别是西藏(0.13%)、云南(0.39%)、宁夏(1.29%)。2019 年游客客源地为辽宁、黑龙江的占比较 2018 年(9.31%、8.93%)分别增长了 0.33个、0.2 个百分点,吉林(14.37%)下降了 6.4 个百分点。

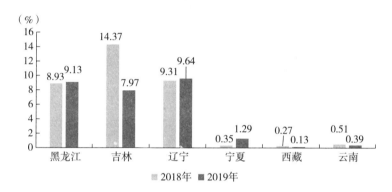

图 5-6　2018~2019 年海南省旅居客客源地构成

6. 身体状况

如图 5-7 所示,2019 年旅居客身体状况总体良好,其中身体状况良好的人群占主体,占比高达 32.52%,其次是健康、一般的人群,占比分别为30.98%、30.59%。2019 年旅居客身体状况良好的人群占比较 2018 年(27.41%)增长了 5.11 个百分点,很差的占比较 2018 年(2.26%)下降了2.13 个百分点。

7. 同行人员情况

如图 5-8 所示,2019 年旅居客同行人员是以"与老伴儿"为主,占比高达 66.08%,其次是"与亲戚",占比是 9.00%。2019 年旅居客同行人员"与老伴儿"占比较 2018 年(68.81%)下降了 2.73 个百分点,"与子女"占比较2018 年(4.18%)增长了 4.56 个百分点。这说明在旅居客中,老年人占了较大比重。

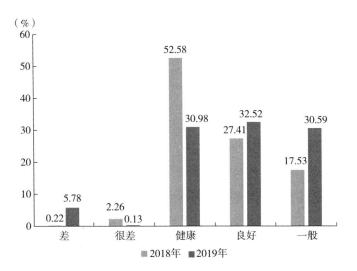

图 5-7　2018~2019 年海南省旅居客身体状况构成

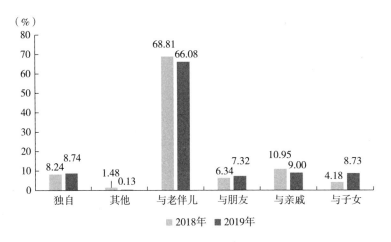

图 5-8　2018~2019 年海南省旅居客同行人员构成

8. 人均逗留天数情况

如表 5-1 所示，2019 年旅居客在海南的人均逗留天数为 99.16 天，从各市县来看，保亭的人均逗留天数最高，为 119.60 天，其次是儋州，为 112.24 天，最低的是白沙，为 85.59 天。2019 年旅居客海南的人均逗留天数较 2018 年的 98.85 天增长了 3.31 天。

表5-1　2018~2019年海南省各市县旅居客人均逗留天数情况

市县	2019年		2018年		变动情况（天）
	人均逗留天（天）	排名（位）	人均逗留天（天）	排名（位）	
全省	99.16	—	95.85	—	3.31
海口	110.62	3	139.63	1	-29.01
三亚	87.65	16	89.44	16	-1.79
琼海	104.09	7	103.39	8	0.70
万宁	98.80	11	98.31	11	0.49
文昌	98.29	12	97.46	12	0.83
陵水	104.64	6	107.84	7	-3.20
五指山	108.85	4	127.43	2	-18.58
定安	92.50	15	92.33	15	0.17
屯昌	102.11	9	101.94	9	0.17
琼中	105.89	5	118.89	4	-13.00
保亭	119.60	1	126.14	3	-6.54
白沙	85.59	18	84.84	18	0.75
儋州	112.24	2	111.73	6	0.51
东方	95.73	14	95.28	14	0.45
澄迈	96.54	13	96.53	13	0.01
临高	85.61	17	85.40	17	0.21
乐东	99.25	10	98.96	10	0.29
昌江	103.59	8	113.19	5	-9.60

9. 旅居客人口统计特征小结

对海南旅居人口统计特征分析，可以推断出海南旅游养老市场具有如下主要特征：①旅游养老者的年龄主要在60~80岁，身体状况一般较好，或有老年常见病（如哮喘、气管炎），但能够自理和独立出行。②他们的经济状况较好，有一定的经济实力，收入来源稳定，拥有退休金，且大部分都在4000元以上。③他们在一定的文化层次上，多为体制内精英，崇尚生活，追求养老生活质量。

(二)旅居客的消费特征

根据 2019 年海南省旅游卫星账户编制成果中关于海南旅居客消费专项调查中的数据，得出主要结论如下：

1. 人均消费和停留天数

经统计，2019 年海南省旅居客人均天花费为 116.35 元，在海南的人均逗留天数为 99.16 天，具体情况如表 5-2 所示。

表 5-2　2019 年海南省旅居客人均天花费、人均逗留天数情况

省、市(县)名称	人均天花费(元)	人均逗留天数(天)
海南省	116.35	99.16
海口	127.14	110.62
三亚	158.23	87.65
琼海	104.90	104.09
万宁	96.88	98.80
文昌	97.81	98.29
陵水	106.61	104.64
五指山	125.39	108.85
定安	91.21	92.50
屯昌	100.13	102.11
琼中	116.64	105.89
保亭	123.91	119.60
白沙	83.80	85.59
儋州	110.17	112.24
东方	94.51	95.73
澄迈	95.52	96.54
临高	84.84	85.61
乐东	97.19	99.25
昌江	110.87	103.59

　　2019 年全省旅居客人均天花费为 116.35 元,与 2018 年(110.45 元)相比增加了 5.90。从 2019 年各市县的旅居客人均天花费情况来看:三亚人均天花费最高,为 158.23 元,比 2018 年的 152.35 元增加了 5.88 元;白沙人均天花费最低,为 83.80 元,比 2018 年的 81.58 元增加了 2.22 元。具体如表 5-3 所示。

表 5-3　2018~2019 年海南省旅居客人均天花费情况

省、市(县)名称	2019 年		2018 年		变动情况
	人均天花费(元)	排名(位)	人均天花费(元)	排名(位)	人均天花费(元)
海南省	116.35	—	110.45	—	5.90
海口	127.14	2	134.26	2	−7.12
三亚	158.23	1	152.35	1	5.88
琼海	104.90	9	99.41	8	5.49
万宁	96.88	13	94.53	11	2.35
文昌	97.81	11	93.71	12	4.10
陵水	106.61	8	103.69	7	2.92
五指山	125.39	3	122.53	3	2.86
定安	91.21	16	88.78	15	2.43
屯昌	100.13	10	98.02	9	2.11
琼中	116.64	5	114.32	5	2.32
保亭	123.91	4	121.29	4	2.62
白沙	83.80	18	81.58	17	2.22
儋州	110.17	7	107.43	6	2.74
东方	94.51	15	91.62	14	2.89
澄迈	95.52	14	92.82	13	2.70
临高	84.84	17	82.12	16	2.72
乐东	97.19	12	95.15	10	2.04
昌江	110.87	6	108.84	2	2.03

2. 消费结构

从 2019 年海南省旅居客人均天花费构成来看，排名前四的餐饮、交通、购物、住宿花费合计达到 83.69%，其余的游览、娱乐等九项花费占比仅为 16.31%，从侧面反映出旅居客的花费与日常居民的居家消费类似。具体花费构成如表 5-4 所示。

表 5-4　2019 年海南省旅居客人均天花费构成

花费项目	人均天花费(元)	占比(%)	排名(位)
合计	116.35	—	—
1. 交给旅行社的费用	2.62	2.25	8
2. 住宿花费	14.25	12.25	4
3. 餐饮花费	35.88	30.84	1
4. 交通花费	27.64	23.76	2
5. 租赁及维修保养服务	0.27	0.23	11
6. 游览花费	5.97	5.13	5
7. 娱乐花费	1.21	1.04	9
8. 高尔夫运动花费	0.09	0.08	13
9. 婚礼婚庆花费	0.41	0.35	10
10. 医疗花费	4.53	3.89	6
11. 温泉洗浴花费	0.23	0.20	12
12. 购物花费	19.59	16.84	3
13. 其他花费	3.65	3.14	7

（三）旅居客消费满意度分析

1. 旅居客整体满意度情况

在 2019 年旅居客整体满意度调查中，针对"您明年还会来海南度假吗?"回答"可能会"的人群达到 45.50%，占比排名第一，比 2018 年的 21.98%增加了 23.52%，如图 5-9 所示。

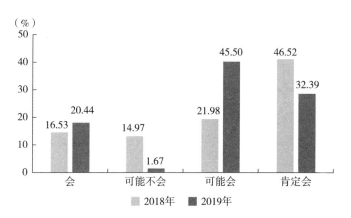

图 5-9　2018~2019 年旅居客整体满意度情况

2. 旅居客对交通设施及服务的满意度

在 2019 年旅居客对交通设施及服务的满意度评价中，总体满意度（回答"非常满意""比较满意"）为 59%，较 2018 年增加了 4.39%，说明旅居客对交通设施及服务的满意度有了进一步的提升，如图 5-10 所示。

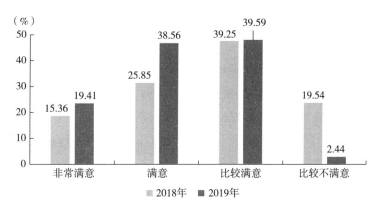

图 5-10　2018~2019 年旅居客对交通设施及服务满意度情况

3. 旅居客对住宿环境的满意度

在 2019 年旅居客对住宿环境的满意度评价中，总体满意度（回答"非常满意""比较满意"）为 60.29%，比 2018 年下降了 2.15%，显示出旅居居住环境总体还有待提高，如图 5-11 所示。

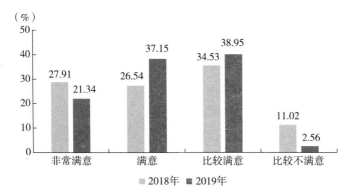

图 5-11　2018～2019 年旅居客对住宿环境满意度情况

4. 旅居客对生活便利状况满意度的情况

在 2019 年旅居客对生活便利状况的满意度评价中，总体满意度(回答"非常满意""比较满意")为 47.43%，与 2018 年的 59.36% 相比下降了11.93%，如图 5-12 所示。

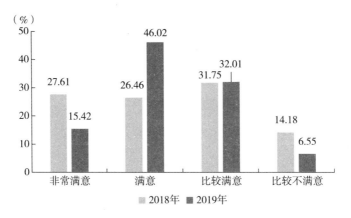

图 5-12　2018～2019 年旅居客对生活便利状况满意度情况

5. 旅居客对物价满意度的情况

在 2019 年旅居客对物价的满意度评价中，总体满意度(回答"非常满意""比较满意")为 26.99%，不足 1/3，说明旅居游客对海南的物价情况态度还是有所保留，如图 5-13 所示。

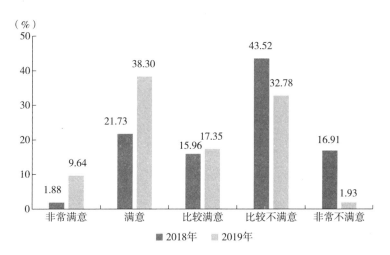

图5-13　2018～2019年旅居客对物价满意度情况

三、海南候鸟型旅游市场特征分析

为进一步分析海南旅游养老市场现状与特征，本章采用问卷法、访谈法和案例分析法，对来琼旅居的候鸟型老人进行调研。在研究样地选择方面，选取海口、三亚、澄迈、保亭和文昌为样本采集区域。这五个样地分布在海南东部，目前是"银发族"的典型长住休闲地，具有较强的代表性。在研究样本选择方面，本章以家庭为被调查单位，共调查了300个旅居养老家庭。问卷采用调查者逐一询问方式填写，故全部有效。在此过程中，深度访谈了多个候鸟型旅居家庭，以从中选取典型案例。

(一)问卷样本描述

如表5-5所示，在客源地方面，来自东北(21.7%)、西南(24%)的旅居者较多；其次是华北(16%)、华东(15%)和华中地区(12%)；最后是西北(8.7%)和华南地区(2.7%)。在年龄方面，以66～70岁(27.3%)和71～75岁(26%)的中期"银发族"为主，其次是76～80岁(22.7%)和60～65岁(20%)，81岁以上仅占4%。在职业方面，以政府公务员(26.3%)、企业管理人员（25.3）为主，其次是商贸人员（10.7%）、医护人员（13.3%）和教师（11.7%），最后是工人和其他人员。从教育程度来看，候鸟型老人学历较高，本科及以上占 31%（多为在职提升，非第一学历），其次是高中（含中专技校）和大专（27.7%），初中和小学学历较少，说明来海南旅居者在其所属年龄段多为教育程度较高者，在个人月收入方面以 3000~6000元居多，家庭平均月收入以 5001~10000 元居多，部分家庭收入达 10001元及以上，说明多数候鸟型老人经济条件较好。在居住模式方面，自有住房（48.3%）居首位，其次是租房（41%），二者合计为 89.3%，而入住专业养老机构占比为 8.3%，其他仅为 2.3%。在身体状况方面，大多数候鸟型老人及其配偶都比较健康，生活能够自理，不需要专业照护。70%的老年人有 2~3 个子女，独立生活。

表 5-5　社会人口统计分析

个人基本资料		频率	百分比（%）	个人基本资料		频率	百分比（%）
家庭所在地	东北	65	21.7	职业	企业管理人员	76	25.3
	西南	72	24		政府公务员	79	26.3
	华北	48	16		商贸人员	32	10.7
	华东	45	15		医护人员	40	13.3
	西北	26	8.7		教师	35	11.7
	华中	36	12		工人	22	7.3
	华南	8	2.7		其他	16	5.3
年龄	60~65 岁	60	20	教育程度	小学及以下	11	3.6
	66~70 岁	82	27.3		初中	23	7.7
	71~75 岁	78	26		高中（含中专技校）	83	27.7
	76~80 岁	68	22.7		大专	90	30
	81 岁及以上	12	4		本科及以上	93	31
个人月收入	1500 元以下	7	2.3	家庭平均月收入	3000 元以下	1	0.01
	1500~3000 元	69	23		3000~4000 元	59	19.6
	3000~4500 元	134	44.7		4000~5000 元	99	33
	4500~6000 元	66	22		5000~6000 元	83	27.7
	6000 元以上	24	8		6000 元以上	57	19

续表

个人基本资料		频率	百分比（%）	个人基本资料		频率	百分比（%）
个人健康状况	健康	90	30	配偶健康状况	健康	88	29.3
	比较健康	150	50		比较健康	140	46.7
	不太健康，但能自理	60	20		不太健康，但能自理	72	24
	生活不能自理	0	0		生活不能自理	0	0
居住模式	自有住房	145	48.3	子女人数	1个	63	21
	租房	123	41		2~3个	210	70
	养老机构	25	8.3		4~5个	27	9
	其他	7	2.3		6个及以上	0	0

（二）旅居特征分析

如表5-6所示，在旅居特性中，候鸟型老人在海南的旅居时间以3~4个月为主，占35%，其次是2~3个月，占28.6%，1~2个月的占比为21.7%。在同伴家庭方面，1~2家占52.6%，处于绝对优势，其次是3~4家，占比为26%，这说明多数旅居家庭喜欢结伴而行，以满足安全和交往需要。在旅居次数方面，以第6~7次为主，占36.3%，其次是4~5次，占19%，这说明大多数候鸟型老人在海南有住房，所以次数比较频繁。在家庭月支出方面，除住房外，日常消费以4000~5000元为主，占37.3%，其次是5000~6000元和3000~4000元，这与海南日常物价较高密切相关。也有消费较低者，日常消费为3000元以下，占比为16.3%。这可能与老年人的消费习惯有关。

表5-6　旅居特性分析

问项	类别	家庭数	百分比（%）	问项	类别	家庭数	百分比（%）
旅居时间	2~4周	20	6.7	同伴家庭	1~2家	158	52.6
	1~2月	65	21.7		3~4家	78	26
	2~3月	86	28.6		5~6家	34	11.4
	3~4月	105	35		6家以上	30	10
	4~5月及以上	24	8				

续表

问项	类别	家庭数	百分比（%）	问项	类别	家庭数	百分比（%）
来海南旅居次数	第1次	35	11.7	家庭月支出（不含房租）	3000元以下	49	16.3
	第2~3次	48	16		3000~4000元	55	18.3
	第4~5次	57	19		4000~5000元	112	37.3
	第6~7次	109	36.3		5000~6000元	56	18.7
	第8次及以上	51	17		6000元以上	28	9.4

（三）旅居地选择行为分析

候鸟型老人来琼选择何地购房和租房，实际上受多种因素影响。调研结果如表5-7所示，影响旅居地选择的有自然环境、社交、社会环境、名气和物价五大因素，最主要的是自然环境和社交。访谈结果也发现，老年人的身体状况、生活习惯和社交环境影响很大。例如，患有气管炎与支气管炎的老人喜欢在空气湿度较大的海南岛东部沿海地区居住；患有风湿病的老年人喜欢到海南岛的西部和南部居住。西南地区的老年人多喜欢海口、文昌、琼海、万宁等气候潮湿地区，东北地区的老人多喜欢三亚、乐东等气候炎热地区。

表5-7　旅居地选择行为

变项	分类	百分比（%）	变项	分类	百分比（%）	变项	分类	百分比（%）
长住休闲地选择考量因素	自然环境 气候宜人	30.84	乡村长住意愿	非常愿意	2.07	去乡村长住的阻碍因素	医疗	24.29
	空气新鲜	27.93		愿意	32.47		交通	20.90
	社交 口碑好	14.17		一般	16.49		购物	14.97
	朋友的陪伴	12.88		不愿意	48.45		清洁卫生	7.34
	社会环境 基本生活条件	7.02		非常不愿意	0.52		信息缺乏	6.21
	名气 名气高	3.89		租房	41.00		生活习惯	5.27
	物价 物价适宜	3.27		自有房	48.30		安全	5.08
理想居住区域	风情小镇	40.92	住宿设施	宾馆	11.33		语言	4.52
	城市	42.00		亲友家	7.39		价格	1.05
	乡村	17.08		民宿	4.93		不够热闹	1.05
							其他	9.32

候鸟型"银发族"理想的居住区域主要是风情小镇和城市，主要原因在于生活方便，尤其是交通、购物和医疗。候鸟型老人去乡村旅居的意愿较低，尽管乡村具有田园养老的特性和成本低的优势，但大多数候鸟型老人来自城市，已经习惯了城市生活，难以忍受乡村旅居的寂寞，加上交通和医疗不便，故不愿意到乡村旅居养老。在住宿设施方面，以自有房和租房为主，也有入住星级宾馆、家庭旅馆和乡村民宿的，也有入住朋友家的，入住朋友家主要是朋友在海南有住房，常年不来居住，就借给朋友旅居。

四、海南候鸟型老人的居住模式、日常休闲活动与旅居痛点

（一）候鸟型老人的居住模式

海南旅游养老人群的旅居模式比较复杂。候鸟型老人大多根据个人喜好和经济能力而选择不同的居住模式。经济条件好且有投资能力的，大多购买房产。有很大一部分选择租房、入住老年公寓、酒店等。候鸟型老人会根据自己的身体健康状况、经济实力、房间布局和地理位置以及服务质量进行选择。目前，海南旅游养老客人的居住主要有自购房屋、社区旅租、养老机构、养老公寓、度假酒店、农家旅居等主要模式，现分述如下：

1. 自购房屋

自购房屋模式约占海南旅游养老市场的 50%，是海南旅居养老的主流。在海口、三亚等城市区域，公共配套较为齐全，日常生活极为方便，因而自购房屋备受旅居市场青睐。旅居老人购置房产的目的一方面是在冬季可以拥有一个稳定的旅居度假住所，享受海南的生态环境；另一方面是在房地产长期升值的环境中，购置房产还可以保值，带来经济上的收益。

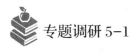专题调研 5-1

影响购房养老的主要因素

影响购房养老的因素主要有购房成本、生活便利和周边环境三大类。

一是购房成本。由于是短期居住，仅以老人为主，故大多数对户型要求不高，以两居室或小户型为首选。也有少数老年人把地产当作投资，期望获取长期回报，加上经济条件许可，也希望子女来探望时有居住空间，故偏向于三室两厅户型。

二是生活便利。包括日常购物便利、出行便利、就医便利。因此，生活配套设施齐全、交通方便又临近医院的住宅小区，比较受老年人欢迎。

三是周边环境。小区绿化程度高，私密性较好，比较安静，娱乐配套设施齐全，有泳池、温泉、棋牌室的小区受人欢迎，附近有休闲公园、城市广场的小区，能为老人日常休闲提供更多空间。

资料来源：笔者自行整理。

自购住房养老具有如下优点：一是可将资产配置、资产传承与旅居相结合，整个旅居行为更有价值感；二是相较于居住酒店、亲友安排等居住方式，自购住房的生活便利度、自由度较高，更有居家氛围。

自购住房的主要不足有：一是需要投入大笔购房资金，对很多候鸟型"银发族"来说财务压力较大；二是新置业的房产，周边配套和基础设施大多不足，需要一段时间才能改善，在这之前生活便利度不高；三是房屋的异地管理、装修过程十分不便；四是部分候鸟型"银发族"反映当初买房考虑不周，居住空间不能满足需求。

2. 社区旅租

社区旅租是一种重要的旅游养老居住模式，分布较广，尤其是在三亚、海口等城镇区域，约占旅游养老市场的35%。社区旅租是一种成本较低的居住模式，租期可长可短，地点可根据需要自行更换，并且旅居老人大多都能找到合适的房源。

社区旅租模式的主要优点在于可满足候鸟型"银发族"群居情感交流(与亲友合租,人多热闹)及居家氛围(自己做饭、洗衣等基础生活需求)。相较于酒店居住而言,社区租赁价格可控,可采用半年租/年租/合租的方式长期持有该空间,整体性价比更高。在海南加强房地产调控、限制岛外人口购房的政策下,社区旅租市场更加活跃。

社区旅租模式的缺点主要有:一是需要花费时间寻找合适的租住地点,而这个过程并不让人愉悦。若无实地看房则无法保障租房品质(房屋质量、社区周边环境等),而实地看房的过程对候鸟型"银发族"也是挑战(交通出行、签约支付等环节)。二是社区不像酒店,具备较为便利的出行服务,从而影响生活便利度。三是由于缺乏监管,这种居住模式的风险也较高。

 专题调研 5-2

海南购房养老与租房养老

海南旅居养老主要分为购房养老和租房养老。以海南旅居公寓为例:40 平方米的一居室或开间;可供夫妇两人居住;费用中包含房租、水电费、燃气费及物业管理费等,餐费另算;实际消费比住宾馆便宜。如果是会员制的,还可再优惠。已退休并能自理的外地老年夫妇在海南买房并不划算(投资性的除外),理由如下:

1. 地理位置和地形决定了海南的热带海洋性气流多(每年多达十几次台风影响),气温比较高,空气湿度比较大,尤其是海边及盆地,冬天寒湿、夏天闷热。包括室内墙壁挂水珠、衣被难干等,长期不用导致家用电器和家居装饰损坏严重,提高生活成本。

2. 海南作为一个岛屿,进出交通是个大问题,很不方便,特别是遇上极端气候,车辆进出不得,2019 年就是典型例证,雾天导致轮渡连续停运。

3. 生活和文化习性与当地人的差异。尤其是开间式的公寓,厨、房不隔间,北方人很不习惯。蔬菜、副食品及水果等价格也贵。

4. 既然是旅居,不可能常年居住在一地不动。当你走后,你买的房子谁来管理或怎么处理? 一般外地人在海南,除了过冬和避霾外(一般冬季住 3 个月),其他事项并无优势。

---

5. 买房的钱用在旅居上，至少十年用不完，也不用一次性付款。

6. 民居虽便宜些，但位置、设施、环境与服务不行，并容易产生纠纷。

7. 外地人在海南居住并无任何优惠政策，房价虚高，空置时间长。

资料来源：笔者根据网络调研资料自行整理。

3. 养老机构

养老机构是专门经营老年旅居市场并提供多项服务的专业机构。这些机构在环境优美的社区或医疗配套完善的社区和酒店承包了一定数量的房源，建成养老基地，配备了一日三餐健康膳食，特别是医疗康养服务，为候鸟型老人提供丰富多彩的旅居生活。住在疗养基地的老人，每天的生活都非常丰富，一帮来自全国各地的人每天一起娱乐，老人不会觉得孤单。目前，疗养基地价格相对高一些，但已经包含了住宿、餐饮、接送机、医疗服务、生活服务等，而且环境优美。

专题调研 5-3

五指山四季康养中心

五指山四季康养中心总建筑面积 4 万平方米。院区设有养老公寓区、医疗就诊康复区(完善中)，将医疗、护理、养老、康复、旅居等功能融为一体，实现"养"和"医"无缝对接，让老人零距离享受慢病管理、医疗护理、康复促进等服务。在养老机构与康复医院结合的基础上，利用五指山市华夏养生之都的自然资源环境地域，打造医、养、旅一体化的新型开放式养老养生区。2017 年开始试营业，目前营业的有 3 栋康养公寓楼，床位 300 张，食、住、行、游、娱一应俱全。

收费标准(五指山四季康养中心 2021 年价格)：

双人标间/三人套房床位收费：

第 1 个月：3000 元/人/月(含一日三餐)；第 2 个月：2800 元/人/月(含一日三餐)；第 3 个月：2700 元/人/月(含一日三餐)；第 6 个月：2500 元/人/月(含一日三餐)。

注：春节 7 天(年三十至正月初六)每人每天另加收 100 元，连续住 2 个月以上免收春节上浮费用。

费用说明：①以上价格双人标间每间房按 2 人收费，三人套房每套按 3 人收费，费用包含一日三餐、三亚机场和火车站免费接站一趟，以及基地免费提供的文体娱乐设施使用等。②至少一个月(30 天)起预订，入住 1 个月以上但不足整月按 30 天平均价格计算。③如出现 1 个人包一间房，入住 1 个月 3800 元；入住不满 1 个月按天算，双人间 158 元/间/天，三人间 256 元/间/天。④房间床上用品每周更换一次，卫生每周打扫一次。⑤请客户自备个人卫生洗漱用品(毛巾、牙膏牙刷、洗发水、沐浴液等)。⑥三亚机场、火车站接送，单程 260 元/趟(5 座小车)；连续住满 2 个月，免费三亚机场接送。⑦若因客户的原因主动退房，所交的费用不退款。

房间配置：双人标间面积 54 平方米，两张 1.2 米单人床或 1.8 米大床；三人套房面积 80 平方米，两张 1.2 米单人床和一张 1.8 米大床，配有独立阳台、独立卫生间、冰箱、洗衣机、电视、空调、沙发、衣柜、烧水壶、24 小时热水、拖鞋等。

餐饮产品(分餐制形式)：

早餐：鸡蛋、馒头、花卷、营养粥、豆浆、4 个小菜等。午餐：四菜一汤(1 全荤、1 半荤素、2 素、1 汤)。晚餐：三菜一汤(1 荤、2 素、1 汤)，主食为米饭、馒头或面条。食谱每天搭配不同，推出多样化老年食谱，均衡老人营养。

服务设施：生活管家服务、大堂吧休闲区、康乐室、乒乓球、台球、棋牌娱乐、图书阅览、泳池、室外健身器材、花园小道、休闲园区、廊庭小榭等。

周边环境：五指山四季康养中心坐落于海南省中部热带雨林核心区五指山市南圣河畔，沿河有长约 5 千米的绿化带休闲长廊。

交通条件：距五指山市区 3 千米，五指山汽车站 8 千米，距三亚凤凰国际机场 73 千米，距三亚动车站 70 千米，距海口 190 千米，距海口美兰国际机场 200 千米，距五指山市海南省第二人民医院 7 千米，距海棠湾 301 医院 45 千米。

资料来源：笔者根据五指山四季康养中心网络宣传资料整理。

4. 养老公寓

养老公寓相当于带厨房、带客厅的酒店，一般是按房间出租，房型不同，居住人数不同，价格会不同。档次、装修、楼层、朝向不同，价格也会有区别。一室一厅可住 2 人，二室一厅可住 4 人，三室一厅基本可住 6~8 人。在价格方面，有月租价，也有天租价。养老公寓的综合花费较低，性价比很高。房间面积大，设施全，还有厨房，饮食自理，可根据自己的口味想吃什么吃什么，不想做的话，就出去吃点社会餐饮，比较方便。

 专题调研 5-4

访谈养老公寓候鸟型老人

我们住在一家养老公寓，不远处就是大海、沙滩。我们住一室一厅，面积近 50 平方米。养老公寓还有二室一厅、三室一厅的，因我和夫人两人，选择一室足矣。我们房间在四楼，屋内有一个厨房、一个独立卫生间、一个独立浴室，独立浴室还有一个大的临窗浴缸，可以一边泡澡一边看海。屋里有客厅、餐桌、冰箱、电视、洗衣机、衣柜、沙发、消毒柜、空调等。此公寓价格是一个月 2800 元，包水、电、气，还免费从机场或者火车站接送。

住的房间很大，比传统酒店、宾馆面积大好几倍，房间里面的软装修和硬件布置也比它们好很多，还有洗衣机，可以洗洗衣服。那些传统的宾馆、酒店太老旧，平时连洗个衣服都不方便，不像一个家，还是公寓好，每天自己做饭，不仅打发时间，还合胃口，心里很舒畅。

资料来源：笔者根据访谈资料整理。

5. 度假酒店

度假酒店是为休闲度假游客提供住宿、餐饮、娱乐与游乐等多种服务功能的酒店，以接待休闲度假游客为主。度假酒店与一般城市酒店不同，大多建在山野、林地、峡谷、乡村、湖泊、滨海、温泉等自然景区附近，分布很广。

海南酒店业发达，尤其是度假酒店数量多、档次高，是海南旅游业的重要支柱。度假酒店客源市场主要是度假游客，具有较强的季节性。海南的度假酒店开发养老旅居市场主要是在党的十八大以后。党的十八大出台了"八规六禁"等一系列政策，对酒店业，尤其是高端酒店业造成冲击，海南的酒店业受到很大的影响。为扩大市场，尤其是在淡季，如何提高客房出租率是度假酒店经营中的一大难题。为此，很多度假酒店看好旅游养老市场，为候鸟型老人提供短期居住服务。海南的度假酒店多依赖于滨海旅游资源，多位于成熟的旅游度假区中，相关配套设施较好，能满足旅居老人日常餐饮、购物、医疗需求，同时还能为老人提供旅游度假区所特有的森林公园、温泉浴场等旅游养生资源。

相比于其他旅游养老产品，度假酒店的优势在于居住环境好，设施较齐备，服务有保障，能让候鸟型"银发族"可以很快在旅居地安定下来，又能满足体现较高的社会地位的需要。度假酒店最大的不足是缺少生活氛围，缺乏家的感觉，无法满足旅居者的基本生活需求（如洗衣、做饭等），且消费水平偏高，对候鸟型"银发族"的经济状况要求较高，不是旅居养老的主流居住模式。

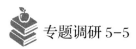 **专题调研 5-5**

候鸟型银发族对各级别酒店的评价

三星级酒店：选择三星级酒店入住的候鸟型"银发族"占比极小的优势在于可选范围广，可挑选居住环境好、生活便利度高。劣势在于：一是安全性无法保障；二是无法满足基本生活需求，如一日三餐等配置；三是服务质量不及四、五星级酒店。

四星级酒店：居住环境与服务优于三星级酒店，缺点在于缺少生活氛围（配套设施差、餐饮结构单一等），服务质量无法保障，且消费水平高。

五星级酒店：五星级酒店有比较优越的环境，能够满足他们亲近自然的需求，综合条件优于三、四星级酒店，缺点在于缺少居家氛围，部分酒店配套设施不足，饮食结构较为单一。

资料来源：笔者根据网络调研资料自行整理。

---

6. 农家旅居

这种旅居模式比较简单。一些农家将部分房间出租给候鸟型老年人长期居住，并负责解决老年人的饮食问题。有很多老年夫妻每年租半年以上，一日三餐由农家房东提供。农家养老有家的感觉，有社交的机会。优点在于：居住环境可选择性强，多数老人认为农家旅居更有居家氛围，环境佳，整体费用较低，活动起来更自由。主要不足点在于：服务质量无法保障，生活便利度（交通、洗衣晾晒等）受影响。

 专题调研 5-6

农家旅居

农家旅居就是租用农村农户自家的房子，进行旅游养老活动。房租一般在 800~1000 元/月，通常没有独立卫生间和厨房，也没有什么景色。条件稍好一点的就是住在一个小区，租用别人的房子。租客多数都是北方人，设施比较齐全，娱乐活动也比较多，房租一室在 1500~2000 元/月，两室一厅在 2500~3000 元/月，能做饭，有独立卫生间。如果有条件，还是宽敞点儿住比较好，亲朋好友、儿女来也能住，最主要的是海南比较热，穿的都少，挤在一个房间不方便。吃的可以在小区附近的超市或者菜市场购买，如果勤快一点可以起早去早市，蔬菜水果新鲜又便宜，都是附近农户自己种的，带叶子的菜 3 元/斤左右，黄瓜 1~1.5 元/斤，小柿子 5 元 3 斤，木瓜一两元一个。

资料来源：笔者根据网络调研资料自行整理。

（二）候鸟型老人的日常休闲活动

候鸟型老人绝大部分是已退休老人，多是老两口独居，子孙后辈不在身边，有较多的空闲时间，如何安排日常休闲娱乐活动是旅居生活的重要环节。旅居老人的娱乐方式多种多样、丰富多彩，主要有散步、晒太阳、广场舞、洗温泉、品茶、读书、运动、周边乡村游等。

实地观察发现，多数旅居老人日常喜欢散步、慢跑、跳广场舞等健身运动，其次是游泳、太极和老年球类等。在海口和三亚两个城市，城市规模相对大，人口多，因此城市公园数量多、分布广，公共休闲空间资源丰富。海口作为海南省会城市，经过多年建设，城市公园数量较多，体量也较大，如海口公园、万绿园、白沙门公园、金牛岭公园、美舍河凤翔湿地公园等，是老年人日常休闲的好地方。三亚是著名的热带海滨旅游城市，城市公园建设比较前卫，有金鸡岭桥头公园、白鹭公园、月川生态绿道等，成为老年人休闲散步的理想场所。许多候鸟型老人非常喜欢海泳、在沙滩上晒太阳等健身活动。在三亚接受访谈的一位候鸟型老人表示，海泳不要钱，水质又好，不怕染病，晒太阳还能预防骨质疏松①。

近年来，海南的许多县市都加大了城建力度，增加了公园、广场和绿地建设，改变了居民日常休闲空间，提高了休闲生活质量，为候鸟型老人的日常休闲提供了空间。

专题调研 5-7

海南省东方市"候鸟们"的日常休闲

这段时间，全国各地的"候鸟们"集中到海南过冬了，那么"候鸟们"在这里是如何生活的呢？他们生活的状态是什么样的？我们来看看海南省东方市候鸟旅居者的日常生活。

一大早，很多"候鸟老人"坐公交车赶到第一市场，这里的新鲜海鲜、肉类、水果、青菜应有尽有，而且价格特别实惠。还有一些老人坐公交车去海边逛逛。一早，我也坐上了公交车去鱼鳞洲风景区去看看，来了这么多天，第一次有机会去海边，有些小兴奋。

鱼鳞洲应该是东方市的旅游名片，是每个到东方市的游人必去的地方。同时，这里也是全国各地"候鸟老人"最喜欢去的地方之一。鱼鳞洲是一座耸立于海南最西南角的滨海石山，海拔 90 米，西面奇石遍地，南面是一片砾石海滩，东面是气势磅礴

---

① 宋玢. 积极老龄化视角下的海南省候鸟式养老研究 [D]. 海口：海南大学，2018.

的八所港。站在鱼鳞洲顶部远眺，天气条件较好时，可用望远镜隐约看到越南海防市。康熙四十年(也就是 1701 年)，鱼鳞洲被列为海南八景之一。

"候鸟们"大多是老两口，少年夫妻老来伴儿，这时候就看出老伴儿的重要了，请珍惜那个能陪你去天涯海角的另一半。在鱼鳞洲，也可以看到很多形单影只的老人，也许他们是和老伴儿兴趣不一样，玩不到一块儿去。画面中，一位老人默默地坐着，低头凝视着乖巧的爱犬，莫名有些落寞，还看到一些"候鸟老人"骑着自行车到鱼鳞洲。我和其中一位攀谈了几句，这位老哥每天骑着自行车出去钓鱼玩耍，一天要骑几十千米，身上晒得黝黑。

那么除了买菜做饭和海边逛逛，"候鸟们"怎么"打发"剩余的时间呢？在这一点上，他们与东方市本地人的爱好就一致了。在傍晚走在东方的居住区里，耳畔总会传来"哗啦哗啦"的麻将声，这里打麻将和打牌似乎是一件很流行的娱乐方式，大家乐此不疲。就算是白天，商家的生意不忙时，大家也会悠闲地坐在一起喝喝茶、打打牌，日子过得悠闲惬意。大家经常会凑到一起打麻将消遣，也经常因为输赢争得面红耳赤；漂亮的小区庭院里，"候鸟大妈们"也会组织跳"喧闹"的广场舞，让周边不得安宁。

资料来源：在海南东方，"候鸟"老人每天做什么？[EB/OL].[2020-10-27]. https：//www. 163. com/dy/article/FPSQJGDT0544DDG3. html.

(三)海南候鸟型老人的旅居痛点

1. 医疗保险跨省异地报销和养老保险认证问题

尽管来海南旅居的候鸟型老人多数属于身体健康的活力老人，但由于处于特殊的年龄阶段，老年人重视医疗健康，因而对异地就医和费用报销格外关注。相关研究表明，有 98.2% 的老年人表示在海南生活最大的问题是看病难、医疗水平不够、医保卡异地使用受限制太多等[1]。

第一，海南整体医疗水平一般，缺乏著名的大型医院，甚至与候鸟型老人原住地相比，都存在明显差距。同时，海南医疗资源分布不均，主要集中在海口和三亚。

第二，目前，医疗保险跨省异地报销和养老保险认证问题已得到有效

---

[1] 李雨潼，曾毅. 候鸟式异地养老人口生活现状研究——以海南省调查为例 [J]. 人口学刊，2018(1)：56-65.

解决，相关制度障碍逐渐消除。2009 年人社部发布《关于基本医疗保险异地就医结算服务工作的意见》，第一次详细地强调异地就医资金结算问题。为更好地实行异地就医直接结算，各大省市不断加快省内异地就医报销体制的脚步，建立异地就医结算报销业务方案，创建以省级业务为核心的组织异地就医联网结算报销试点项目。目前，全国大多数地方基本完成异地就医资金核查，异地就医结算报销业务持续推行，截至 2020 年，全国大多数省市都实现了在符合条件的定点医院进行异地就医直接结算①。

从 2021 年 2 月 1 日开始，我国 27 个省、市、自治区开通了普通门诊费用(不含门诊慢性疾病费用)跨省结算的试运营。门诊费用跨省结算依托于国家医保结算系统的统一。自此以后，只要在异地就医前办理了异地住院就医备案手续，普通门诊费用直接结算服务也会同步开通。在异地门诊发生的医疗费用也能用医保卡直接结算，不需要参保人垫付医疗费。

从海南来看，早在 2009 年，海南就开始进行跨省异地就医结算工作试点。其中，由于东北三省来海南旅居养老者数量较多，尤其是黑龙江的数量最多，所以黑龙江就成为较早与海南社保局签署异地就医结算合作协议的省份。截至 2020 年，海南异地就医结算合作范围已扩大至全国 30 多个省区市，在很大程度上促进了海南旅游养老的发展。

2. 旅居地的人际交往和社会融入问题

日常交往是人的基本需要和生存方式之一，身处异地的候鸟型老人更需要建立起人际交往，以满足社交需要，他们也期望能融入当地社会，成为所谓的"新海南人"。

在海南，大量的来自全国各地的旅居老人与海南当地人在价值观念、生活方式、兴趣爱好等方面存在较大差异。尽管他们与当地居民共享公共空间与生活空间，其日常生活也存在诸多交集，但这些候鸟型老人大多有自己的人际交往圈，多与来旅居的老乡、朋友交往，有自己的"熟人社会"。由于地域文化的差异，他们与海南本地人交往不深，仅有少数老人能与当地居民建立起好朋友般的交往关系。相关研究表明，大多数候鸟型老年人认为在海南

---

① 刘璐婵. 流动人口跨省异地就医困局的缘起、政策分析与制度破解 [J]. 四川轻化工大学学报，2010(5)：31-34.

生活得很好，没有感到很孤独。但在问及是否融入海南社会时，则很少有人认为自己已经深度融入海南当地社会①。即便是在海南旅居生活多年，大多数候鸟型老人与当地人的交往也多处于浅层次的交往。大多数候鸟型老人的生活圈子基本固定在较小的区域内，主要是居住地所在社区，很难真正融入当地社会。虽然与当地居民不易融入，但候鸟型老人大多也其乐融融，乐此不疲。

研究发现，候鸟型老人结群聚居现象十分普遍，主要原因有三个：一是部分老人是通过亲朋好友介绍来海南养老的，他们彼此比较信任，居住地点也接近，大多一同办理旅租事务；二是老人初到异地，有"同是天涯沦落人，相逢何必曾相识"之感，愿意与同样来此养老的外地老人交往；三是出于身体与安全的考虑，毗邻而居可以互相照应，并且可以满足其交往需要②。

专题调研 5-8

"候鸟结群"现象研究

"候鸟结群"现象是指来海南的候鸟型老年人结群而居现象。许多老年人都是通过亲朋好友介绍，来海南旅居养老。他们大都住在一个城市甚至一个社区，彼此相互交往，以摆脱异地生活的孤独和寂寞，满足其社交需求。

"候鸟结群"有多种方式，主要取决于人际交往因素，其中最多的两种方式是地缘关系和兴趣爱好。

大多数"候鸟结群"是因为地缘关系，他们多来自同一区域或同一城市，或原来就相识，彼此地域文化接近，容易沟通，有老乡情结。由于地缘相近，他们可通过朋友结识，彼此比较信任，有他乡遇故知之感。

兴趣爱好是"候鸟结群"的重要影响因素。候鸟型老人身处异地，子女不在身边，有更多的休闲时间，需要从事某种活动来展示自我。许多是因为喜欢某项运动而成为朋友，彼此相约，共同打发闲散时光。

资料来源：笔者根据网络调研资料自行整理。

① 李雨潼，曾毅. 候鸟式异地养老人口生活现状研究——以海南省调查为例 [J]. 人口学刊，2018，40（1）：56-65.
② 刘玲，王爱华，朱月季，等. 海南"候鸟式"养老的负外部性调查及其消除策略探析 [J]. 特区经济，2018（2）：13-17.

3. 专业化服务不足问题

目前，海南各个县市均形成了一批旅居养老基地与养老机构，但从整体来看，"旅而不养"现象在行业内仍然普遍存在，这也是全国普遍存在的现象之一。对此，王兴斌指出，尽管不少城市都规划建设了旅居养老基地与养老机构，有些旅游企业也推出了针对这类需求的旅游产品，但整体来看，"旅而不养"的情况在行业内普遍存在①。从实际情况来看，许多旅居社区缺乏适老化设计，其设施与一般社区几乎一致，没有更好地考虑老年人的实际需求。尤其是老年人最急需的医疗、康复、养生等配套设施和供应短缺问题十分突出。从海南来看，在中西部地区位置相对较偏的小型旅居社区，出现过仅有几栋楼房建筑，聚集了为数不多的旅居老人的情况。由于市场太小，商业服务跟不上，这些老人甚至连基本的交通出行都成了问题。

五、海南候鸟型老人对旅居地的需求认知与服务改进

(一)研究意义

旅游养老需求是综合性需求，涵盖了基础性需求(衣食住行等日常需求)、核心性需求(健康、养生、幸福)和衍生性需求(经济、金融、保险等)。作为重要的热带岛屿型旅游目的地，海南独特的自然条件和环境优势吸引了数百万老年人秋、冬、春季前来长宿休闲。然而对于这一快速成长的市场，政府、业界与学界还没有深入的专题研究，尚不清楚其需求规律、行为特点、存在问题及发展趋势，导致许多涉入这一市场的企业产品开发滞后，经营模式单一，经营效益低下。

海南共有十八个市县，每个市县均有发展旅游养老产业的基础和特色，但各自条件不同，老年人所感知的需求亦有所不同。因此，以市县为研究单位，开展需求研究，并提出服务改进建议，对于提升海南旅游养老产业整体水平具有重要的现实意义。鉴于此，本章选择海口作为研究对象，系

---

① 王兴斌.旅居养老难破"旅而不养"困局［N］.北京商报，2019-11-27.

统研究候鸟型老人需求认知状况，比较需求要素重视程度与感知表现的满意度之间的差距，并进行针对性的改善，这对于实现养老旅居消费升级、旅游经济结构优化、旅游产业高质量发展具有重要理论和实践价值。

（二）研究方法

1. 研究样地选择

本章以海南省会城市——海口为研究样地。海口气候条件宜人，经济发达，基础设施和公共服务较好，是海南人理想的生活型城市，也吸引了大量的候鸟型老人前来"栖息"，在人数上仅次于三亚。并且，在海口，候鸟型老人居住比较集中。本章选择在候鸟型老人聚集较多的城市公园——白沙门公园和万绿园等进行问卷调查，相对容易进行。

2. 问卷设计与回收

为深入获得候鸟型老人对海口的感知需求，本章在问卷设计中更多地体现其居家和休闲双重需求，关注于日常生活需求，如居住、购物、交通、饮食、娱乐等，并对应设计需求重视度与感知满意度。笔者于 2018 年 11 月至 2019 年 4 月，对在海口旅居的候鸟型老人进行问卷调查，总共发出问卷 340 份，获得有效问卷 311 份，有效率达 91.47%。

3. 样本描述

样本受访对象在性别方面，男性占 51.7%，女性占 48.3%；以 71~75 岁（28.3%）和 76~80 岁（26.9%）的中期"银发族"为主。从教育程度来看，候鸟型老人学历较高，本科及以上占 29.6%（多为在职提升，非第一学历），其次是高中（含中专技校）和大专。67.4% 的受访者个人月收入为 3001~6000 元，58.5% 的受访者夫妻月收入为 5001~10000 万元，13.3% 的夫妻收入达 10001 元及以上，仅 3.73% 的受访者表示家庭收入在 2500 元以下，说明良好的经济条件和经济支持为候鸟型老人来海口长宿休闲提供了资金保障。在身体状况方面，候鸟型老人大多比较健康。62.1% 的老年人有 2~3 个子女，74.8% 的老年人与子女分住。从职业来看，候鸟型老人多为公务员或教师，占 39.3%。在客源地方面，海口的候鸟型老人主要来自西南、东北、华北和华东地区。

(三)研究结果

1. 指标归类分析

采用因子分析，对 34 项需求重视度指标予以降维，并用最大方差旋转法进行旋转。结果显示，KMO 值为 0.77>0.6，通过巴特利特球形检验，说明本次数据非常适合进行因子分析①。

如表 5-8 所示，累计方差解释率为 72.8%，说明提取出来的 8 个因子可以提取 72.86% 的信息量，而且八个因子的方差解释率分别为：11.79%、11.27%、9.33%、9.31%、8.95%、8.94%、7.11% 和 6.16%。信息提取量分布较为均匀，意味着因子分析结果良好。

从 34 项需求重视度指标中可萃取出长宿休闲的八个关键需求因子，所有题项的因子载荷系数均高于 0.4，题项与因子对应关系良好，与专业预期相符。结合因子与分析项的对应关系情况，最终对降维出来的八个因子分别命名为：安全方便性、休闲空间营造、人性化服务、生活机能、专业服务、硬件设施、环境质量、社区友善，如表 5-8 所示。

表 5-8　需求重视度指标因子分析结果

需求因子	题项	因子载荷系数	特征根	旋转后方差解释率（%）	
				个别	累计
安全方便性	治安状况	0.77	4.01	11.79	11.79
	通信上网方便性	0.73			
	网络获取信息方便	0.70			
	道路及照明状况	0.65			
	地点指示牌明确	0.57			

① 吴明隆.SPSS 操作与应用：问卷统计分析实务［M］.台北：五南图书出版有限公司，2008.

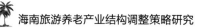

续表

需求因子	题项	因子载荷系数	特征根	旋转后方差解释率（%）个别	累计
休闲空间营造	建筑外观独具特色	0.77	3.83	11.27	23.06
	提供游览或疗养活动	0.73			
	娱乐休闲活动	0.72			
	便利的小厨房/厨具	0.70			
	可供种菜的菜园	0.69			
	临近旅游景区/海边	0.61			
	植被覆盖率	0.49			
人性化服务	环境卫生	0.80	3.17	9.33	32.39
	多样的新鲜食物	0.67			
	机场接送服务	0.61			
	提供健康的自助餐	0.51			
生活机能	距银行距离适中	0.87	3.17	9.31	41.70
	距医院距离适中	0.84			
	距购物点距离适中	0.58			
	无障碍设施	0.58			
	价格的合理性	0.46			
专业服务	服务人员有医疗常识	0.85	3.04	8.95	50.66
	服务人员了解顾客需求并主动关心顾客	0.80			
	服务员耐心解决顾客的抱怨或不满	0.75			
硬件设施	生活设施	0.79	3.04	8.94	59.59
	住宿条件	0.78			
	娱乐休闲设施	0.70			
	交通便捷情况	0.53			
环境质量	空气质量	0.89	2.42	7.11	66.70
	气候舒适度	0.73			
	水质可靠性	0.67			

续表

需求因子	题项	因子载荷系数	特征根	旋转后方差解释率（%）	
				个别	累计
社区友善	语言相通性	0.83	2.10	6.16	72.86
	居民态度	0.73			
	噪声大小	0.44			

2. 信效度分析

信度分析显示整体问卷、需求重视度和感知表现满意度的 Cronbach's a 值全部高于 0.8，最小值为 0.89，说明本次问卷的信度较好，研究数据真实可靠。同时，因子分析结果显示，整体问卷、需求重视度和感知表现满意度的累计方差解释率为 72.86%～81.58%，说明因子可以提取出大部分的题项信息，意味着研究数据具有良好的结构效度。

3. 集群分析

集群分析前，通过相关分析确认检验变量之间无中、高度之分。采用探索式与 K 均值聚类法，对 311 个长宿休闲者进行聚类分析。如表 5-9 所示，根据细分市场在八大关键需求中的差异，可将 311 个样本划分为两个集群，分别包括 119 个和 192 个样本，样本分布较为均匀，集群效果很好。

如表 5-9 所示，在八大关键需求重视度方面，两个集群对安全方便性和硬件设施并没有呈现出显著性，说明长宿休闲者对这两个需求因素都很重视。然而，在其他六大需求因素上，两个集群却呈现出 0.001 水平的显著差异。具体表现在：集群一比较重视生活机能、环境质量和社区友善，故将此类命名为品质型。集群二比较重视休闲空间营造、人性化服务、专业服务，在方便安全性、硬件设施项目上的重视度也高于集群一，体现了一般"银发族"对长宿休闲地点的综合因素权衡特征，故将此命名为传统型。

表 5-9　集群结果与变数 F 检定分析

因素名称	集群名称（样本数）		F 值（Sig.）
	品质型（119 人）	传统型（192 人）	
方便安全性	4.00	4.15	0.49n. s.
休闲空间营造	3.37	3.77	24.98***
人性化服务	3.92	4.47	89.51***
生活机能	4.29	3.96	39.42***
专业服务	4.04	4.33	20.12***
硬件设施	4.08	4.09	0.45n. s.
环境质量	4.91	4.57	58.49***
社区友善	4.18	3.85	26.61***

注："n. s."表示 p>0.05， *** 表示 p<0.001。

（四）差异分析

独立样本 T 检验验证结果如表 5-10 所示。具体来看，品质型和传统型细分市场在安全方便性、休闲空间营造、人性化服务、生活机能、专业服务、硬件设施、环境质量和社区友善八个关键需求因子上的重视度与满意度皆存在显著差异。品质型对环境质量感知表现满意度显著地高于传统型；传统型对安全方便性、休闲空间营造、人性化服务、生活机能、专业服务、硬件设施和社区友善的感知表现满意度则显著地高于品质型。

由于 t 统计量及显著性 p 代表的是统计显著性，在独立样本 t 检定发现分组变数在检定变数的平均值差异达到显著之后，本章进一步求出代表的是实务显著性的效果值。效果值（Size of Effect）表示因变量的总变异中有多少变异量可以由分组变量来解释。

由表 5-10 可知，不同的集群分组与安全方便性、休闲空间营造、人性化服务、专业服务、硬件设施的 η^2 均大于 14%，为一种高度的关联强度。不同的集群分组与生活机能为一种低度的关联强度，可解释生活机能总变异数中的 2.5%。而不同的集群分组与环境质量和社区友善为一种中度的关联强度，分别可解释变量总变异数中的 10%和 12.8%。

表 5-10　不同集群在关键需求因子感知表现质量上的差异比较

检定变项	组别	均值	标准差	t 值	Sig.（双侧）	η^2
安全方便性	1	14.46	2.53	-11.17	0.000	0.29
	2	17.53	2.25			
休闲空间营造	1	21.38	2.69	-8.61	0.000	0.20
	2	24.03	2.55			
人性化服务	1	12.91	2.65	-11.91	0.000	0.33
	2	16.37	2.20			
生活机能	1	14.62	3.03	-2.57	0.011	0.03
	2	15.44	2.11			
专业服务	1	9.09	2.01	-8.18	0.000	0.18
	2	10.94	1.90			
硬件设施	1	12.57	2.11	-7.43	0.000	0.15
	2	14.34	1.99			
环境质量	1	13.26	1.41	5.85	0.000	0.10
	2	12.28	1.45			
社区友善	1	9.50	2.18	-5.97	0.000	0.13
	2	10.81	1.24			

注："1"为品质型集群，"2"为传统型集群。

（五）IPA 分析

通过上述分析可知候鸟型"银发族"对长宿休闲关键需求因子的重视度与感知表现的满意度，在资源有限的条件下，必须找出优先改善顺序，以最有效的方式合理分配业者的资金、人力和物力，使其在资源有限的情况下能够选择最重要的改善方法做优先处理，回应顾客的真正需求，以达到最大效益。

1. 长宿休闲行业及以传统型细分市场为目标客源的经营者

本章利用候鸟型"银发族"对长宿休闲关键需求因子的重视度与感知表现的满意度的总平均值（3.48，4.13）以及传统型细分市场关键需求因子的重视度与感知表现的满意度均值(3.63,4.15)作为 X-Y 的分割点,如图 5-14 和图 5-15 所示。

由图 5-14 和图 5-15 可知,对长宿休闲行业及以传统型细分市场为主要客源的经营者,专业服务落在第四象限,表示长宿休闲"银发族"非常重视该因素,但感知表现满意度不高,亟须加强改善,提升满意度,增加重购意愿;安全方便性、休闲空间营造、生活机能、硬件设施和社区友善落在第三象限,属于次要提升区,如果资金充足、条件适宜,应该予以改善提升。

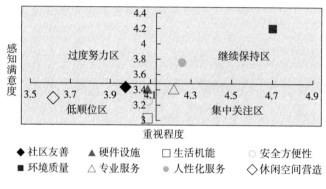

图 5-14　长宿休闲行业 IPA 分析

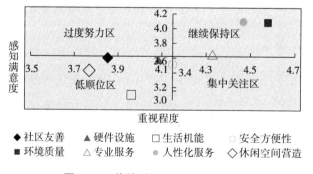

图 5-15　传统型细分市场 IPA 分析

2. 以品质型细分市场为目标客源的经营者

利用品质型细分市场对关键需求因子的重视度与感知表现的满意度均

值(3.23，4.10)作为 X-Y 的分割点，分析结果如图 5-16 所示，对于经营品质型长宿休闲者的经营单位，环境质量应继续保持优势，亟须提升生活机能和社区友善，其他五个因素位于次要提升区，如果资金充足、条件适宜，应该予以改善提升。

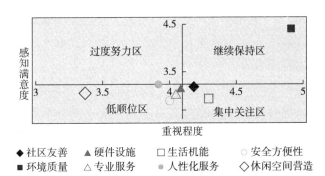

图 5-16　品质型细分市场 IPA 分析

（六）研究结论与建议

1. 研究结论

候鸟型"银发族"对长宿休闲的关键需求主要体现在八个方面：安全方便性、休闲空间营造、人性化服务、生活机能、专业服务、硬件设施、环境质量和社区友善。根据对需求因素的重视程度，可将长宿休闲"银发族"细分为品质型和传统型两类。

对关键需求的重视度与满意度的差异方面，候鸟型"银发族"在安全方便性、休闲空间营造、人性化服务、生活机能、专业服务、硬件设施、环境质量和社区友善八个因素上皆有正向的显著差异，即"银发族"对长宿休闲的期望高于其所能感知到的经营者所提供的服务价值，以至于无法达到相同水准的满意度。

在优先提升顺序上，长宿休闲行业和以传统型细分市场为主要目标客源的经营者应在安全方便性、休闲空间营造、生活机能、硬件设施和社区友善方面都予以改善，在环境质量和人性化服务方面继续保持优势，如果资金等条件不够成熟，首先应提升的是专业服务质量。以品质型细分市场为主要目标客源的长宿休闲经营者首先应改善的是生活机能和社区友善，继续保持环境质量优势。

2. 研究建议

候鸟型"银发族"对长宿休闲关键需求的重视度和感知表现满意度都存在显著正向差异，长宿休闲经营单位应高度重视，在借鉴国内外成功经验的基础上，结合自身实际，采取有效措施，回应银发族对安全方便性、休闲空间营造、人性化服务、生活机能、专业服务、硬件设施、环境质量和社区友善等方面的关键需求，着力提升服务质量，增强满意度。

不同细分市场对长宿休闲的关键需求重视度与感知表现满意度皆存在显著差异，因此，要发展长宿休闲，可针对不同细分市场，调整服务品质改善顺序。本章提出如下三点建议：

（1）加强专业服务。受身体健康状况、异地移居等因素影响，候鸟型"银发族"非常重视医疗服务，建议长宿休闲单位普及员工的医疗知识，并聘请相关医疗服务人员做好医疗保健保障工作。同时，邀请国内著名退休医务工作人员到接待单位长宿休闲，鼓励其充分发挥余热。另外，由于长宿休闲银发族离家时间较长，可能会不适应，建议长宿休闲接待单位营造一种轻松愉悦、爱老敬老的文化和氛围，让长宿休闲者能停留下来。

（2）强化安全管理。安全管理涉及方方面面，首先是设施安全，需定期检查修缮和维护保养。其次是人身安全，要时刻关注老年人人身安全，减少意外发生。同时，长宿休闲接待单位应尽量与医院建立良好合作关系，保障就医及时性。此外，明确指示牌，在危险区域强化警示标语，提醒"银发族"注意。

（3）重视社区结合与生活机能网络连接。发展旅游养老应多以社区为单位进行整体性规划，各个接待单位内的各项设施要与社区进行配套。由于长宿休闲主要以生活在当地为主，因此设施供给上与传统休闲服务有所不同，应与邻近地区的餐饮、医院、住宿、交通、金融等相关单位建立完整的生活机能网络，以满足候鸟老人需求。此外，接待单位应建立完善的软硬件设施，尽可能满足游客的娱乐休闲需求。

六、本章小结

海南旅游养老市场主要由候鸟型旅居市场和观光型旅游市场组合而成，目前难以做深入的统计分析。迄今为止，对于这一市场规模尚缺乏权威的统计研究，对其需求动机、消费模式和存在问题多是分散研究，深度明显不足。鉴于此，本章研究设计两条研究路径：一是利用海南旅游卫星账户，采用二手资料，对其中海南旅居客市场调查结果进行分析整理，以间接反映海南旅游养老市场需求现状及其特征。二是采用问卷调查和专题调查，对海南候鸟型旅游市场进行研究，直接反映海南旅游养老市场发育状况，包括居住模式、日常休闲、消费痛点等。

综合本章研究结果可以认为，海南旅游养老市场目前规模已达 150 万人以上，客源地主要集中在东北、西南、华北等地区，旅居者年龄主要集中在 65~80 岁，以家庭为主，多为高收入家庭或子女为高收入，多为社会精英阶层或成功人士，多结伴而居，其居住模式包括自购住房、社区旅租、机构养老、酒店宾馆、养老公寓和田园旅居，对旅居生活总体满意度一般，综合消费(不含住房)也不高，旅居痛点主要在医疗社保、人际交往、社会融入三个方面，目前在医疗社保方面已经得到很大改善。旅居老人栖息在海南各个市县，对栖息地感知需求感知和评价也各不相同。各市、县应从实际出发，科学改进服务。

第六章

海南旅游养老产业供给研究

一、分析框架

旅游养老需求的综合性决定了旅游养老供给主体的多样性。从产业经济角度来看，旅游养老产业供给包括市场供给和政府供给两大部分。其中，市场供给中最基础的要素是住宿业，包括养老地产企业开发的旅游地产、专业养老机构经营的养老服务、旅游度假酒店与家庭酒店提供的养老服务、农家乐与乡村民宿提供的养老服务及广大城乡居民提供的房屋租赁服务；其次是与养老需求密切相关的医疗保健产业、游览观光产业（各种旅游吸引物）、老年用品产业及各种日用品行业。政府供给的主要是各种公共产品，包括公共医疗服务、公共交通服务、公共健身场所及各种配套政策性的服务，如对老年人的景区门票免费或半价、免费公共交通等。从促进旅游养老产业发展的要素供给来看，涉及专业人才、建设用地、资金投入、金融保险、政策保证等多种要素。

基于上述分析，本章建构起海南旅游养老产业供给的基本结构框架，如图6-1所示。在图6-1中，旅游养老产业包括核心产业、支持产业和衍生产业三部分。核心产业是以满足居住需求为主的产业，与旅游养老者的居住模式相对应，分别是养老地产（自购住房）、社区旅租、机构养老、酒店宾馆与民宿四种产业；支撑产业与旅游养老者的消费需求相关联，主要由医疗保险、休闲观光、生活用品、交通运输构成，满足候鸟型老人的衣食住行等旅居生活需求；衍生产业包括养老金融和养老保险，是由养老需求派生出来的。

旅游养老产业能否长效发展取决于旅游养老产业链能否合理衔接。为

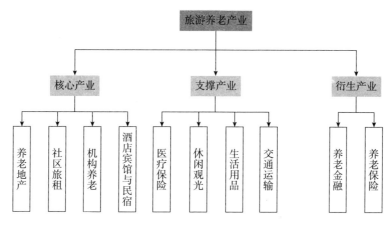

图 6-1　海南旅游养老产业的基本结构

此，本章构建出旅游养老产业链基本结构示意图（见图 6-2）。从图 6-2 可以看出，旅游养老产业链上游为原料和能源等资源供应商；中游为提供旅游养老场所和用品的供应商，包括养老房地产商、养老服务提供商、养老用品供应商等；下游为旅游养老者，主要是个人和群体消费者。

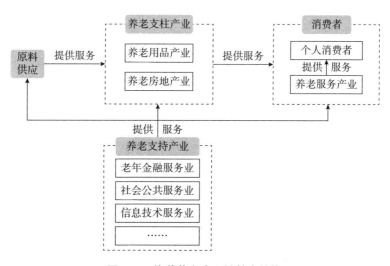

图 6-2　旅游养老产业链基本结构

从图 6-2 来看，旅游养老产业链的三大主体是养老房地产业、养老用品产业和养老支持产业，这些产业共同支撑了旅游养老服务。养老支持产业包括老年金融服务业、社会公共服务业、信息技术服务业等，在旅游养老产业链各部分中扮演着辅助作用，为养老地产、养老用品和服务提供有效支持。养老支持产业覆盖范围较广，涵盖了养老房地产上游的建筑业和能源供应业、养老服务业上游的交通运输业、科学研究和技术服务业及下游的居民服务业和公共设施管理业等。

基于上述分析，本章主要从养老地产、养老机构、度假酒店型养老基地、家庭旅馆、农家乐、乡村民宿等方面来分析海南旅游养老基础产业供给状况，从医疗、交通、城市休闲等方面分析政府供给状况，再从人才、资金、土地、政策四个方面阐述旅游养老产业的要素供给状况。

二、海南养老地产供给状况研究

(一)海南旅游养老地产供给总体状况

养老地产是以住宅建设为基础，以文化娱乐、生活照顾、健康护理、精神慰藉等服务为配套，复合了医疗服务、物业管理、项目研发、地产运营等多种业态的综合性地产产品①。一般认为，旅游养老地产是以城市旅游功能为依托、以商业开发为目的的养老住宅，拥有适合开展旅居养老活动的旅游资源、旅游基础设施和其他相关条件②。具体来说，养老地产就是为解决老龄人口休闲、居住、生活问题而设计的集住房、旅游、服务、医疗等为一体的复合地产项目。

自 2010 年海南开始建设国际旅游岛以来，随着旅游市场和我国地产的大发展，旅游地产和养老地产异军突起。调研表明，海南 2013 年房地产开发投资仅 1196.76 亿元，2017 年突破 2000 亿元。2018 年，海南全域限购，

---

① 高力．国际一线城市养老地产市场潜力巨大 [J]．住宅与房地产，2017(10)：129-130.
② 杜晓艳，王丹，王思滕，等．居养老地产市场需求调查与发展对策——以扬州市为例 [J]．商业经济，2018(7)：66-67.

房企投资热情减退，房地产开发投资同比下降 16.5%①。在此期间，海南各个县市均有旅游养老地产项目开发建设，有千余家房地产开发企业进驻海南开发旅游养老地产，已经开发出数量众多的旅居度假养老社区。从总体上看，海南旅游养老地产具有如下特征：

1. 以度假型和养老型为主，市场比较分散

海南房地产客户大多定位为岛外市场。岛外市场购买海南房产主要倾向于养老社区和度假公寓等，多属于第二居所性质或房产投资性质。目前，海南旅游地产存在以度假型、养老型地产为主，以经营型地产为辅的现象。度假型和养老型地产大多项目分散，多适用于季节性度假、养老避寒等外地购房用户。

2. 空间分布不均，两极分化严重

海南旅游地产整体空间分布呈东部>中部>西部特征。在东部沿海市县中，旅游地产投资远大于中部和西部市县，三亚和海口由于需求旺盛而成为投资热点。就海南省整体而言，投资热点为东线的三亚、陵水、琼海、文昌、海口等市县；投资温点为中部的琼中、屯昌、五指山、琼山、澄迈等市县；投资凉点为西部的昌江、东方、乐东、白沙、儋州、临高等市县。

3. 产品种类繁多，各有利弊

旅游养老地产以旅居小区为载体，主要有以下三类：

第一类是高端度假型居住小区，如品牌地产商在海口、三亚、清水湾、石梅湾等地开发的项目。这些项目多临海而建，以海景房取胜，"面朝大海，春暖花开"是其真实写照。小区户型多样，配之以高大上的会所、游泳池和餐饮、购物等基础性商业设施。小区离周围的城区有一定距离，生活配套主要靠开发商建的商业街，实际上也就是便利店的水平，外出就餐选择不多，不过一般都有业主食堂和出去买菜的业主班车。这样的小区月租价要七八千元甚至 1 万元以上。这类小区的优势在于小区环境，弊端是生活不太方便，尤其是交通不便。

---

① 深度剖析海南候鸟人群：何处安放的晚年？[EB/OL].[2019-02-13].https://baijiahao.baidu.com/s? id=1625339663082980170&wfr=spider&for=pc.

第二类是海口、三亚郊区及东线各个县城新建的商品房小区，如海口的西海岸、文昌、琼海、万宁城区的一些楼盘。这些项目多为本地开发商所建，主要是面向本地居民，限购之前有外地人购买。项目规模和自身配套有限，虽不能推窗见海，但胜在生活方便，出门有公交车甚至共享单车，附近有平价超市、农贸市场，外出就餐选择多，也有外卖送餐。

第三类是中低端旅居型小区，如西线和东线城镇郊区专门面向外地越冬人群开发建设的楼盘。这类小区区位条件一般，规划大多不合理，多为密集的高层建筑，绿化和配套设施一般，小户型特别多。这类小区和第二类小区的区别在于几乎没有本地人买，大部分是候鸟型人群居住，到了寒假和春节期间非常热闹和拥挤。这类小区自身商业配套不足，要借力于市政配套和邻近项目，附近没有正班的公交车、平价超市、定点农贸市场和特色餐饮。但如果居住人群达到一定规模，也会有超市，并自发形成一些摊贩市场和餐饮大排档。这类小区的房租在两三千元。

4. 开发模式简单，以湾区度假和养老地产为主

一是湾区高端度假地产开发模式，即地产集中在风景优美和海景资源丰富的著名湾区，如亚龙湾、海棠湾、清水湾、棋子湾、月亮湾、日月湾等。这类地产往往拥有垄断性海景资源，主要面向高端客群，强调国际化，引进品牌酒店。

二是养老地产开发模式，主要集中在海南岛中西部。养老地产多选择有水库、温泉、森林等特色康养资源的区域，这些区域非常有利于老年人的健康旅居和休闲养生。由于海南省中西部地区人口较少，建设用地条件相对较好，所以大多数小区空间规模较大，房屋类型丰富，甚至对高端客户推出独栋别墅、联排别墅等高端产品。由于中西部地区交通相对不便，地价相对较低，所以整体房价不高，比较适合中低端的旅游养老市场。

三是复合式开发模式，主要以城市拓展新区为主。由于属于城市拓展区，其部分功能可依托于城市，但同时也要承担部分城市功能，因此，这类开发模式对项目和配套设施的规划提出了更高的要求。从市场来看，这类地产开发不仅要考虑外来的"候鸟客户"和度假客户，还要特别重视城市升级带来的大量商务人群和投资客群。他们的消费行为和海南传统的旅游

地产客户不同，更看重资产的升值潜力。

（二）案例研究

从海南旅游养老居住方式来看，近50%的"候鸟老人"在海南居住在自有住房中。由此可见，旅游地产是海南旅游养老产业的基础与核心，从海南旅游养老地产开发中，能清晰地反映出海南旅游养老产业的典型供给特征，即以大型养老旅居社区为依托，形成复合型养老业态，是海南旅游养老产业的突出特点。为此，本节采用案例分析方式，基于海南旅游养老地产分类，从中选出典型个案进行分析，呈现地产中所隐含的海南旅游养老供给特征，如表6-1所示。

表6-1　海南旅游养老地产案例

旅游地产类别	养老产业特征	典型案例
超大型旅游地产集聚区	产城融合，空间集聚	清水湾：超大型湾区旅居度假地产、海南富力红树湾
大型旅游地产综合体	大型旅居社区，特色康养	海南天来泉养生俱乐部、海棠湾·上工谷、鹭湖国际养生度假区——典型的候鸟式旅居社区

1. 清水湾：超大型湾区旅居度假地产

【案例概况】

清水湾位于陵水黎族自治县，是海南著名的湾区之一，海岸线长约12千米，规划面积约3.4万亩，项目定位和发展目标为充分利用热带滨海景观资源特色，发挥项目规模优势，高标准、高起点地打造以休闲度假、观光、商务、运动、居住为主的高品位、生态型的综合滨海旅游度假区。

（1）清水湾发展脉络如下：

早在1990年初，清水湾作为自然资源优越的旅游景区，10000多亩的土地出让给了十几家企业。当时清水湾村庄少，区内基本上都是闲置农田，开发阻力较小。由于处在海南房地产泡沫破裂期，大量烂尾楼盘难以处置，所以很多企业虽然拿了地，但并没有开始开发。后来经协商，清水湾的土地被政府无偿收回。

2000年，陵水重新修编《土地利用总体规划》，将清水湾建设用地全部修编为农用地，并进行农业产业结构调整，重点发展海洋产业。

2005年，陵水通过调整《土地利用总体规划》和《滨海风景名胜区总体规划》，将清水湾区域修编为旅游景区，同时引进雅居乐地产控股有限公司作为主开发商进行开发建设，走上旅游地产发展之路。

2009年，雅居乐清水湾首次开盘，取得很好的业绩。雅居乐通过多元化的产品及服务，把满足业主的居住需求、生活需求和精神文化需求有机结合起来。在开发运营模式上，雅居乐坚持"以产城融合为核心"，以旅游产业为基础，打通多产业链条，旅游、文创、体育、会展、游艇、教育、酒店、婚庆、农旅、商业等多元产业齐头并进。

2010年，随着推进海南国际旅游岛建设成为国家战略，清水湾成为中国滨海旅游文旅地产的标杆项目。随着配套设施的逐步健全，越来越多的清水湾业主，从候鸟式的旅居改为扎根定居，在蓝天碧海、椰影海浪中开启自己的"第二人生"。

除雅居乐外，钻石海岸、阿罗哈、绿城等企业也在清水湾开发各种旅游地产，建成超五星级酒店群、清水湾游艇会、滨海高尔夫球场、海上艺术中心、高端会所、国际学校等各种项目，清水湾不仅成为海南旅游地产的标杆，还吸引了大批旅居养老者。

目前，海南清水湾常住人口约25万人，其中候鸟型旅居人口占绝大多数。整个湾区是典型的度假区域，全部由开发商自己运作，公共配套资源略显不足，但可以保障基本生活，不会有都市感，主要配套离居住区域有点距离。

(2)清水湾旅居价值分析如下：

一是气候优良。气候是吸引养老、度假人群来海南置业的最重要因素。陵水位于北纬18°线，是世界闻名的景色优美舒适宜居地带，夏天海风吹拂，台风较少，相对凉爽；冬天阳光充足，适合避寒。

二是风光绮旎。清水湾作为AAAA级旅游度假区，拥有12千米纯美海滩，水清沙白，整个海湾朝南，风和日丽，风平浪静，整个湾区坡缓水清，涉水 200 米海域内水深不超过 2 米，水下能见度高达 11 米，且这里的沙子，有"会唱歌的沙滩"之美称。湾区背山靠海，生态环境完整，景色宜人。国际景观大道长 16 千米，宽 36 米，沿路可以观赏热带雨林、天然湖泊、山地公园、风情园林、高尔夫球场及流动景观水系等。

三是配套成熟。清水湾西边毗邻"国家海岸"海棠湾，东边与黎安港相接，可共享海棠湾与黎安港的配套。清水湾各项目都有自身的休闲商业设施，特别是大体量的雅居乐高端配套特别齐全。目前，清水湾的配套主要有莱佛士、希尔顿、万豪、威斯汀、温德姆等国际连锁超五星级酒店，三个国际标准十八洞滨海高尔夫球场，一个有 780 个泊位的亚洲最大国际游艇会，国家 AAAA 景区南湾猴岛，新村镇，陵水雅居乐海上艺术中心，雅居乐双语学校，郑州武警总队白求恩医院，981 中健逸康医疗保健管理机构等生活、度假、休闲、娱乐配套。

（3）清水湾大型地产项目分析如下：

清水湾由雅居乐率先开发取得成功后，吸引了很多国内大地产商入住，形成了以雅居乐为主导、其他地产公司为辅的发展格局。

雅居乐清水湾项目：雅居乐清水湾占地 1.5 万亩，约有 16 个项目，从 2009 年第一次开盘至今已经多次蝉联海南房地产销售冠军。项目建设早，小区生活配套比较完善，开发最早，体量最大，小区成熟。目前的配套有莱佛士、假日酒店、瀚海银滩等滨海酒店，另外还有在建的五星级酒店豪瑞格、万豪、希尔顿；高奢配套有亚洲最大的 780 个泊位的游艇中心、海上艺术中心、两个高尔夫球场及雅居乐双语学校；休闲娱乐有 3.8 万平方米的商业街及项目组团的配套商业。

绿城蓝湾小镇项目：项目是绿城集团在海南打造的理想小镇代表作品，主要是打造一种比城市更温暖、比乡村更文明的小镇生活。绿城蓝湾小镇在总规划、小区配套、公共配套、景观、绿化、物业等方面都属于上乘之作，该项目的配套有鉴湖·蓝湾海景高尔夫球场、五星级威斯汀亚洲旗舰酒店等高端配套，是清水湾的高端楼盘。

珊瑚宫殿项目：项目位于海南清水湾赤岭风景区内，藏于海棠湾和清水湾两大国际级海湾的中间私密地带，拥有独立海岸线。主力户型有两种：一种是 40~95 平方米的全景洋房；另一种是 77~113 平方米的椰林美墅。项目建筑面积 130000 平方米，占地面积 118000 平方米，总套数 395 个。

融创钻石海岸项目：融创钻石海岸总占地 523 亩，容积率 0.38，绿化率超 75%。项目背靠赤岭山，坐拥清水湾，远眺海棠湾，拥有优质自然资源，是着力为行业领袖量身打造的高端私密度假社区。建筑面积 130000 平方米，占地面积 350000 平方米，户数 743 户。项目产品包含半山别墅和瞰海公寓，半山别墅依凭自然山体坡度，错落有致互不遮挡，实现户户看海，建筑采用包豪斯白色极简设计，大面宽、短进深，更搭配巨幅落地窗、大面积私人庭院和泳池，共同营造尊贵度假质感。项目秉持"轻松、私密"度假理念，有含健身会房、SPA 馆、业主会所、椰风海贝海滨餐厅、私家 Imax 影院等高端度假配套。

【案例评述】

清水湾是海南旅居地产的典型代表之一，主要是利用海南优质等湾区海岸资源，以一线海景为卖点，配套大型度假酒店、别墅、洋房及商业街区等设施，形成超大型海滨旅居综合体，满足旅游养老市场综合性、多元化旅居需求。投资和运营主要为国内大品牌地产商，其资金运作能力强，投资强度大，品牌知名度高。目前，海南环岛优质海岸均为国内大地产商投资开发地产，已经建成多处大型养老旅居社区，是海南最为典型的养老旅居产业集聚区。

2. 海南富力红树湾

【案例概况】

海南富力红树湾坐落于素有海口后花园美誉的世界长寿之乡澄迈县福山镇。基地占地 15000 亩，相连双海湾，基地内拥有 2200 亩全球珍稀红树林湿地、银康海医附院红树湾医院、474 间康悦家庭式公寓、高尔夫球场、养生餐厅、温泉花园、文体中心、红树湾书院、热带水果园、特色风情商业街、地主庄园等顶级配套，是目前海南省内基地规模、综合配套、居住环境等指标处于前列的养生度假基地之一。

基地内配套设施包括药店、超市、网球场、高尔夫球场、篮球场、乒乓球室、阅览室、生态步道、健身房儿童游乐室、游泳池、50 公顷国家级红树林湿地公园、西班牙风情商业街、农贸市场等。其中，银康海医附院红树湾医院是海南首个社区医院，距离基地 841 米，专享著名三甲医院绿色就医通道，具备国内领先的社区健康管理体系，配置红树湾专属救护车，福山卫生院位于基地内，共同为患者及时救助保驾护航。

【案例评述】

作为大型旅居社区，红树湾占地面积高达 15000 亩，是湾区旅居社区的典型代表。目前，该社区已经成熟，房屋销售基本完毕，每年有大批旅居者前来过冬。

与清水湾超大型旅游地产集聚区相比，海南富力红树湾属于综合性旅居小镇，其成功的关键主要有以下五点：一是占据了优质的海岸生态环境资源；二是大手笔的建设投资；三是高水平的规划设计；四是较丰富的配套设施；五是精细化的运营管理。

3. 海南天来泉养生俱乐部

【案例概况】

海南天来泉养生俱乐部位于海南琼海官塘旅游开发区，又名海南天福源养生公寓，是一个大型、成熟的温泉旅居社区。总占地面积 367 亩，建筑面积约 25 万平方米，小区容积率 0.93，绿化率达 54%，总户型 4008 户。社区依托酒店式服务的管理优势，充分利用高星级酒店丰富的管理经验和人力、物力、技术等服务资源，给各地老人团提供了具有海南特色的冬季老人养身度假方案。

海南天来泉养生俱乐部居民主要来自岛外，以中老年人为主，尤其是来自东北地区的老年人数量较多。除少数是以投资为目的外，大多数属于候鸟型过冬疗养度假人群；业主基本文化素质较高，绝大多数由离退休的政府官员、教师、医务工作者、高级工程师、文艺工作者、法律工作者等构成。

海南天来泉养生俱乐部配套比较完善，有康复疗养院、老年大学、音乐厅、体育馆、KTV 会所、网球场、门球场、农贸市场、超市、邮局、业主食堂、棋牌室、健身房、游泳池、温泉泡池、电瓶车交通、休闲商业街等近 30 个配套设施，占整个社区建筑面积的近 1/5，大大丰富了旅居者的日常生活，提升了市场竞争力。

【案例评述】

海南天来泉养生俱乐部发展旅居养老产业的核心资源是温泉资源。温泉具有天然的疗养功能，对很多慢性病(睡眠障碍、疲惫、关节炎、颈腰综合征、肌肉酸痛、神经炎、支气管炎、痔疮等)具有良好的改善效果。海南温泉资源比较丰富，分布广泛，密度较高，有温泉岛之称。依托温泉资源，开发温泉地产，打造温泉小镇，开展医疗养生产业，把温泉的健康养生价值与体检、医疗、诊断、康复、疗养、健身等一系列手段深度结合，打造温泉康复疗养基地，是国内比较成熟的开发模式。

目前，海南全省已开发温泉点40余处，其中知名度较高的主要有万宁兴隆温泉、琼海官塘温泉、儋州蓝洋温泉、三亚南田温泉、保亭七仙岭温泉和海口观澜湖温泉。其中，开发旅游养老最成功的当数海南天来泉养生俱乐部，其公司实现了从地产开发到养老产业的转型。运营商天来泉从养生社区发展到养生俱乐部是一个质的飞跃，一个由传统的旅游地产项目，转变成统一化经营的综合性养生服务项目，实现了可持续发展的经营模式。

4. 海棠湾·上工谷

【案例概况】

海棠湾·上工谷地处海南省三亚市东部，隶属于海棠湾区政府管辖，是海南首个中医药康养小镇。本项目由万茂联合集团投资建设，共分三期开发，以中医药产业、健康服务业及特色农业为基础依托，以旅游为纽带、以文化为特色、以健康为亮点的模式跨界整合实现国际中医药产业集群模式，打造成集大型会展、中医药集散、文化展示、多维度体验、康养民宿、旅游观光、休闲度假于一体的全域中医药康养旅游全国示范特色小镇。

海棠湾·上工谷的核心配套包括中医药老字号一条街、运动医学与康复中心、特色康养名宿区、中医药医养配套区、中医药文化会展区、南药森林公园、南药种植观光区、疍家文化体验区等。目前，小镇已建成上工谷运动医学与中医药研究院、FIMS国际合作中心海南分中心、阿拉伯国家中医药康疗文化基地、三亚上工谷运动医学康复医疗中心、黎药研究院、上工原舍度假康养别墅等项目。

目前，海棠湾·上工谷正在建设中，其实际建设成效还需后续验证。

【案例评述】

康养小镇是指以"健康"为小镇开发的出发点和归宿点，以健康产业为核心，将健康、养生、养老、休闲、旅游等多元化功能融为一体，形成了生态环境较好的特色小镇。

海南具有发展大健康产业的先天优势。利用良好的区位条件和温泉资源，将中医药养生融入产业中，发挥海南南药优势，打造海南唯一的中医药康养小镇，走出地产经营的新路径，是海棠湾·上工谷的主要特色。目前，这一项目正在建设中，其成功与否还需时间验证。

近年来，海南大力发展健康旅游产业，开发康养旅居产品。其中，打造具有海南特色的康养小镇是海南省健康产业发展的重要抓手。在《海南省健康产业发展规划(2019—2025年)》中，海南提出以康养服务业为核心，打造沉香小镇、养生保健小镇、运动休闲小镇、民俗体育旅游小镇等一批康养特色健康小镇。其中，沉香小镇主要集中在海口、万宁、澄迈等市县，通过高标准建设沉香健康博览园或沉香特色小镇，将沉香文化、科技、养生、养老与旅游有机融合，带动海南沉香观光游和沉香健康养生发展。养生保健小镇主要有澄迈慢生活国际养生保健社区、半岭生命健康休闲小镇、兴隆健康养生小镇、蓝洋温泉养生休闲小镇、南平温泉养生小镇、霸王岭森林康养休闲小镇、文昌航天康养小镇、屯昌新兴康养小镇等。运动休闲小镇主要有海口观澜湖体育健康特色小镇、三亚水上运动综合体和水上运动特色小镇、澄迈智力运动特色小镇、万宁冲浪小镇。民俗体育旅游小镇分布在保亭、昌江、琼中、乐东等少数民族聚集区域，培育发展具有民俗风情的民俗体育旅游小镇、民俗体育村、民俗体育驿站等。

5. 鹭湖国际养生度假区——典型的候鸟式旅居社区

【案例概况】

鹭湖国际养生度假区位于美丽的海南省白沙黎族自治县七坊镇南洋湖风景区，是海南西部地区首个集高端养老、养生、度假、休闲于一体的综合性文化地产项目。

鹭湖国际养生度假区由海南中合置地房地产开发有限公司开发，建筑类型为别墅、洋房和小高层，户型面积为40~110平方米。总用地面积约

323 亩，总建筑面积约 31 万平方米，总户数约 4725 户，绿化率超过 50%。

项目坐北朝南，面湖而建，视野开阔，500000 平方米的南洋湖一览无余，南侧的雅加大岭山脉山势起伏，层峦叠嶂。项目分 A、B、C 三个片区开发，A 区打造泰式风情园林，B 区打造印度尼西亚巴厘岛风情园林，C 区打造新加坡圣陶沙风情园林。内部配套有地中海风情商业街、白金度假酒店、白金会馆、水上高尔夫、大型无边界泳池、椰梦长廊公园、游艇码头、垂钓俱乐部、沙滩烧烤吧、红酒酒窖、健康管理中心、医疗中心、有氧慢跑道、鹭湖生态农场等在内的 40 余种高端配套设施。2015 年，鹭湖国际养生度假区被授予"海南省重点项目"。

目前，该项目已经全部完工，每年有近万数的旅居者前来养生旅居，市场以北方候鸟型老人为主。为丰富旅居生活，配套开发了阿罗多甘共享农庄，占地总规模约为 4678 亩。

【案例评述】

鹭湖国际养生度假区项目是海南中西部养老地产的典型代表。项目依托白沙县七坊镇区，有效解决了"候鸟老人"的日常购物、社区医疗和日常休闲等基本问题，利用南阳湖自然风光，满足了"候鸟老人"的人居环境需求。同时，由于地处海南中部，交通不够便利，项目地价较低。度假区环境优美，以中小户型为主，投资价值不高，主要满足中低端养老旅居市场需求。实地调研表明，该项目整体运作比较成功，入住率较高，多为北方候鸟型老人居住。主要不足是远离交通干线，交通不便；远离中心城镇，商业配套不足。

三、海南养老机构供给研究

(一)海南养老机构总体状况

"养老机构"是指为老年人提供起居、餐饮、护理和文体娱乐等综合性服务的机构[①]。目前，养老机构主要按照机构性质划分为公办养老机构、民

---

① 朱贺. 社会工作介入养老机构服务专业化的研究 [J]. 智库时代，2018(19)：42-44.

办养老机构和公办民营养老机构三种类型，能够接待候鸟式旅居老人的主要为民办养老机构。

截至 2020 年底，海南正在运营的养老机构有 142 家，床位数有 15985 张。其中，公办养老机构有 113 家，床位 8178 张；民办养老机构有 29 家，床位 7807 张。全省已建成并投入使用日间照料中心 105 家。[①] 总体来看，海南养老机构数量不多、规模较小，只有部分养老机构接收候鸟型老人，主要以民办养老机构为主，如海南三月三健康旅居养老院、海口恭和苑、海南省托老院、海南幸福银发养老服务有限公司、三亚湾海宝度假公寓等。

与官方公布的养老机构统计数据不同，在各类养老网站上，开展候鸟型养老服务的机构数量较多。本节对养老网、养老地图网、链老网、安养帮网等主流养老网络上的养老机构进行统计分析，以便更好地呈现养老机构的总体状况。在养老网上，海南共有 246 家养老机构。对这 246 家养老机构进行统计分析，结果分析统计如下：

1. 养老机构性质以民办为主，公办为辅

在 246 家养老机构中，民办养老机构为 182 家，占 73.8%；公办养老机构为 52 家，占 21.1%；公建民营养老机构为 8 家；民办公助养老机构为 4 家(见表 6-2)。

表 6-2　海南养老机构性质统计

机构性质	养老机构数量(家)	占比(%)
民办	182	73.8
公办	52	21.1
公建民营	8	3.3
民办公助	4	1.8
总计	246	100

资料来源：笔者根据养老网资料自行统计。

---

① 海南养老服务业发展情况新闻发布会实录(2021 年 12 月 21 日)。

2. 养老机构类型复杂多样，以老年公寓/养老公寓为主

如表6-3所示，在246家养老机构中，老年公寓/养老公寓数量为151家，占61.4%；敬老院数量为34家，占13.8%；养老社区数量为11家，占4.8%；养老院数量为11家，占4.8%；疗养院数量为7家，占2.8%；护理院数量为5家，占2%；养老照料中心数量为4家，占1.6%；福利院数量为3家，占0.9%；其他养老机构数量为20家，占8.1%。

表6-3 海南不同类型的养老机构数量统计

机构类型	养老机构数量（家）	占比（%）
老年公寓/养老公寓	151	61.4
敬老院	34	13.8
其他	20	8.1
养老社区（CCRC）	11	4.8
养老院	11	4.8
疗养院	7	2.8
护理院	5	2.0
养老照料中心	4	1.6
福利院	3	0.9
总计	246	100

资料来源：笔者根据养老网资料自行统计。

3. 养老机构空间分布很不均衡，三亚数量最多

如表6-4所示，海南养老机构主要集中在海南东线上，以三亚数量最多。在246家养老机构中，三亚有151家，占比61.3%；其次是海口，有39家，占比15.8%。中西部地区养老机构数量较少，除五指山市外，其他县市仅有1家养老机构。

表 6-4　海南不同区域的养老机构数量统计

所在区域	养老机构数量(家)	占比(%)
三亚市	151	61.3
海口市	39	15.8
定安县	15	6.1
万宁市	7	2.8
五指山市	5	2
陵水黎族自治县	5	2
琼海市	5	2
文昌市	5	2
澄迈县	3	1.2
乐东黎族自治县	2	0.8
白沙黎族自治县	1	0.4
东方市	1	0.4
儋州市	1	0.4
临高县	1	0.4
琼山市	1	0.4
屯昌县	1	0.4
保亭黎族苗族自治县	1	0.4
昌江黎族自治县	1	0.4
琼中黎族苗族自治县	1	0.4
总计	246	100

资料来源：笔者根据养老网资料自行统计。

4. 养老机构规模总体较小

对养老机构床位数进行统计，如表 6-5 所示。结果表明，246 家养老机构的床位数总计为 51674 张，床位数超过 500 张的养老机构仅有 15 家，而床位数小于 100 张的养老机构高达 124 家。

表6-5　海南不同床位数的养老机构数量统计

床位数(张)	养老机构数量(家)	占比(%)
0~100	124	50.4
101~500	107	43.5
500以上(不含500)	15	6.1
总计	246	100

资料来源：笔者根据养老网资料自行统计。

　　为避免依靠单一网站统计产生的误差，本书又对养老地图网、链老网、安养帮网三个主流网络上进行综合统计，并从三亚、海口、琼海和中西部其他地区选择高端、中端、低端三种类型的养老机构进行分析(见表6-6)。结果表明，海南养老机构经营旅游养老以民营性养老机构为主，根据投资来源可分为公办民营、公助民营、民建民营三种。按其设施产品、收费标准等综合分可分为高、中、低端三档。其中，高端养老机构床位数较多，设施条件较好，环境条件优良，交通便利，其床位价格多在每月5000元以上，仅次于星级酒店，高者达到每月10000元以上；中端养老机构设施条件也较好，环境较佳，其床位价格在3000~5000元；低端养老机构多规模较小，设施一般，交通不便，其床位价格低于3000元。

表6-6　养老地图网海南养老机构统计

地区	名称	价格 (元/月)	床位 (个)	性质	占地面积 (m²)	特点
三亚	三亚海棠湾奥克玉成南田温泉高端养老公寓	3500~8000	300	民办	2000	高端、设施齐全、安静、惬意
	三亚市怡心苑海景度假老年公寓	2000~3000	600	民办	1480	全新装修，清洁卫生，面朝青山海湾，景色优，空气好，负氧离子高
	三亚静心候鸟之家老年公寓	1380~1780	50	民办	300	交通便利，距离购物商场较近

续表

地区	名称	价格 （元/月）	床位 （个）	性质	占地面积 （m²）	特点
海口	海口恭和苑	1980~15200	600	民办	22560	个性化亲情服务和医养结合；为中老年人提供高品质的健康疗养度假服务
	海南圆康园养生公寓	2500~4000	150	民办	400	专为北方老人而建的一间候鸟老人度假公寓
	海口市美兰区椰岛之家老年公寓	1350~3000	100	民办	900	设备相对齐全、规模较大的集养老、护理、康复、保健医疗为一体的综合性养老公寓
琼海	海南普仁旅居养老琼海基地	800~29800	2000	民办	244895	配套完善，内部涵盖音乐厅、体育馆、老年大学、疗养院等高端颐养配套，并引入英国爱德华健康管理等顶尖服务，提供温泉SPA、疗养、娱乐、旅游、美食等
	积谷年华博鳌宝莲城养生度假基地	1280~5280	500	民办	1066667	超大配套、高品质、国际化的热带滨海城基地，居室装修高档典雅，欧式风情，素雅的家居空间和公园式的园林景观相得益彰
	琼海市华侨敬老院	500~1000	50	公办	—	传统养老机构，小且简约
其他地区	万宁阳光养老中心	2500~3500	60	民办	—	配套设施齐全，地处石梅湾、兴隆、神州半岛三大国际旅游度假区
	琼中黎族苗族自治县银电疗休养院	1500~3000	180	民办	—	依托于生态旅游资源和优越的地理区位，集休闲度假、豪华客房、餐饮、培训、会议、商务、旅游、度假、健康养生、康体娱乐、海上休闲等为一体
	东方市老年人服务中心	500~1000	50	公办	—	传统式敬老院

资料来源：笔者根据网上资料自行统计。

（二）案例研究

机构养老是旅游养老产业中产业边界比较清晰、专业化水平最高的旅游养老业态。为了更好地呈现海南机构养老的特色，本节选择海口恭和苑健康疗养度假园区、三亚恒大养生谷康养中心和海南绿康元中医康养医院三个典型案例进行深入分析。

1. 海口恭和苑健康疗养度假园区

【案例概况】

恭和苑是乐成养老旗下直营连锁的养老服务机构。作为国内实践社会化养老的大品牌，恭和苑服务布局覆盖北京、浙江、海南等省市。海口恭和苑健康疗养度假园区（以下简称基地）位于海口的海甸岛，是海南省老年健康生活中心示范项目之一。基地西邻海南大学，北接湘雅医学院附属海口医院，周边超市、餐饮、休闲、运动等设施齐全，日常生活也极为便利。

基地主要以中高端市场为主，有豪华精装修居室，配备高档家具，营造优雅氛围；基地所有居室均内设橱柜、冰箱、开水壶等；基地独立卫生间配备整体淋浴房和高档卫生洁具；基地提供 24 小时饮用水与生活热水，以及有线电视、免费宽带上网等服务。为解决医疗问题，基地与湘雅医学院附属海口医院签署合作协议，保障老人医疗需求。

基地提供住宿、餐饮、医疗康养等产品，具体如下：

产品价格：海口恭和苑健康疗养度假园区价格（2019～2020 年）如表 6-7 所示。

表 6-7　海口恭和苑健康疗养度假园区价格（2019～2020 年）

标准双人间：	10 天	3210 元/人	（含三餐、海口接送站）
一居双人套：	10 天	3460 元/人	（含三餐、海口接送站）
标准双人间：	30 天	8280 元/人	（含三餐、海口接送站）
一居双人套：	30 天	9030 元/人	（含三餐、海口接送站）

成人收费说明：①以上价格包含服务费、一日三餐、海口机场接送及基地提供的所有免费健康娱乐项目等。至少 10 天起预订，入住 10 天以上但不满 30 天，按 10 天的平均价格计费；入住 30 天以上按 30 天的平均价格计费。此价格为优惠价，需提前预订或转账，不能现付或刷卡。②以上价格不含春节 3 天（除夕至初二）报价，春节 3 天报价需按 160 元/人/天加收餐饮及服务费用。③如度假期间因客人原因中途提前离苑，房费不退，只能按 80 元/天/人退还餐费。在恭和度假期间若因客人原因不用餐，需提前 3 天向工作人员提出申请，经同意后按 80 元/天/人餐标退还客人

住宿服务：标准双人间为 40 平方米，一居双人套(1 房 1 厅)为 50 平方米，两张 1.2 米单人床，房间配有空调、电视、电话、衣柜、冰箱、24 小时热水、独立卫生间、独立阳台、公共洗衣房、免费 Wi-Fi 等。

餐饮服务：①标准餐饮：3 正餐(营养自助早餐、营养自助中餐、营养自助晚餐)，3 辅餐(上午茶、下午茶、夜宵)；②个性化特殊配餐：高血脂餐、糖尿病餐、清真餐等；③餐饮特色：精英厨师团队领衔，专业营养师科学搭配，用心选料，中西兼备。

健康服务：健康秘书全程服务，包括：①生命体征检测——三甲医院注册护士担任健康秘书，定期为客人测试静息血压、脉搏、呼吸及体温，提供符合客人健康及生活习惯的照护服务，让每一位老人能享受到高品质的生活；②建立健康档案——每人一份健康档案，记录客人健康信息；③服务安排与跟进——健康秘书负责日常服务安排，全程跟进健康改善情况。

【案例评述】

海口恭和苑健康疗养度假园区作为国内医养企业连锁经营的一个基地，具有较强的市场运作能力。该基地选址优良，紧邻海口人民医院，二者达成战略联盟，形成医养结合，有效地解决了老年人对专业医疗康养的需求。基地主要通过提供住宿、餐饮和娱乐服务获取经营利润。实地调研表明，该基地已经成为海口高端医养结合养老的标杆。

2. 三亚恒大养生谷康养中心

【案例概况】

三亚恒大养生谷康养中心位于中国南海之滨的海棠湾度假区恒大养生谷社区内，是集养老度假、康乐休闲为一体的健康养老度假旅游项目，旨在结合旅居公寓配套设施及服务，提高客人入住满意度及健康状况，打造海南特色旅居养生天堂。该康养中心的主体为 4 栋 12 层，共 684 间客房。以康养、旅居为特色，该康养中心提供的不仅是一间房子、一个公寓，而是一种养老、康养旅居的健康生活方式。项目望海、环河、邻海，生态环境资源优越，紧邻海棠旅游湾区核心区，距离中国人民解放军总医院海南医院 3 千米，约 5 分钟的车程，与海昌梦幻娱乐不夜城临近，22 千米的海棠湾海岸线风光旖旎，沙滩带蜿蜒如梦，灿烂的阳光、湛蓝的海水、婆婆的椰林，更有亚洲第一大单体免税城可满足游客购物需求，是康养、旅游、度假、购物的天堂。

三亚恒大养生谷康养中心 2021~2022 年价格如表 6-8 所示。

表 6-8　三亚恒大养生谷康养中心 2021~2022 年价格

豪华双人间床位收费	豪华单人间床位收费
10 天：2450 元/人（含三餐）	10 天：3900 元/人（含三餐）
30 天：6600 元/人（含三餐）	30 天：8688 元/人（含三餐）

收费说明：①费用包含住宿费、全自助一日三餐、三亚机场火车站接送站及基地免费提供的文体娱乐服务等。②以上价格至少 10 天起预订，入住 10 天以上但不满 30 天按 10 天平均价格计算；入住 1 个月（30 天）以上但不足整月按月平均价格计算。③客房每周打扫 1 次，更换床上用品 1 次；请自备个人卫生洗漱用品（牙膏、牙刷、洗发水、沐浴液、卫生纸等）。④以上价格不含发票，需开发票另收取 5%税金

房间配置：豪华客房按照四星级标准配置，面积约 40 平方米，两张 1.35 米单人床或一张 1.5 米大床，均配有全实木地板家具、独立阳台、独立卫生间、智能马桶、防滑瓷砖、浴室扶手、客房紧急报警系统、空调、电视、冰箱、洗衣机、保险柜、24 小时热水、拖鞋、吹风机、Wi-Fi 等，配套齐全。

餐饮介绍：①用餐方式：一日三餐全自助式；②营养早餐：全自助式中西式早餐，20~30 个品种；③营养正餐：全自助式中晚餐，18 个品种以上，有面点、粗粮及 2 种以上水果；④自助餐厅由五星厨皇、中国青年烹饪大师亲自设计菜品，种类丰富多样，菜式精美独到，以满足各方客户的饮食需求，适宜各年龄段客户的饮食标准。

服务设施：三亚恒大养生谷康养中心有五大文体娱乐区域，分别为健康管理中心、餐饮中心、文化艺术中心、休闲娱乐中心及运动中心，打造一种舒适、健康美好的生活空间。文体配套齐全，包括恒温泳池、棋牌室、乒乓球室、台球室、音乐室、电影院、健康检测室、书画阅览室、儿童乐园等。

周边环境：三亚恒大养生谷康养中心紧邻海棠旅游湾区核心区，周边商业配套齐全，交通出行便利，距离海棠湾海边约 1.5 千米，这里有灿烂的阳光、湛蓝的海水、婆娑的椰林，更有亚洲第一大单体免税城可满足游客

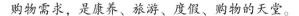

购物需求，是康养、旅游、度假、购物的天堂。

交通概况：距离三亚凤凰机场38千米、三亚火车站32千米、三亚市中心28千米、三亚亚龙湾旅游区21千米等。

周边商业：该康养中心1楼配有超市，对面500米有商业街，距海棠湾68环球美食城5千米、海棠湾免税店9千米等。

就近医院：距离中国人民解放军总医院海南医院3千米。

周边景点：距离梦幻娱乐不夜城景区1.5千米、5A蜈支洲岛约5千米、海棠湾广场2千米、亚龙湾热带森林公园19千米、三亚天涯海角47千米、三亚南山文化旅游区60千米等。

【案例评述】

三亚恒大养生谷康养中心实质上是以老年地产为主的项目，主要针对高端养老养生市场需求，提供旅居养老服务，强调医养结合。实地调研表明，该项目目前运营良好，其商业模式是以地产为支撑、以高端养老为目标市场，提供综合性旅居养老养生服务。

3. 海南绿康元中医康养医院

【案例概况】

海南绿康元中医康养医院位于海口市中心金宇路，距金牛岭公园400米。该医院是海口市中医养生保健协会会长单位、中华中医药学会亚健康分会常务委员，以康养客房为基础，依托数十万人次的中医康养临床经验，以全新的"医养结合"模式，为岛内外团体、家庭、个人慢性病与亚健康人群提供安全、舒适、无副作用的"个性化"中医康养服务。

海南绿康元中医康养医院的前身为海南绿康元健康养生，创立于2008年6月。2018年4月8日，经海南省卫生健康委员会批准设立，总面积为8500平方米，现有康养床位180张，职工60余人，其中医药及康养专家12人、中医调理及康复理疗师30余人。

该康养医院的服务对象有两类：一是来海南过冬的健康人群，通过疗养，使其全面了解自身健康状况，懂得食疗养生与自我健康管理；二是亚健康和慢性病人群，通过治未病与治已病相结合，使常见病症与亚健康状态得到改善，心情及身心健康得到明显提高。

该康养医院的主要医疗项目包括中医治未病和老年病治疗。中医治未病主要采取经络拔罐、刮痧、推拿、艾灸及理疗等调理为主，配合养生食疗、茶疗、理疗等综合调理，改善体质，预防疾病的发生，促进亚健康恢复；老年病治疗则通过绿康元的创新"三高气血通"中医调理技术，结合先进的康复理疗，改善"三高"、"五高"、心脑供血不足、脑梗后遗症、骨关节退行性病变，以及风湿、类风湿关节炎、呼吸系统疾病等。

【案例评述】

海南绿康元中医康养医院是"医院+医疗健康"模式的典型代表，它依托医院的技术和专业人才优势，开发医疗健康旅游项目，为旅游者提供医疗健康旅游服务。这种模式是世界上最通行的医疗养生旅游发展模式，也是当前和未来一段时间内海南医疗旅游发展基本模式之一。目前，"医院+医疗养生"经营模式遇到的主要问题在于管理体制，由于医疗技术和专业人才主要集中在公立医院，公立医院属于事业单位，而医疗健康旅游服务属于市场化行为，二者之间的矛盾如何协调，成为海南医疗健康旅游发展的关键。在公立医院改革中，相关医院应利用自身优势，积极开展医疗康复保健工作。

"医院+医疗健康"模式对医院要求较高，而海南整体医疗技术水平在全国范围内相对比较落后，也缺乏国内有影响力的医院。为提升海南医疗水平，海南大力引进国内知名医疗机构。著名的中国人民解放军总医院(301医院)海南分院于2012年6月9日在三亚海棠湾正式开诊。其他如协和医科大学、湘雅医学院、第四军医大学等30多家国内著名医院，与海南省内各大医院建立协作关系，在很大程度上提升了海南总体医疗水平。三亚中医院通过建立三亚国际友好中医疗养院，大力开展中医药健康旅游服务，在国内产生了巨大的影响。

四、海南度假酒店型养老基地供给研究

(一)总体状况

度假酒店型养老基地是以酒店为载体，将旅游养老中的"居住"和"护理"功能结合在一起，突出酒店的服务功能，并对酒店的客房、餐厅、健身房等产品功能进行延伸，打造"养老+养生"模式，主要针对中高档养老群体。以酒店式的硬件设施及服务为核心吸引物，配以科学健身、保健、理疗、药浴水疗等医疗和健康改善设施。

由于度假酒店客房较多，又要接待度假游客，因此，大部分度假酒店在经营养老旅居业务时，一般会采用分区管理的方式，将一些楼层划为专门的旅居养老区域，进行单独管理。与此同时，为满足老年人休闲需求，度假酒店会对一些原有娱乐设施进行改造，增加一些适合老年人使用的棋牌、书画功能。

度假酒店开展旅游养老业务具有自身的优势。一是度假酒店淡旺季明显，在淡季时开展旅游养老服务，能获得一笔淡季旅游收入，弥补经营亏空。二是度假酒店大都有一定的休闲娱乐设施，其建筑与室内空间能够营造出浓郁的度假休闲氛围，这种环境感受对于旅居养老而言非常重要，适合高端市场需求。

根据 2019 年海南省及其各市县酒店业大数据的统计表明，海南省法人企业 328 家，年末从业人数 54002 人，营业额 1304042 万元，客房收入805696 万元，餐费收入 365711 万元，客房数 87884 间，床位数 147510 张，餐饮面积 1888538 平方米。其中，大部分酒店的客房出租率跌破 60% 的保底线。许多酒店，尤其是中低端酒店，可利用淡季时机，与旅居养老企业及机构合作，利用闲置房源，利用酒店优良的设施和环境，积极提供自然疗法、针灸、推拿、足浴、温泉、药膳等各项康养服务，吸引候鸟型老人，为其提供多种住宿和康养服务，开展旅游养老。

（二）案例研究

1. 海南亚泰温泉酒店案例概述

海南亚泰温泉酒店是国家 500 强企业吉林亚泰集团投资兴建的一家集客房、餐饮、会议、养生为一体的五星级滨海温泉度假酒店，位于风景秀丽的海南省西海岸盈滨半岛旅游风景区，占地面积 7.01 万平方米，酒店养生俱乐部由健康管理、怡乐活动、酒店服务及会员管理四大服务体系组成，致力于为度假养生的中高端会员提供一站式全功能颐养服务。

服务内容：①入住 1 个月，赠送日常生活用品；②免费畅享天然火山岩矿物温泉"泡汤"+热带海洋亲亲鱼疗+户外温泉游泳池；③免费畅享有线宽带和无线 Wi-Fi(自备电脑)；④免费乐享康体怡乐设施(棋牌、桌球、乒乓球、阅览室、书画室、手工区、童趣屋及健身房等)；⑤乐享每月购物和户外采风活动；⑥安享健康服务(基础医护服务、健康档案服务、健康评估服务、公共健康服务等)；⑦尊享海口机场和火车站接送服务；⑧免费享受健康秘书一站式养生养老指南服务。

园区环境：园区内美景如画、风光旖旎，拥有近万平方米由珍稀热带植物构建的南国景观式园林，形成洁净的天然氧吧。多层西班牙风格建筑藏于参天林木中，超低密度亲海生活，近水楼台先得海，大海低语，海鸥和鸣。

居住环境：多种居住空间可供选择，房间设计温馨雅致。内含冷暖空调、冰箱紧急呼叫系统、安全扶手、防滑垫及淋浴凳等宜老设备，满足入住者舒适、方便的需求。

餐饮设施：专业的营养师进行膳食调配，提供贴心"3+1"膳食。餐饮场所设有可容纳 300 人的豪华中餐厅及 60 人的西餐厅，9 个豪华包房，海边美食文化长廊及望海茶餐厅。高品质中式自助早餐，营养美味的中、晚餐(10 人以上即享受自助式)，满足入住者的美食享受和营养摄入；清新优雅的下午茶为入住者补充能量；还为入住者提供个性化配餐，如糖尿病餐、高血脂餐、素食餐等。

活动设施：酒店俱乐部内设 25 米×12.5 米专业温泉泳池，12 个火山岩硫黄温泉泡池，1 个鱼疗池，健身房(室内和室外)、网球、乒乓球、桌球、沙滩排球、棋牌室、多功能厅、书画室、阅览室、手工区等，丰富老年生活，打造高品质养生度假之旅。

健康管理：设有医务室，配有专业医师及护理团队，提供基础健康体检、评估、心理测评、档案建立及公共健康等服务，为入住者的养生度假保驾护航。

入住条件：有完全自理能力、自主行动能力且无精神疾病(精神分裂、严重抑郁、有自杀倾向、老年痴呆、弱智等)、传染性疾病(肝炎、肺结核及皮肤病等)，无肢体残疾，无其他重大疾病，无吸毒、暴力倾向及偷窃行为等状况的老人。

2. 博鳌和悦景澜海景度假酒店案例概述

博鳌和悦景澜海景度假酒店隶属于君澜酒店集团的新生品牌之一景澜，位于博鳌滨海大道广场路，临近博鳌湾、博鳌风情小镇、亚洲论坛永久会址，步行2分钟可直达海滩；酒店拥有两栋典雅时尚的滨海风格建筑，楼高18层，共384间客房，每间客房配有阳台，均可尽览博鳌山海美景。

该酒店旨在打造老年人避寒养生胜地，除提供儿童托管和私人定制管家服务外，还抓住老年人闲不住、爱热闹的特点，结合其兴趣爱好，打造了八大特色康养活动：太极拳、有氧徒步、养生课、书画摄影交流、厨艺交流、糕点制作学习、中医理疗课程、广场舞。融兴趣交流与养生健体于一体，通过专家授课，向老年宾客传递中医养生理念、常见疾病的预防方法，传承我国颐养性情、强身健体的传统文化，同时提供拓展兴趣爱好的机会。

3. 案例评述

开发旅居养老服务是海南酒店业的主要业务类型之一。由于海南酒店业大多为度假型酒店，受较强的季节性影响，开展旅居养老业务能够减弱季节性对酒店经营的影响，提高酒店入住率和设施使用率。目前，度假酒店针对的旅居市场主要是具备中高端消费能力、旅居时间相对短、身体健康的候鸟型旅居老人。这种现象在海南酒店业中比较普遍，尤其是在海南东线沿海地区。

酒店拥有良好的空间环境和各种服务接待设施，只需做好康养项目，推出各种特色养生产品，与养老养生连锁机构开展合作，打开健康养老市场，提升专业服务水平。

酒店和养老均属服务行业，但服务对象不尽相同，导致服务需求、服务内容及服务理念等方面存在一定差异。例如，酒店以短期居住客人为主，养老以长期照护为主；酒店服务对象与消费者一致，养老服务对象与消费者未必一致；酒店服务可量化，养老服务关键在于专业与关怀。酒店业开展养老服务，是在传统酒店产品上，叠加健康检测、康养旅居、养生休闲等产品。同时，酒店客房产品、餐饮产品、康养产品等也要适老化，为老年人提供高端体验。

海南旅游的最大特色是度假旅游。"阳光海南·度假天堂"一直是海南旅游主打形象。因此，海南一直是国内星级酒店和度假村密集的区域之一，尤其是三亚的度假酒店是中国酒店业的标杆。开展旅游养老，是许多度假酒店和度假村在淡季时的主打策略之一。随着海南候鸟型养老市场的发展，一些度假酒店已经开始转型，推出长住型产品，并发展成为专业性较强的养老度假酒店。

五、海南家庭旅馆和老年公寓

(一) 家庭旅馆

家庭旅馆属于非标准化住宿产业。2012 年，海南省人大通过《海南经济特区旅馆业管理规定》，在国内首次将家庭旅馆纳入正式管理，设定了家庭旅馆的准入条件，提出本经济特区城乡居民可以利用自用合法住宅的空闲房间经营家庭旅馆。在《海南经济特区旅馆业管理规定》中，家庭旅馆是指以间(套)夜或者小时为计费单位，以家庭方式经营，客房数在 15 间以下，向旅客有偿提供住宿及其他相关服务的经营场所。家庭旅馆住宿场所应当符合下列基本条件：①饮用水水质应符合饮用水水质标准；②场所及周围环境整洁、卫生；③有独立或者公共的消防通道，配置防火器材、应急照明设施等；④寝具、餐具等符合卫生标准。

与星级旅游饭店相比，家庭旅馆更能满足低端养老旅居市场需求，更为本土化和个性化，但管理相对较困难。许多家庭旅馆以旅居养老市场为目标，成为旅居养老市场的重要力量。

 专题调研 6-1

三亚家庭旅馆发展概况

随着三亚旅游市场的发展，旅游需求越来越多样化和个性化。作为全国五星级酒店最为密集的一个城市，也作为酒店业的一种重要补充形式，家庭旅馆在三亚应运而生。

三亚家庭旅馆的发展与三亚楼市发展密切相关。从 20 世纪 90 年代后，海南省房产销售处于冻结状态，出现了大批烂尾楼和空置房，三亚蒙受了巨大的经济损失和名誉损失。从 2000 年开始，由于三亚得天独厚的自然条件，大批外地资金进入三亚，房地产市场瓜分了其中的大部分，位于海滨位置的一些优秀楼盘也由于外地宾客的拉动，房屋销售进入了"第二春"。由于三亚本地居民购房远少于外地购房者，导致新售楼盘空房率高的普遍现象。由于大量楼盘房屋的空置，一个新兴的产业：家庭旅馆行业应运而生了。

　　初期的家庭旅馆的从业人员由这些房屋的业主在扮演，他们对房间进行简单的布置以达到可以入住的标准，在旅馆的销售上也采用最原始的方法和手段，即上街拉客或者通过张贴传单。这样，这个行业在三亚就悄然诞生了，在初期，他们也满足了部分低端住宿要求的游客，也顺势填补了低端住宿行业的空白。

　　2003 年起，一批有经营思路的人看准了三亚家庭旅馆市场的良好势头，于是在三亚一些著名的楼盘收房，开始有规模地从事家庭旅馆行业。在这一过程中，他们淘汰或者收购了大部分原始家庭旅馆，对家庭旅馆的整个产业进行了第一次有效整合。

　　2007 年开始，大部分家庭旅馆遭遇了自身及环境带来的发展瓶颈，有一部分年轻的家庭旅馆从业人员进入这一行业，他们依托前辈们的经验，短时间内完成了收集房源、改造等基础工作，用全新的方式进行销售和管理，在销售上以网络为主，利用网络优势，进行了全面的网络资源整合，推动了家庭旅馆业的进一步变革，向管理、要效益，并将"服务"理念深深地植入了这个行业。

　　目前，三亚家庭旅馆主要分布在大东海、三亚湾、亚龙湾、市区、郊区、海坡和海棠湾，各大景区周围均有家庭旅馆。主流的家庭旅馆还是聚集在三大海湾，即大东海、三亚湾和亚龙湾。随着三亚"候鸟"旅居市场的发展，一些家庭旅馆开始拓展这一市场，有的改造成养老公寓，吸引了大量的"候鸟"旅居客。

　　资料来源：笔者根据网上资料自行整理。

（二）老年公寓

1. 老年公寓总体状况

　　老年公寓是专供老年人集中居住、符合老年体能心态特征的公寓式老年住宅，具备餐饮、清洁卫生、文化娱乐、医疗保健服务体系，是综合管理的住宅类型。为满足候鸟型旅居市场需求，海南有多种形式的老年公寓，提供多元化旅居养老服务。

2. 案例研究：三亚候鸟暖巢康养中心

【案例概况】

三亚候鸟暖巢康养中心位于三亚市有着"椰梦长廊"美称的三亚湾，是目前三亚为数不多的可接待全年入住的康养一体式公寓。

公寓分为高端酒店区和平价公寓区。高端酒店区每人每月为3000~4500元，为单板式楼房，前后通透，泳池、花园、亭台楼阁应有尽有，配有双人标房、三人套房、四人两房套房及超豪华家庭套房等，房间内装修高级，卫生间干湿分离，每个房间独立阳台，独立Wi-Fi，开放式厨房，冰箱、洗衣机、沙发全配齐。园区内泳池、步道、绿化、健身活动场所非常完备，酒店内有K歌房、活动室、电动棋牌室、台球室乒乓球室、书画室等各种活动室，相应设备设施一应俱全。

平价公寓区拥有不同风格特色的高层电梯公寓楼数栋，独立院落，分为经典A房、舒适房、特价房三个收费标准，房间面积从20多平方米至40多平方米不等，价格从1800元到2400元不等，房间干净、舒适、整洁，独立Wi-Fi，独立阳台，每个房间独立冰箱、洗衣机、空调、电视均配齐，所有房间床上用品按客人意志随时更换。

公寓地理条件绝佳，距离三亚湾海滨浴场步行仅需15分钟，距机场及高速公路口仅15分钟车程，是去天涯海角、大小洞天、南山寺等景区的必经之地，周边有夜市、早市、菜市场和老年活动聚集地，并且有通往三亚全部景区和市区的公交车站，出行生活皆便利。高端酒店区和平价公寓区每个房间都有自己独立的网络入户。房间干净整洁，全楼电梯畅通。所有房间均配有空调、电视、冰箱、洗衣机、衣柜、写字台、休闲桌椅三件套、电热水壶、厨房、高级独卫、电热水器，每个房间都有全套床上用品，实现真正的拎包入住。

此康养中心定期邀请各大医院大夫到店义诊体检，各店内的业余活动更是丰富多彩，各节日晚会、兴趣班、合唱团、棋牌、书画、K歌、舞蹈、台球、乒乓一样不少。两区域步行约十分钟，所有公共娱乐设施互通共享，包括泳池同样免费。高端酒店区和平价公寓区均设有大型公共餐厅和休闲活动室，所有设施设备全部免费共享；每个楼层均设有安全消防系统，并在公安部门报备。

此康养中心有自己的旅游大巴，每天都会免费安排不同景区的观光游览并免费提供简餐。每日餐食丰富多样，精心搭配。午餐：高端酒店区八菜一汤，平价公寓区六菜一汤；晚餐：高端酒店区四菜一汤，平价公寓区三菜一汤；各种时令水果不同搭配。

【案例评述】

三亚候鸟暖巢康养中心是养老公寓的典型代表，其提供的旅居养老产品分为高端酒店和平价公寓两种旅居服务，有效地扩大了市场竞争力。显然，受制于星级标准和目标群体，传统的星级酒店无法更加深入地向康养老年人提供针对性服务。同时，海南酒店客房价格受淡、旺季影响较大，每年10月至次年3月星级酒店客房价格异常之高，增加了旅游养老者的经济负担。在此情况下，一批介于星级酒店和民宿之间的地产项目应运而生，如酒店公寓、疗养基地等。这些项目既吸收了星级酒店的服务功能和管理模式，又丰富了客房类型及配套家具、厨房设备，使客人在家的生活氛围中收获星级酒店般的住宿服务。更重要的是，这些项目以更优惠的价格向宾客提供更长时间的包括住宿在内的多种综合性度假休闲服务。

六、海南农家乐与乡村民宿

海南乡村旅游萌芽于20世纪90年代中期，目前已经取得了巨大进步，从早期的农家乐到乡村民宿，以及政府大力推广的共享农庄和美丽乡村建设，为海南发展田园旅居养老提供了基础。2018年海南推出的严格的房地产全域限购政策，为发展乡村田园旅居养老带来了机遇。

（一）农家乐旅居养老状况调查

农家乐是乡村旅游的初级业态，是以农户为经营单位，以农家院、农家饭、农产品等为吸引物，提供农家生活体验服务的经营形态。由于农家乐具有"开设门槛低、消费大众化"的特点，所以，各地的农家乐数量都比较多。根据各自的环境特点，海南农家乐可分为"农家乐""渔家乐""林家乐"等。农家乐在全岛各地分布,能够依托当地的资源,很好地把这些文化元素融入"农家乐"的建筑、饮食中,成为游客了解海南特色文化的窗口。2015 年,原国家旅游局公布中国首批乡村旅游"千千万万"品牌名单,海南有 171 家农家乐获评"金牌农家乐"。目前,海南有部分农家乐也开展旅居养老服务,其市场定位为低端旅居养老市场。

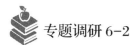
专题调研 6-2

文昌东郊椰林的农家乐养老

每年冬天,重庆、四川、北京等地的城市老人,每年大约有 300 多位,来到文昌东郊镇,住农家屋,吃农家饭,做农家人,过着悠闲的乡村旅居生活。有的和农家一起吃住,每月费用在 2500~4000 元。有的自己租房,房租每月约 1500 元,自己做饭。

他们每天都沿着海边慢慢地散步,看看大海,吹吹海风。他们走路去菜市场买菜,会遇到赶海的渔民,可以买海鲜。他们会在下午和住在这里的老人打打牌、打乒乓球。和他们一样,许多老人都习惯这种生活,看海、散步、买海鲜,有时做做饭、打打牌,这种近海农家生活,让所有的老人都很喜欢。环境好、气候好、人也好,这是东郊椰林吸引外地老人的重要原因。

黄孝忠的家就在东郊椰林的海边,一栋三层小楼,接待候鸟型老人成为他家重要的一个经济来源。每年冬天,这栋楼的 16 个房间都会住满。一个房间两张床,一个月 1000 元的租金,这样的价格吸引了许多外地老人。在黄家过冬的老人来自各个地方,有重庆、成都、北京、兰州、沈阳、哈尔滨等十几个城市。

资料来源:笔者根据调研自行整理。

(二) 乡村民宿旅居养老状况调查

2017 年起,海南出台了各种促进乡村民宿发展的政策意见,并出台了民宿服务质量等级评定标准。目前,乡村民宿已经成为推动乡村振兴的重要抓手,在丰富海南旅游住宿产品体系并活化利用传统民居的同时,也传承和发展了海南文化。旅游部门统计数据显示,截至 2021 年,海南乡村民宿共有 341 家，已形成海口、文昌、琼海、万宁、陵水、五指山、保亭、儋州等各地民宿百花齐放，海口观澜湖、马岭村、西岛、琼海潭门、万宁日月湾等民宿集聚分布的现状①。

　　乡村民宿开发分为两种模式：一是集中兴建住房模式，即将整村进行改造，整合住宅建设，集中修建住宅，并在建筑设计中融入地方文化，发展当地特色乡村旅游；二是改造现有农民房模式，即对现有房屋建筑、民居进行适当改造，形成接待能力，发展旅游养老。两种模式的规划、成本、目标市场各不相同。

 专题调研 6-3

布隆赛乡村文化旅游区开展乡村民宿旅游养老

　　看厌了高楼林立，听烦了汽车轰鸣，不少老人退休后开始怀念乡野田园。乡村不仅有舒适宜人的自然环境，更有老一辈人沉淀在骨子里的乡愁。选择到乡间租一栋别院，享受鸟语花香的慢时光，正成为养老居住的新风尚。

　　"海南气候好，乡村小而美，特别宁静。"来自辽宁的张桂宝夫妇选择在保亭黎族苗族自治县三道镇甘什村过冬。在这里，一栋栋独具黎族风情的民居掩映在树林中，一棵棵槟榔树从自然古朴的木栈道中拔地而起，漫步农家田埂，轻风不时吹来阵阵稻香。

　　比起在城市家中，张桂宝更喜欢旅居养老的那份心情。"刚退休，在家闷着很无聊，趁着自己和老伴身体还不错，多出去走走看看。"张桂宝说，看大山起伏、稻田连片，心胸也跟着宽阔了。把心情从生活的琐事中解脱出来，睡觉更踏实，精神更好。

　　乡村风景宜人，村屋租住价格也亲民。"按房型不同，租金每月 1500～2000 元。"甘什村董家民宿的主人吉秀美说，"如需做饭可以免费使用厨房，也可以花钱点餐品尝黎族农家餐"。除了董家民宿，村中还有五六家村民民宿和一家旅居宾馆，最多能接待近百位老人居住。民宿也为村民带来了一笔可观收入。"每年冬天都有老人入住，需要提前预订。"吉秀美说。在张桂宝看来，这些花费并不高，"老家省下的取暖费足够在这里住两三个月，气候也温暖，可以外出锻炼，不用窝在家里"。

---

　　① 海南省旅游民宿协会：民宿要借助内容营销打造自己的品牌力［EB/OL］.［2021-11-19］.https：//www.sohu.com/a/143057118_218888.

甘什村委会计划与村民合作，将村中闲置土地打造成小菜园，满足旅居老人自耕自给自足的愿望。不过，面对近些年逐渐兴起的田园旅居养老，村中也存在基础医疗养护的短板。"村里或镇上只能治疗普通小病，遇到急症重症，得往40分钟左右车程的三亚市里送。"吉秀美建议，选择乡村旅居养老，首先要考虑老人自身的身体状况。

资料来源：笔者根据网上资料整理。

（三）乡村民墅

随着"农村三块地"改革的推进，乡村旅居开始进入新的发展阶段，一些公司开始推进乡村民墅项目。这类项目是利用村集体建设用地的宅基地使用权来建的，是"三权分置"的产物之一。乡村民墅与别墅相比，主要有四大差别：

一是产权方面。在乡村民墅方面，村民持有不动产权证，村民享有村集体建设用地的宅基地使用权，海南推进房地一体，不动产权证登记村民宅基地使用权和地上房产所有权；投资合作（建房方），有房产的用益物权，经政府部门的不动产权登记中心登记后，享有居住权，享有使用、占有、出租、经营、收益等权益。而别墅是商业地产，使用国有建设用地，缴纳国有土地使用权出让金后，享有国有土地使用权70年，70年后可续期，地上房产有不动产权证、国有土地使用权证，房和地一体，不动产权证登记房产所有权，国有土地使用权证登记国有土地使用权。

二是流通交易方面。乡村民墅的市场价格便宜，一般每平方米价格在4000～10000元，150万～300万元/套，居住权、资格权可以上市转让、交易，享有房产的用益物权，享有使用、占有、出租、经营、收益等权益，市场价格低，流通转让容易成交；别墅的市场价格高，一般2万～5万元甚至10万元/平方米，可以转让，可以过户，600万～3000万元/套，流通转让不容易成交，价格高、流通性差。

三是运营方面。乡村民墅的区位优势优越，环境优美，鸟语花香，市场运营方式灵活，投资回收期短，年收益率可达6%～10%；别墅多在城市水泥钢筋围墙里，租金贵，承租人不容易成交，邻居容易投诉，环境嘈杂，投资大，投资回收期长，市场运营受约束。

　　四是环境方面。乡村民墅给人以诗和远方之感，前庭后院，前庭花园、后院菜园，环境优美干净，空气清新，民风淳朴，乡愁浓郁，走家串户人情味浓，每天可食有机绿色食品，康养旅居最优选择；别墅则是禁墅令严，钢筋水泥，关门闭户，互不来往，缺乏人情味。

　　显然，乡村民墅是一种旅居新业态，目前在海南正在发育之中，尚未引起研究者的重视。

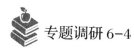
专题调研 6-4

三亚大茅村乡村民墅项目简介

　　大茅村位于海南东线高速与海榆中线交叉口往五指山方向 2 千米处，东至海棠区分界，西至罗逢村分界，北至保亭县分界，南至中廖村分界。据北部保亭呀诺达旅游区车程 11 千米，据保亭槟榔谷旅游区车程 6 千米，东距海棠湾海岸线 5 千米，南至亚龙湾旅游区车程 15 千米，距亚龙湾高铁站 6 千米，距三亚市区 21 千米。

项目概述

项目名称：三亚大茅乡村民墅

土地性质：宅基地

使用年限：50 年

地块面积：多个地块，400 平方米至 6 亩(集中)

每户建筑面积：每栋 360 平方米，赠送花园 200 平方米

基底面积：175 平方米以内

总层限高：三层，限高 12 米

合作建房：10000 元/平方米

合作方式：自住、自营、联建联营

运营单位：海南椰民康养服务有限公司

建设许可：海南省乡村规划建设许可证

物业费：暂定 0 元/平方米

协议交房：10 个月

装修状况：简装

付款方式：分期付款

资料来源：笔者根据网上资料整理。

七、政府养老供给要素分析

(一) 医疗产业

截至 2020 年底，海南全省共有医疗卫生机构 6128 家。其中，医院数量为 281 家，基层医疗机构数量为 5732 家，专业公共卫生机构数量为 108 家，其他卫生机构为 7 家。在这 281 家医院中，三级医院 36 家，二级医院 58 家，一级医院 87 家，未评级医院 100 家。在基层医疗卫生机构中，卫生院 277 个，社区卫生服务中心(站) 213 个，诊所、卫生所和医务室 2133 个，门诊部 345 个，村卫生室 2764 个。与上年相比，社区卫生服务中心(站)、门诊部、诊所(卫生所、医务室)分别增加 18.36%、71.64%、23.15%。在专业公共卫生机构中，妇幼保健院(所、站) 24 个，专科疾病防治院(所、站) 14 个，疾病预防控制机构 29 个，卫生监督机构 1 个，健康教育所(站、中心) 10 个，急救中心(站) 6 个，采供血机构 4 个，计划生育服务机构 20 个。①

海南重点三甲医院大多分布在海口。统计发现，海口医院最多，大约有 204 家医疗机构，相对均衡地分布在海口的四个区域。三亚是海南第二大城市，医疗资源也位居第二位，其中比较出名的是海棠湾区的中国人民解放军总医院(301 医院)海南医院。儋州是海南第三大城市，医疗资源位于第三位，主要有儋州市第一人民医院、农垦那大医院、儋州市西部医院。

① 2020 年我省医疗卫生机构服务情况 [Z]. 海南省卫生健康委员会统计信息中心，2021-02-02.

其他市县医院数量都较少。海南东线的琼海、文昌、万宁、陵水医疗资源相对较好，中西部各市县均一般。

（二）公共交通

公共交通作为公共产品，直接反映出一个地区的经济社会发展水平。海南自成立经济特区以来，历经 30 余年的发展，道路状况已得到很大改善，如今已经形成"3 小时交通圈"。根据 2019 年统计数据，全省已通客车建制村 2349 个，通车率达到 91.7%，其中三亚、洋浦、琼海、东方、陵水实现建制村 100% 通客车；建成农村客运候车亭 801 个；建成一级客运站 5 个，二级客运站 16 个，三级客运站 2 个。除三沙外，其他市县均有二级客运站。目前，在经济比较发达的海口和三亚，城市公共交通基本条件较好，但在广大乡村地区，公共交通服务还比较滞后，存在"客流少、成本高、车次少"等问题，亟待进一步提升。

（三）城市公共休闲空间

城市公共休闲空间为城市居民提供了良好的休憩环境，对提升城市旅居吸引力具有重要作用。城市公共休闲空间与城市化水平密切相关。海南属于经济欠发达地区，城镇化进程缓慢，而且区域差异明显。首先，省会城市海口和南部经济中心的三亚，城市化水平最高，并远远高于其他县市。其次，处于海南东线的文昌、琼海、万宁，城市化处于第二层次。最后，其他中西线城镇处于较低水平。

目前，海口和三亚的城市公共休闲空间相对较好，尤其是海口近年来的城市建设发展较快，在新的城市更新理念指导下，海口建成了风翔湿地公园、鸭尾溪湿地公园、五源河湿地公园等各类公共休闲场所，大力修建各类休闲健身慢道，大大改变了海口城市风貌，为城市居民提供了更为丰富的公共休闲空间。

八、海南旅游养老产业生产要素供给研究

生产要素主要包括劳动力、资本、土地、企业家才能、信息技术等。

限于调研资料的可得性，这里仅讨论人才、资本、土地和政策四大要素。

（一）人才要素

与其他产业一样，专业人才是旅游养老产业的核心要素。旅游养老产业专业人才主要包括五类，分别是养老护理人才、老年医疗卫生服务人才、养老服务业经营管理人才、健康服务与管理专业人才、旅游业经营管理人才。

就产业性质而言，养老产业主要属于第三产业，是较为典型的劳动力密集型产业。目前国内养老产业人才要素供给严重不足，主要表现在以下三方面：一是现有医疗、护理技术性专业人才不足，从事老年医疗的卫生人才远远不能满足老年人的医疗护理需求；二是大部分工作人员是下岗再就业人员，专业水平低，年龄偏大；三是与老年管理相关的健康服务人才不足，包括心理咨询与疏导、健康管理等健康服务类的人才。究其原因，主要是由于养老机构工作环境、福利待遇、就业前景等因素，所以养老机构中的各层次人才聘用普遍出现"招聘难、留下更难"。

从海南来看，目前海南有四所省属卫生中等职业学校，是海南培养一线基础护理人才的主要来源。研究表明，在四所院校中，大多数毕业生都不愿意从事老年服务工作，虽然少数毕业生在养老企业就业，但并不想长期在养老产业发展，只是临时就业。统计数据显示，90%以上的养老服务人员工作时间不足 5 年[1]。与此同时，学生培养质量十分堪忧。相关研究表明，大多数学生对一线养老护理人员工作内容及岗位要求了解不多，选择这份工作不是出于对职业的热爱，对行业和岗位的认识存在较大偏差[2]。

（二）土地要素

机构养老服务及设施均需要有一定的场所，离不开建设用地。目前，

---

[1] 刘淑娟. 我国养老服务人才培养现状及对策研究［D］. 秦皇岛：河北科技师范学院，2016.

[2] 林菁. 海南省中等职业学校养老护理人才培养现状及对策研究［D］. 天津：天津大学教育学院，2018.

尽管政府出台了相关用地政策，但政府在土地规划时对养老服务的配置明显不足。在2009年我国开始实施土地划拨制度之后，养老服务产业中的土地要素成为更大的约束。民办养老机构为了降低成本以提高竞争优势，更倾向于PPP模式承接公办养老机构的运营，或者在现有规模基础上对服务进行提质增效，或者租用基础设施进行改造后，当然也有以养老项目为由进行房地产投资的不良资本。

（三）资本要素

旅游养老属于社会化养老，其产业靠企业投资。影响社会资本投入养老服务市场的因素复杂多样，但最主要因素是短期内经济效益较差，无法满足社会资本"逐利性"的要求。由于大多数养老企业经营效益差，风险大，所以许多社会资本不愿投资养老机构。在海南，由于优质的生态环境和独特的气候条件，吸引了大量社会资本投资旅游地产。在房地产吸引大量投资的基础上，旅居养老地产成为社会资本投资养老产业的主要阵地。

（四）政策供给要素

海南省旅游养老产业发展较早的省份。为促进旅游养老产业发展，海南省出台了一系列相关政策。总体来看，这些政策可分为三大类：一是在海南国际旅游岛建设背景下打造健康旅游岛方面的政策，尤其是出台了促进医疗卫生与养老服务的融合发展及中医药旅游发展方面的配套政策；二是落实国家非户籍人口各方面的政策，主要是扩大公共服务范围，非户籍人口也能享受各项公共服务；三是针对海南候鸟型人才而推出的候鸟型人才方面的政策。

1. 与养老服务产业相关的政策供给

在国际旅游岛建设背景下，在养老服务产业发展方面，海南特别重视医养结合和康养产业发展，推出了一系列政策，如表6-9所示。

表 6-9　海南养老服务相关政策分析

时间	文件名称	内容要点
2012 年 2 月	《关于支持社会力量兴办非营利性养老服务机构若干政策的通知》（琼府〔2012〕15 号）	支持社会各界力量广泛参与发展老年服务事业，鼓励兴办为老年人提供生活照料、医疗卫生、心理慰藉、文化娱乐、休闲保健、信息咨询、家政服务等服务的非营利性养老服务机构，并明确规划、土地、税收、财政、信贷、医疗、收费七项政策
2012 年 8 月	《关于印发〈海南省民办养老服务机构管理暂行办法〉的通知》（琼民函〔2012〕448 号）	明确了民办养老服务机构的设立、管理、监督和法律责任
2014 年 6 月	《关于加快发展养老服务业的实施意见》（琼府〔2014〕32 号）	培育和发展医疗康复、文化教育、家庭服务、旅游休闲、金融保险等海南特色突出的养老服务产业
2016 年 3 月	《关于印发海南省养老服务业发展"十三五"规划的通知》（琼府办〔2016〕52 号）	"培育养老服务产业集群，促进养老服务与医疗康复、旅游休闲、文化教育、家庭服务、金融保险等相关领域互动发展、互补互促"
2017 年 9 月	《关于全面放开养老服务市场提升养老服务质量的实施意见》（琼府办〔2017〕144 号）	鼓励社会力量进入养老服务业，放宽准入条件、简化审批程序、完善价格机制、加快公办养老机构改革，发展高端健康养老服务产业、适老金融服务

2. 关于公共服务的政策

在各项公共服务政策中，海南大力落实国家关于非户籍人口和老年人口方面的各项政策，主要集中在医疗服务、交通服务、旅游服务等方面。在 2018 年海南省政府出台的《关于印发海南省基本公共服务体系"十三五"规划的通知》（琼府〔2018〕12 号）中，明确指出海南的公共服务适度覆盖"候鸟人群"等非户籍人口，扩大流动人口享有的公共服务范围，包括异地就医结算、公共卫生和计生、异地养老、基本公共文体服务。

3. 候鸟型人才相关政策现状

海南人才短缺，为突破专业人才缺乏困境，鉴于每年有大量候鸟型旅居者，省政府出台了吸引和利用候鸟型人才的政策。这类政策的着力点在引才方面，尤其是海南的教育、医疗、数据信息化等方面急缺专业人才，吸引候鸟人才、实施候鸟人才计划是柔性引才中的重点。2017 年省委办公厅、省政府办公厅出台《关于充分发挥"候鸟型"人才作用的意见》（琼办发〔2017〕1 号），对候鸟型人才、候鸟型高层次人才、候鸟型科技创新团队进行了界定，制定了相关政策。

九、本章小结

海南旅游养老供给包括市场供给和政府供给两部分。本章主要从养老地产、养老机构、度假酒店、家庭旅馆、农家乐、乡村民宿等方面分析海南旅游养老基础产业供给状况，从医疗、交通、城市休闲等方面分析政府供给状况，从人才、资金、土地、政策四个方面阐述旅游养老产业的要素供给状况。总体来看，海南旅游养老产业供给业态丰富，能为旅游养老者提供多元化的选择。海南医疗、交通和城市休闲等总体发展水平一般，影响了海南旅游养老产业的发展；在要素供给(人才、资金、土地和政策)方面比较滞后，严重影响了旅游养老产业的健康发展。

第七章
海南旅游养老产业供需关系分析

一、分析框架和分析方式

海南旅游养老产业需求和供给之间呈现十分复杂的关系。为清晰地呈现旅游养老需求和供给之间的脉络关系,基于第五章和第六章对海南旅游养老需求和供给的分析,本章构建二者之间的结构体系(见图7-1)和市场框架(见表7-1),建立海南旅游养老需求与供给关系的分析框架。

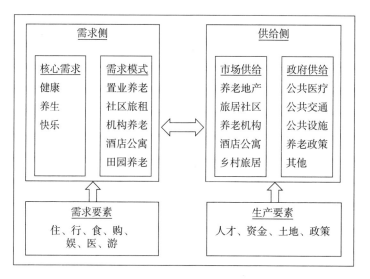

图7-1 旅游养老产业供需结构分析

在图7-1中,在需求侧,旅游养老需求要素主要包括居住、交通、饮食、购物、娱乐、医疗、游览七个要素,涵盖了老年人异地旅居生活的多个层面。其中,核心需求是老年人来海南旅居的主导动机,即利用海南独特的气候条件和优质的生态环境,躲避寒冬,以满足健康、养生和快乐的老年生活;需求模式是由居住方式决定的,主要包括置业养老(自购住宅)、社区旅租、机构养老、酒店公寓、田园旅居。在供给侧,养老生产要素主要包括人才、资金、土地、政策,形成了市场供给和政府供给两个层面。其中,市场供给基本上与需求模式相对应,形成了养老地产、旅居社区、养老机构、酒店公寓和乡村旅居等旅居产品供给。政府供给包括公共医疗、公共交通、公共设施、养老政策及其他公共产品供给。

根据消费水平,海南旅游养老市场可分为低端、中端和高端三个细分市场,其主要特征如表7-1所示。

表7-1 海南旅游养老市场特征

层次	低端市场	高端市场	中端市场
消费者	中低收入、有需求的旅居养老人群	高收入、高品质、高消费的旅居养老人群	中等收入的旅居养老人群
主要产品	城市住宅地产、老年公寓、乡村民房	高端地产、高星级酒店、星级养老机构、休闲式疗养院	一般住宅、一般酒店、养老机构、老年公寓等
主要供给者	城乡居民、中小企业	专业养老机构、大型企业	城乡居民、中小企业、专业机构等
市场规模	较大	一般	较大

从表7-1可以看出,海南旅游养老市场基本上形成了低端市场、中端市场和高端市场的市场细分格局。前文关于旅游养老人口统计特征的分析表明,来海南的旅居养老者年龄主要在60~80岁,身体状况一般较好,或有老年常见病(如哮喘、气管炎),但能够自理和独立出行,经济状况较好,有一定的经济实力,收入来源稳定,拥有退休金,多为体制内精英,崇尚生活,追求养老生活质量。此分析也表明,中低端市场主要是中等收入的旅居养老人群,市场规模较大,居住方式主要是城市住宅、老年公寓与乡村民房,一些中低端养老机构和城乡居民在经营这一市场,提供租房服务。

中高端市场是由高收入、高品质、高消费的旅居养老人群构成，其居住方式选择的主要是高端地产（养老社区）、星级酒店、高端养老机构、休闲式疗养院，主要供给者为专业养老机构和大型企业集团，多采用会员制经营方式或连锁经营方式。由此可见，在养老产业供给端形成了住宅地产、老年公寓、乡村民房、养老社区、星级酒店、养老机构、疗养院等各类产品，供给主体也十分多元化，既有专业养老机构和大型企业，也有中小企业、城乡居民提供的房屋租赁等各种市场主体。

基于上述分析框架，本章从总量和结构两个层面对海南旅游养老产业供求关系进行分析。

二、海南旅游养老产业供需关系总量分析

总量是指某类经济社会现象在一定条件下的总规模、总水平或者总工作量，可从需求总量和供给总量加以分析①。旅游养老需求波动大，市场主体构成复杂，对于海南旅游养老需求总量和供给总量现状与发展的精准评估，一直是困扰政府和相关企业的一个难题。为准确判定现阶段海南旅游养老供需规模，本章采用实地调研和文献分析两种方式，通过梳理海南旅游养老市场发展脉络和基本状况，对目前供需状况和未来发展进行总量研判。

（一）现阶段供求总量总体处于均衡水平

综合研判表明，在 2000 年左右，来海南旅居养老者不超过 1 万人。随着经济社会的发展，到 2010 年左右海南旅居养老者达到 100 万人以上，并在 2017 年左右达到最高，约 160 万人，随后一直稳定在 150 万人左右。2020 年后受新冠肺炎疫情影响，数量急剧较少，至今没有准确数据。

在 2000 年，候鸟型老人居住的主要形式是买房或租房，二者比例比较接近。随着海南房价的升高，加上限购条件越来越多，有些老人开始选择老年公寓入住，也有些入住高级疗养院。由于海南正规疗养院数量不多，

---

① 高峰. 我国煤炭需求总量分析与预测 [J]. 煤炭经济研究，2014，34(4)：10-13+23.

价格又高，也有一些老人会选择一些比较便宜的宾馆酒店作为短期旅居住所；近5年来，三亚、海口、文昌、万宁等地出现不少私营老年公寓。老年公寓大多是包吃包住，价格实惠，一般双退休老人基本都能接受公寓的服务价格。随着市场的发展，近年来有很多旅游型酒店加入养老接待行业。与此同时，国内大型专业养老机构开始布局海南，开展连锁经营或会员制经营，其专业性也得到很多高端市场候鸟型老人的认可。随着一批养老公寓和疗养机构的成立，三亚热点地区在冬季出现房间爆满甚至一房难求的局面，但也有一些接待机构经营不善，退出市场。

基于上述分析，本章认为现阶段海南旅游养老市场基本处于供需关系总体均衡状态，主要依据如下：一是根据养老网提供的海南省养老基地产品价格来看，近年来价格略有上涨，但涨幅很小。二是从海口、三亚、琼海、万宁等东线城市租房市场价格来看，也是小幅上涨。显然，目前上述价格小幅上涨主要是由于海南物价整体上涨带来的，甚至弱于整体物价涨幅。价格是影响供需总量的敏感指标。价格上涨，说明供不应求；价格下跌，说明供过于求。调研也发现，除了三亚城区在节假日出现过一房难求外，其他地区住宿供求都较均衡。因此，现阶段海南旅游养老市场在供求总量方面主要处于均衡状态。

（二）未来市场需求总量增长，供给总量会随之增长但涨幅有限

根据国家统计局最新公布的人口数据，2022年末全国人口（包括31个省、自治区、直辖市和现役军人的人口）为141175万人，比上年末减少85万人。从年龄构成看，我国16~59岁的劳动年龄人口为87556万人，占全国人口的62.0%；60岁及以上人口为28004万人，占全国人口的19.8%，其中65岁及以上人口为20978万人，占全国人口的14.9%[①]。当前及今后退休的老年人，多是改革开放以后才进入劳动力市场，受教育水平、工作技能比以往都有较大提升。退休人群收入水平比以往提高，老年产品和服务消费扩大，有利于推动技术进步，带动老年产业发展。根据中国老年科研中心预测，目前我国城市空巢家庭高达49.7%。随着空闲时间的增多、

[①] https：//baijiahao.baidu.com/s？id=1755260535853188261&wfr=spider&for=pc.

空巢家庭的增多及可自由支配资金的增加，"候鸟式"旅居养老将会成为老年人养老的一种方式。从市场发展来看，在后疫情时期，海南优越的养老资源优势更加凸显，尤其是相对于我国不断增长的旅游养老需求而言，海南旅游养老市场潜在需求十分旺盛。

从供给来看，在海南严控房地产发展以实现经济转型的大背景下，置业养老将受到较大制约，难以大幅增长，将在很大程度上影响供给总量的增长。受房地产的影响，城市房屋租赁市场也难有增量，只能存量增长。由此可见，未来海南旅游养老市场供给总量大幅增长的可能性不高，只能小幅增长。

从上述研究可以看出，目前海南旅游养老产品供求在总量上基本平衡。随着养老市场的发展，未来海南旅游养老供求总量将进一步提升，但供给总量增长的基础不牢，在总量上会出现供不应求的发展态势。

三、海南旅游养老产业供需结构分析

（一）相对低端的供给结构与相对低端的需求结构基本适应

调研表明，在需求端，置业养老（自有住房）占据比重最大，接近50%；其次是社区旅租，占比接近40%；而机构养老、酒店公寓和田园旅居占比最低，合计约10%。这说明，海南旅游养老需求是以旅游地产需求为主导的需求，带有较强的房地产投资心理。在供给端，养老地产、旅居社区、机构养老、酒店宾馆、乡村旅居等产品供给丰富，医疗、交通等公共产品在完善。

总体来看，海南旅游养老需求结构层次较低，是以中低端市场为主的市场结构，高端市场虽有一定的需求，但由于海南度假酒店较为发达，基本上能满足高端市场养老需求。而从供给端来看，旅游养老产品以城市民宅、老年公寓类占主导地位，即使是一些养老社区，也是以住宅为主，相关配套不足，尤其是医养服务缺乏高质量的医疗技术支撑，专业化层次低。

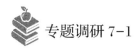专题调研7-1

从候鸟型老人三亚居住方式看旅游养老市场状况

黑龙江哈尔滨市75岁的王玉满和老伴已经是第八年来三亚过冬了,老两口和往年一样今年又住在距离海边较近的三亚大东海老人公寓。在这里,王老结识了来自东北三省、内蒙古、山西等各地的老年朋友。很多高龄老人选择住在老人公寓,因为在公寓里,有专人负责老人的饮食起居,这样老人会非常省心。租房子要自己买菜做饭,对于一些老人来讲,就很不方便。住在这里的老人根据自己的喜好,每天可以参加不同的活动。目前,该老年公寓已经接待来自全国各地的老人近300人。公寓距离海边200米,标准间(包括热水、空调或风扇)每人每月的食宿费为2400元;居住三个月,每人每月食宿费为2000元,居住四个月以上,每人每月食宿费为1800元。一日三餐科学搭配,早餐为一种粥、一个鸡蛋、馒头或油条及小菜;午餐为三菜一汤,荤素搭配,主食为米饭;晚餐则以素食、面食为主。因春节期间物价上涨,公寓规定,从大年三十到正月十五,每人增加200~300元的费用。根据地点及装修情况,以及不同老人的需求,该老人公寓推出每人每月食宿费750~960元、1100~1300元的房间。目前公寓人员爆满,12月中旬可能会有一些房间。据了解,三亚的老人公寓大多已被来自东北三省、河北、四川、北京等省市的老人提前预订。

随着旅居三亚的热潮不断攀升,每年三亚的房租都在不断攀升。据三亚市三亚华源房产公司的陈先生介绍,目前这个季节三亚市普通的公寓和居民房,月租金为1000~2000元,几百元在三亚很难租到合适的房子。海边附近的小区,好一点的一房一厅,室内配有家具、家电、太阳能热水器等,月租金大概需要2000元以上,一般租期为半年。距离海边稍远一点小区的一室一厅的房子,月租也需要1000元以上。而海边附近的两室一厅的房子月租要4000~5000元,距离海边稍远一点的要2000~3000元。一般根据租期长短租房者需要承担10%~50%的中介费。

如今,许多旅行社或社会团体根据老人的需求推出的"候鸟"老人养生游活动,很受老年人的欢迎。老人除了在选择的固定地点养生度假外,还可以参加当地的一些旅游活动,内容更加丰富多彩。价格相对高,但环境和配套设施相对来讲会更好一些。据了解,各地在三亚组织的养生游,一般都居住在星级酒店或宾馆,每人每月的费用为3500~4000元,包括吃、住和一些基础性娱乐活动;根据所居住的地点,开展乒乓球、象棋、地掷球、书画展、垂钓等适合老年人身心健康的活动；一般以自助餐（分餐）为主，早餐为三点一粥，营养正餐为两荤两素两粗粮加一汤；但根据接待点的等级不同，服务质量也各有差别。

家庭旅馆也是一种很好的居住方式，在三亚，家庭旅馆有按天计算和按月计算两种方式。据中职国际旅行三亚分社热带鱼部的小韩介绍，一般家庭旅馆很少能自己做饭，可以选择统一配餐或到外面用餐。距离海边较近的普通的家庭旅馆，两个人一天大概需要 140 元的费用，包括住和一日三餐，如果按月计算，两人大概需要 4000 元。而四星级标准的家庭旅馆，一天需要 320 元的费用，包括吃、住，还免费提供温泉，并有一些日常的娱乐活动，这类两人住的房子月租大概需要 1 万元。中间价位的家庭旅馆也比较多。

资料来源：根据相关资料自行整理。

（二）养老供需结构错位现象日渐凸显

1. 不断升级的养老需求

随着我国经济社会的发展，老年群体的需求结构正在不断升级，尤其是对旅游养老的要求越来越高。目前，我国老年消费呈现五大主流特征：一是在物质生活方面追求品质化；二是在精神生活方面追求品位化；三是在社会生活方面追求深度参与化；四是在消费理念方面，老年群体越来越倡导积极养老，享受老年生活，注重自我提升；五是在服务需求方面，老年群体重视服务质量，强调个性化体验。上述种种变化必然带来旅游养老需求的变化，必然要求养老服务业加快转型升级，以适应不断升级的养老市场需求[1]。

2019 年，中国在线旅游平台携程网发布了《老年群体旅游行为报告》，结果表明，每年出游三次以上的老年人约占老年用户的 65%，大多数老年人已经掌握网上预订技巧，能独立完成在线预订。老年旅游市场具有典型

---

[1] 何纪周. 我国老年人消费需求和老年消费品市场研究 [J]. 人口学刊, 2004(3)：49-52.

的"慢游"特征，对度假型休闲产品需求旺盛①。在老年旅游市场需求升级的驱动下，度假住宅、康体疗养两大产品将在旅游养老市场上占据主导地位。随着新冠肺炎疫情的影响，旅游养老市场需求也在变化。在后疫情时代，随着全民对健康、养生的重视，全社会尤其是老年人对于康养旅游的需求也越来越大。

2. 相对低端的产品供给

针对旅游养老项目，目前很多旅游平台、地产公司、保险机构都有所涉及。调研发现，旅居养老服务机构主体首先来自于地产公司，其优势在于他们有很多旅居养老基地，场地基础设施比较完善，可以开展连锁经营。其次是养老保险公司，保险公司希望通过这种长期旅游的方式获取新用户，同时也是对高端客户进行维护的一种手段。再次是一些旅游公司他们也开发旅居养老项目，主要是开发一些长途旅居养老项目。最后是一些养老机构，他们对老年人的诉求理解要更深入一些，提供的服务也更有针对性。从目前国内各大旅游平台上销售的旅居养老产品来看，普遍推广力度不大，且存在成本高、供给端产品体验差、产品同质化等一系列问题②。

从海南来看，经过近十年的发展，海南已经开发出形式多样的旅游养老产品，包括养老旅居社区、专业养老机构、老年公寓、"互联网+旅居养老"平台等，产品形态比较丰富，基本上能为旅游养老市场提供多元化的选择，但也存在产品供给相对单一、软性服务和医疗服务欠缺、适老化配套设施急需完善、缺少信息化管理平台等问题，老年人的旅游消费需求远未得到满足，专业化、差异化供给内容的缺位导致对高层次需求的增长准备不足，主要表现如下：

一是忽视康养服务。目前，大多产品倾向于居住功能开发，忽略医疗康养等配套设施建设。养老住宅开发者主要是从旅游地产角度来进行产品设计，业态单一，主要强调海南康养资源的天然利用，缺乏专业的康养技

---

① 2019年老年群体旅游行为报告　超五成自己在线预订[EB/OL].[2019-10-08]. http://www.199it.com/archives/946406.html.

② 边旅游边养老成新潮流，产业发展却陷三大难题[EB/OL].[2019-11-07]. https://finance.ifeng.com/c/7rPR9tJwWLi.

术产品研发。

二是产品特色不足。海南各地的自然条件几乎都适合旅游养老开发，但目前有特色的区域不多，尤其是康养小镇和社区、特色乡村旅居产品都较为匮乏，导致城乡之间旅居养老业态分布失衡，城区集聚发展，乡镇少人问津。

三是信息化技术滞后。针对新时代信息技术引领养老产业发展趋势，需要依托"互联网+"，充分调动社会服务系统，大力打造集旅游休闲、度假疗养、老年养生为一体的信息化平台，海南在这方面还较为欠缺。

(三) 供需结构渐变但产业整体在不良循环中徘徊

海南旅游养老产业环境变化较快，尤其是从国际旅游岛建设到自贸港建设过程中，产业政策环境不断变动并持续向好，业已形成的供需结构也随之变化，但整体处在不良循环之中，主要表现如下：

1. 养老地产供给转弱，社区旅租供给增加

随着海南房价的进一步升高，加上各种限购政策的深度实施，导致购房养老成本上升，难度增大，进而推动了社区旅租的增长。无论是买房还是租房，或是其他居住方式，性质上都属于消费行为。尽管国人买房带有投资心理，具有金融属性，但在"房住不炒"的大背景下，考虑租房的旅居养老者数量在不断增加。一般而言，受到传统文化影响，国人喜欢买房，不喜欢租房，但理性思考在海南买房还是租房这一问题时，目前多数人存在决策困境，二者各有利弊，难以取舍。

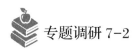专题调研 7-2

海南房价变动影响供需结构调整

自 2008 年以来，海南房价一路上涨，从均价 2000 多元/平方到 2017 年的均价 15000 元/平方米，价格上涨了七八倍。特别是 2017 年初开始上涨速度加快，2016 年底均价 9000 元/平方米左右的房子一下子涨到 15000 元/平方米左右，政府出台了很多

限购政策，才打消了很多外地老年人买房养老的念头。近几年多次来海南养老的老年人都发现海南气候条件确实很好，就连夏季的气温也不是特别高，没有内地几大火炉之说；前些年买过住房的一些内地老人基本上都定居下来，常年旅居海南了；现在的情况是房价高了，本来打算买房的老人大都改为租房旅居，年过 70 的老人更是取消了买房的想法，本来三五十万元可以买套小房，现在要七八十万元甚至百万元以上了；算算租房旅居一年住 3~5 个月，每月房租 2000 元左右，在经济上似乎更合适，不必再投资那么大而买一套小房子。

海南全岛都比较适合旅居养老，北部稍微潮湿一些，但对于西南和华东地区的老人比较适合，北方的老人喜欢相对干燥些，大都选择三亚、陵水、乐东、东方等相对干燥少雨的县市，房租这几年也是略有上涨但能接受。环境好的小区租金在 1500~3000 元，民房和私宅就相对便宜些，1000~2000 元就能租到不错的房子，不过有些房子里面只有简单设施，一些床上用品和炉灶具都需要自己购买。也有一部分老人选择吃住全包的老年公寓和疗养基地，主要是三亚的老年公寓，万宁兴隆和文昌琼海的老年公寓也很多；疗养基地的价格相对就高些，条件、环境、服务也相对较好。如果经济条件较好，追求高品质，就选择高端度假酒店或者一些老年度假套餐，"候鸟"养生套票也是不错的选择。

资料来源：珊瑚老年网。

2. 高端需求增长引导供给品质提升

随着中高端旅游养老市场的增长，旅居客对医养化、康养化、智慧化的需求持续增长，加上市场竞争的进一步加剧，许多市场主体开始改进和提升养老产品要素品质。目前，一些高端养老机构努力引入医疗服务，尤其是在中医药康养、南药康养等方面，大力创新产品和服务，推进医养结合，业态融合发展。例如，三亚中医国际疗养院充分发挥中医优势，开发相关产品，提供高端的中医药康养服务，并与周边旅居社区开始联动，开拓养老旅居市场。海南博鳌乐城国际医疗旅游先行区吸引了一批医院，大力开展高端医疗旅游服务，并带动了博鳌区域旅游养老产业的发展，推动了博鳌区域房价的上涨。

专题调研7-3

海南博鳌乐城国际医疗旅游先行区推动博鳌区域养老产业发展

海南博鳌乐城国际医疗旅游先行区位于海南省东部的琼海市博鳌镇，气候条件优越，年平均温度24℃，旱季和雨季分明，受季风影响大。近几年来，琼海交通发展迅速。在航空方面，博鳌机场已经开始运营，但还不是国际机场。在铁路方面，环岛高铁有琼海、博鳌两个站点。

琼海的旅游资源大多位于博鳌镇，自然景观主要有玉带滩、白石岭，人文资源最出名的当属博鳌亚洲论坛会址。博鳌亚洲论坛从2001年成立开始，至今已成功举办多届，为推动亚洲各国间的经济交流与合作起了重要的作用。目前，博鳌日均接待游客1.58万人次，举办500人以上会议68个，参会人数7.3万人。

近年来，琼海加大旅游地产开发，依托自然景观，打造宜居的养老型地产。目前，发展较好的旅游地产乎都位于博鳌。博鳌的旅游地产重点在医养型旅游地产，特别是打造了国内国际医疗旅游区——海南博鳌乐城国际医疗旅游先行区，大力发展国际医疗旅游和高端医疗服务。现在，先行区内已有博鳌超级医院、一龄生命养护中心等9家医疗机构开业或试运营，未来还将申报开展干细胞临床研究等前沿医疗项目。2018年前三季度，该先行区医疗机构实现营业收入2.3亿元，同比增长206%；接待就诊人数23345人，同比增长63.8%。在房价方面，琼海均价达到1.3万元/平方米左右，博鳌区域已达到2.1万元/平方米左右，两者相比，差距仍然很大。

资料来源：笔者根据网上资料自行整理。

3. 海南旅游养老产业整体处于不良循环之中

海南旅游养老产业发展至今已经走过了近20年的历程，但整个行业发展在行业收益低—行业吸引力低—产业升级困难—利润率持续低位的不良循环之中，由此导致旅游养老产业吸引力不高，普遍存在从业人才数量不足和素质不高等问题。上述因素共同导致企业对旅游养老产业缺少信心，导致有效投资少，不能引领市场发展。因此，大多数旅游养老企业缺乏清晰的发展定位，缺乏创新的运营模式，没有明确的发展前景，难以形成规模化、专业化、产业化的发展态势。上述状态导致地方政府对旅游养老产业信心不足，不愿出台更有效的扶持政策。在上述各种因素的相互影响、相互作用下，海南旅游养老产业出现了一系列问题，如行业定位模糊、产业要素支撑不足，缺乏规模效应，没有培育出品牌效应，行业整体处于不良循环中。

专题调研 7-4

海南养老地产之困：野蛮生长下泡沫风险隐现

老龄人口聚集于海南，直接催生了海南独特的产业发展路径。在享受海南国际旅游岛的政策优惠后，海南养老地产日渐升温。从 2008 年率先提出"健康养老地产"发展理念，到海口、三亚双双入围"2016 中国十佳养老城市"，在自然气候和政策红利的双重推动下，众多房企纷纷扎堆进入海南，海南成为布局养老地产的必争之地。

然而，仍处于起步阶段的养老地产新业态并不乐观：一方面，由于"养老地产只是企业层面自己提出来的一个概念"，缺乏专门的规范和准入机制；另一方面，受限于医疗配套措施等的薄弱，海南养老地产被指名不副实，存在泡沫隐忧。养老地产的开发热潮兴起于海南，但总体来看，众多大规模养老地产由于距市中心较远，生活、医疗等配套设施难以跟上，无法满足养老居住的基本需求。

尽管养老市场潜在商机无限，但难以盈利的案例却已出现。据海口市民政局方面介绍，海口恭和苑项目曾作为政府重点试点项目加以推进，政府在帮助海口恭和苑落实项目的土地使用及水、电、气等优惠政策的基础上，积极推进该项目与海口市人民医院进行深层次的合作，开展医护、养老一站式服务。自推行试点以来，政府共给予试点单位海口恭和苑建设和运营补贴 60.39 万元、贷款贴息扶持资金 700 万元。即使这样，海口恭和苑自 2012 年 3 月开业以来都处于亏损状态，直到现在还没有实现盈利。

海口恭和苑营销总监黄莉在接受《中国经营报》记者采访时表示，无法实现盈利的原因主要有两个：一是受传统观念的影响，"老人不愿意来，子女也不愿意让老人来这里养老，我们的入住率很不理想"；二是由于海南的环境气候原因，淡季和旺季的差别非常明显，淡季的入住率更是惨淡。业内人士分析估计，类似于海口恭和苑的养老项目运营收益率基本都在 8%~12%，盈利来源主要为租费、护理费、餐饮费等，与传统的房地产相比，养老领域并非真正能从现金流上赚钱，致使投资回报周期相当长，让一些资本不雄厚的房企耗不起。

而对于纯地产销售型的养老项目来说，如果没有政策支持，仅仅依靠企业自身发展，压力更大。海南一开发商向记者坦言，按照传统的招拍挂形式发展养老地产，会导致前期土地成本非常高，制约开发商的投资热。"在寸土寸金的现状下，投资建设养老、医疗、康复、文化、娱乐等服务设施，是众多房企面临的一个考验，即使有实力的开发商建成了，其运营成本又是一个考验。"

资料来源：《中国经营报》，2016年11月19日，有删减。

四、海南旅游养老产业供给侧主要问题及其成因

（一）海南旅游养老产业供给侧主要问题

目前，海南旅游养老产业供求关系比较庞杂，产业尚处于初级发展阶段，养老产品性价比不高，空间布局不均衡，产业政策不系统、不健全，难以真正落地，产业要素资源供给不足，比较短缺，还没有形成一个健康、完整的旅游养老产业体系。从供给侧来看，海南旅游养老产业主要问题如下：

1. 旅游养老产品总体性价比不高

从总体上看，海南旅游养老性价比不高。尽管海南气候和生态资源优越，但海南物价水平过高，导致海南旅游养老价格相对较高，产品性价比不高，在很大程度上影响价格敏感型旅居者的选择。具体来看，高端旅游养老市场多为价格迟钝型，受影响较小；中低端旅游养老市场对价格较敏感，受影响较大。从海南旅游养老市场总体来看，大多数候鸟型老人属于低龄的"活力"老人，他们决策理性，消费观念先进，享受生活，与时俱进。调研表明，近年来，已有部分候鸟型老人从海南转移到广西的北海、云南的大理、广东的湛江等地区，甚至部分老人选择到东南亚的泰国、马来西亚等，其主要原因在于海南旅游养老消费价格较高，总体性价比低。也有部分候鸟型老人从三亚、陵水等消费较高的区域转移到海南中西部物价较低地区去养老，如儋州、东方、昌江等地。

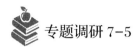专题调研 7-5

东北候鸟型老人为何开始逃离海南？

东北是我国比较具有特色的地区，由于纬度高，冬天和夏天的温度较南方都要低一些，尤其是冬天的时候，这里常常寒风刺骨，让很多人都难以接受，尤其是老年人，本来腿脚就不灵便，经常患感冒，冬季医药费花费不低。因此，很多老人都不愿意留在东北，想要换一个地方过冬。于是，气候宜人的海南便成了他们的第一选择。

据统计，每年前往海南的东北老人数量庞大，喜欢三亚、乐东、陵水等热带沿海地区。然而近些年来，这些当初"逃离"东北的候鸟型老人，如今却又开始"逃离"海南。其中发生了何事？

这些老人既然能够选择去往海南过冬，那么他们的经济条件相对来说都是不错的。因此，一些老人为了能够更加稳定，往往都会选择在海南购置一套属于自己的房产，但是现在却有很多老人宁愿放弃自己在海南的家，也要逃离海南，这难免让人感到十分费解。

通过研究我们可以发现，老人不愿意继续留在海南，主要是因为以下几个方面的原因：

首先，海南物价之高几乎超出东北人想象，甚至高出北、上、广、深等一线城市，导致很多人难以承受这里的物价。初衷只是想在南方过冬的东北老人们，只好退而求其次，选择一个成本较低但也仍然适合过冬的城市，比如说云南、广东和广西这三个省份，更有出国到东南亚的泰国、缅甸、柬埔寨等国的，那里不仅物价低，而且冬季气候更温暖。

其次，当他们动了搬走的念头之后，越来越发现广东、广西等地更加适合他们居住。这里的气候与海南相比，并没有什么本质上的区别，都能够满足老人们享受温暖的冬天的需求，并且这里与东北的距离比海南要近，对于老人们来说，无论是距离儿女的距离，还是交通的成本，都比海南更让人满意。

最后，单独从交通这个方面来考虑，很多老人由于身体原因，已经不再适合坐飞机了，所以距离的缩短对他们来说就更加重要，这是因为他们可以选择高铁这样的交通方式，更适合老年人旅行。

资料来源：笔者根据网上资料自行整理。

2. 旅游养老产业空间布局不均衡

受多种因素影响，海南旅游养老产业发展在空间布局上不均衡，其根本原因在于海南社会经济空间总体格局不平衡。长期以来，海南经济空间一直存在着沿海强于内陆、东部强于中西部的空间格局。沿海地区特别是北部沿海地区和三亚市，一直处于海南社会经济发展的前沿地带，交通便利，人口较多，较为发达。中西部（如五指山、白沙、昌江、临高等县市）为经济发展的洼地或边缘区，经济发展水平较低①。受此影响，旅游养老产业空间布局也呈现出东部和中西部以及城乡之间的不均衡发展，主要表现如下：

（1）东部与中西部之间不平衡。海南东、中西部经济社会发展不平衡。海南东部地区多为沿海平原地区，经济发达，人口密集，城镇较多，交通便利，社会承载力较强，因此吸引了大批旅居养老客，也成为企业养老投资重点地带，并形成了大批旅居社区。因此，三亚、海口、琼海、陵水、文昌、万宁六大县市均为重要的"候鸟"旅居地，尤其是三亚和海口，对外交通便利，公共服务较为发达，备受候鸟型老人欢迎。相反，海南的中西部地区多为山地丘陵地区，经济社会发展滞后，人口较少，对外交通不便，虽然拥有丰富的康养资源，但整体吸引力相对不足，主要靠房价吸引旅居养老者。虽有一些企业投资养老产业，也开发出一定数量的旅居社区，但相对规模较小，比较分散。在海南中西部地区，五指山市、保亭县、乐东县、澄迈县，由于自然资源和气候条件比较优越，吸引力相对较好；其他县市如儋州、临高、昌江、东方、琼中、白沙等市县，旅居养老产业发展相对滞后。

从供给侧结构性调整视角来看，海南希望旅游养老产业能够在东部和中西部形成合理分工，均衡发展，形成东部发展中高端旅游养老产业、中西部发展中低端旅游养老产业的空间格局。

---

① 李敏纳，蔡舒，李营堃. 海南省经济空间分异格局分析 ［J］. Advances in Economics，Business and Management Research，2019，76：324-328.

专题调研 7-6

从海南滨海地产开发的养老产业空间布局

海南的海岸线全长 1823 千米，包括 68 个大大小小的海湾，均是开发滨海地产的理想区域。自 2010 年海南开始建设国际旅游岛以来，海南旅游地产进入快速发展阶段，分时度假、产权酒店、高尔夫球场、游艇俱乐部、主题公园、养老公寓、主题式小镇等专业化旅游地产成为海南国际旅游岛建设的重要空间载体，形成了以海口、三亚、陵水、琼海、万宁、博鳌等为代表的区域性旅游地产集群，依托滨海资源而集聚的旅游地产项目最为典型，其中包括三亚三亚湾、亚龙湾、万宁清水湾、石梅湾、琼海博鳌东屿岛、文昌月亮湾等多处海湾的项目开发。

从开发主体来看，各大开发商成为海南旅游地产发展的主力军。地产公司在海南主打康养旅居产品，融入旅游、购物、娱乐、医保、超市、交通等元素，形成复合型开发，打造大型、高端、庄重、有尊贵感的高品质生活社区。由于此类社区聚集了大量的候鸟型老人，具有一定规模的市场需求，因此社区提供一定量的适老化设施。

资料来源：笔者根据相关资料整理。

（2）城乡之间分布不均衡。由于城乡之间的巨大差异，旅游养老者主要栖息在城市，尤其是规模较大、经济发达的城市，这给城市基础设施带来巨大压力。海南城市发展起步较晚，城镇化水平低，公共配套设施相对于国内发达地区而言不够完善，甚至存在一定缺口。大量旅居养老者的入住给城市带来了压力，其中最为严重的当属三亚。三亚城市常住人口约 60 万人，而旅居养老人口则有 38 万人，这意味着三亚城镇人口陡增 60% 左右，三亚城市公共交通、医疗部门、城市公园等将出现超载现象。从供给侧结构向调整的视角来看，海南应大力开展乡村旅居产业，分流城市压力。

3. 旅游养老产业体系不健全

由于海南地方政府和大部分企业对养老产业发展的潜力认识不足，不重视旅游养老产业体系建设，导致海南的旅游养老产业体系不完善，专业化程度有待提高，主要表现如下：

(1)养老机构服务质量良莠不齐。相关研究表明，海南的养老机构数量较多，但大多是随着海南旅游养老市场的发展自然发展起来的，以中小型企业为主，服务质量参差不齐，难以满足日益增长的旅游养老人群的需求①。前文关于海南旅游养老市场需求调研结果表明，海南旅游养老市场主要是由经济条件较好的老年健康人群为主，对养老机构服务质量的要求越来越高。目前，大多数养老机构属于民办机构，在软件和硬件方面良莠不齐，缺乏有效监管，亟须提升整体服务质量，树立一个良好的海南旅游养老形象。

(2)养老地产一枝独秀。前文调研表明，海南候鸟型养老人群在海南居住时间大多为半年左右时间，有的长达一年以上。由于居住时间长，很多人希望购置房产，以降低旅居成本，并作为一项资产投资，赚取投资收益，因此，海南养老地产需求很大。从实践来看，养老地产已经成为海南房地产的重要组成部分，一枝独秀，其他老年产业(如老年医疗保健、老年日常用品、老年休闲娱乐等)没有得到应有的发展，比较滞后，导致旅游养老产业体系不健全。

4. 公共服务供给存在较大不足

海南虽处于我国沿海开发地带，但属于欠发达地区，人口总量少，城镇化水平低，财政收入少，地方政府提供的公共服务供给不足或较为滞后。

(1)基础设施建设滞后。尽管目前海南形成了"田字形"高速公路网，但路网在全国仍处于中等水平，与部分"市市通高铁""县县通高速"的省份存在不小的差距。其他基础设施，如城镇供排水设施、污水处理设施、燃气管道设施、公共交通设施、环境卫生设施、环境绿化设施等供给不足，尤其是西部地区各乡镇的基础设施更差。

(2)公共文化场所与设施严重不足。目前，除了海口、三亚配备了博物馆、图书馆等文博场馆和文化场所外，其他大多数市县都缺乏文博场馆，缺少公共文化场所，或者配备的公共文化场所不达标，社区居民很难就近

---

① 孙冬燕. 旅游业产业发展视阈下海南"候鸟"养老产业现象解读 [J]. 商业经济研究，2017 (13)：171-172.

就地享受到相应的公共文化服务。一些远离城镇的偏远社区，缺乏公共文化场所。

（3）公共服务体系未能覆盖候鸟型人群。候鸟人群属于外来流动人口，不是地方公共服务体系的服务对象。尽管海南在"十三五"基本公共服务体系规划中，要求各地公共服务要适度覆盖非户籍人口，但实际情况主要是：多数城镇在建设各项公共服务项目中，把候鸟型老人当作流动人口，很少考虑候鸟型老人的需求。一些县市针对本地户籍人口的公共资源，外来的候鸟型老人无法享受到。

5. 旅游养老相关行业管理不完善

（1）养老产业扶持政策缺乏实施细则。为支持养老产业发展，近年来政府部门出台了一系列相关扶持政策，但在执行时，由于缺乏实施细则，许多政策很难落地，成为一纸空文。调研发现，由于旅游养老属于市场化行为，与事业性的养老在管理上存在本质差异，所以针对养老机构的水、气、电、地等方面的优惠政策在旅游养老中难于落实，尤其是用地政策更难落实。

（2）旅游养老产业相关行业缺乏行业标准。由于旅游养老属于新兴事物，其发展尚处于起步阶段，因此，目前国家还未出台关于旅游养老产业相关行业的行业标准，整个产业遵守的标准只是 2017 年国家质检总局、国家标准委发布的《养老机构服务质量基本规范》（GB/T 35796—2017）。由于旅游养老产业涉及对象具有较强的特殊性，全国各地的养老机构护理级别、分级名称各不相同，难以形成全国统一的标准。一些地方开始出台符合自己地方特色的地方标准。例如，浙江从 2020 年 7 月 30 日开始起实施浙江省地方标准《养老机构护理分级与服务规范》，进一步引导浙江养老产业的发展。海南还未发布地方标准来指导海南旅游养老企业规范经营。

（3）医疗与保险政策不完善。目前，医疗保险体系尚未实现全国统筹，各地医疗保险政策不完全一致，跨地域流动人口在医保方面存在较大障碍。一是办理手续比较复杂。不同地域对医保卡的使用有不同的要求，异地使用必须符合相关使用规定。二是费用结算烦琐。一些地区要求自己先行垫付费用然后报销，或者等到两地医保部门接洽好后，再返款给老年人。三是执行标准不同。不同省市老年人住院报销的标准比例不同。

（4）旅游养老产业监管不利。民办营利性养老服务机构是旅游养老服务机构的主体。由于旅游养老产业是新业态，正处于发展初期，缺乏行业标准、政府监管不力的问题尤其突出。从海南来看，海南对民办营利性养老服务机构也缺乏具体的行业管理规定，导致养老机构服务质量良莠不齐，运营管理很不规范，出现了硬件设施不达标、员工培训缺乏甚至出现无证上岗等诸多乱象。受经济利益驱动，一些旅游养老机构缺乏正确的经营理念，甚至靠虚假宣传来开拓市场，维持经营。多数企业只是大力宣传海南的气候生态环境和自然风光，缺乏对硬件设施和特色服务的宣传推介。不少酒店看到旅游养老带来的商机，将度假酒店转变成酒店式养老公寓。

由于缺乏监管力度，旅游养老产业存在着诸多乱象。一是一些旅游养老企业推行会员制，但未能履行相关协议，不能提供承诺的服务，有非法经营之嫌。二是一些养老企业大力推销一些保健、理疗的"三无"产品，甚至强制捆绑消费。上述不法行为给老年人带来了经济和精神的双重伤害，损坏了养老相关行业的整体信誉。由于候鸟式养老服务涉及"食、住、用、行、医"等多个行业，所以监管部门包括工商、卫生、食药监、民政等多个部门但这些部门之间难以形成监管合力，有些养老机构采取委托经营模式，将一些服务项目层层外包，一旦出了问题，责任难以查明，容易形成监管盲区。

（二）海南旅游养老产业供给侧问题的成因分析

海南旅游养老产业虽然已经具有一定规模，但与优越的发展条件相比，产业规模还有很大的发展空间。目前，海南旅游养老产业已经呈现出各行业竞争加剧、整体效益不高、综合性业态开始占据主流等特征，表明各行业内卷化风险已经出现。在投资回报方面，各行业整体呈现出投资回收期长、企业效益低下（旅游养老地产除外）的样貌。在空间布局上，海南旅游养老产业存在区域发展不平衡、城乡发展不平衡的格局。出现上述状况的原因十分复杂，具体分述如下：

1. 地方政府对旅游养老产业认识存在误区

长期以来，海南地方政府官员对发展旅游养老产业认识存在误解，其主流观点认为享受海南优质的康养资源是富人的权利，海南应针对高端市场发力，减少低端市场供给，才能给海南地方带来消费和利益，其主要观点有以下两种：

一是认为目前许多中低端消费者到海南旅居养老，是对海南优质资源的浪费。由于中低端市场消费水平低，挤占了大量公共资源，并没有给海南带来多大的消费，因此海南不应大力发展旅游养老产业。即使是搞一些养老产业，也要发展中高端，限制低端。目前，这种观念在许多政府官员中占据主导地位，并且根深蒂固，反映在房地产市场上就是建大户型、中高端的旅游地产，提高购房门槛。

二是认为海南属于经济欠发达地区，自身财力不足，自身财政上存在较大缺口，在为本省老人养老服务产品提供方面，海南省尚存在很多不足和历史欠账，因此在制度上无法惠及外地户籍人口。因此，海南养老产业在理念上将兜底保障作为首要任务，导致培育市场和社会环境投入不足，对失能护理等服务行业事业性投入过多，而对养老房地产、金融、教育、体育与娱乐等行业缺少指导和扶持。

2. 旅游养老需求的季节性严重影响产业供给与企业经营

旅游养老需求最突出的特点就是具有较强的季节性，这是由气候的季节性变化引发的，是无法扭转的内在规律。而旅游养老供给总体上是刚性的，在空间上不能移动，无法随需求的变动而发生位移。

显然，刚性的供给和季节性的需求之间的矛盾属于旅游养老产业固有的内在基本矛盾，这给地方政府和企业经营带来了严重挑战。就地方政府而言，当地的基础设施、社会管理、医疗配套、社区管理、区域经济、地方文化都要应对季节性需求变动带来的巨大压力。就经营企业而言，如何解决季节性经营带来的成本变化（包括人力资源、营销成本、租赁成本、迁移成本等）、价格变化等需要作出合理的安排，才能持续稳定经营。

从海南来看，旅游养老客流基本上是从每年的11月初到次年的4月初，持续半年左右。尤其是在春节前后，新年度假客流与季节客流叠加，形成了强大的冲击波。海南旅游热点地区尤为突出，尤其是在"大三亚"旅游经济圈。

大量的旅游养老客流给海南经济社会发展带来了机遇与挑战。为满足旅游养老需求而开发的住宅和社区公共设施出现明显的季节性大量闲置现象。以住宅和社区为例,在每年4~10月,大量房屋闲置,难以出租,地产空置率极高,形成了所谓的"黑镇"和"鬼城"。由于自然地理和气候条件特殊,大量闲置住宅设施与配套的公共设施发生自然老化腐蚀,由此带来的隐性成本增加和经济损失也十分巨大。再以公共交通为例,按现行国家政策,老年人享受免费的城市市内公交服务。在候鸟型老人到来季节,免费乘坐公交车的人口在短期内剧增,一方面增加了对城镇公交系统载客量的压力,另一方面大量的免费乘车人群增加了交通系统的经营压力。对于经营企业(包括当地许多经营日常商业服务的企业)来说,大部分都是在旺季时开业,在淡季时歇业或转业,经营极不稳定。

显然,季节性是旅游养老需求固有的特征,是旅游养老产业自身固有的规律性,并呈现出较强的负外部性。养老旅居客的日常生活需求必然挤占旅居地的公共资源和公共服务设施,会与旅居地的本地居民日常生活需求叠加,从而在一定程度上降低了本地居民的福利水平[①]。最明显的当数公共交通,由于老年人享受免费政策,因而给旅居地的地方政府财政造成压力。

3. 旅游养老产业投资严重不足

旅游养老产业发展前景虽好,但目前投资吸引力不高,效益差。主要原因有以下四点:

一是市场发育慢。尽管养老产业前景看好,但受"养儿防老"文化的影响,现阶段老龄人口的规模和观念特征等决定了当下中高端健康老人的养老需求还不够旺盛。中高端养老需求的增长有赖于一批受过良好教育的"70后""80后"步入65岁以上时,才有可能形成需求,而这批人要在二三十年后才会有真正的养老需求。

二是复杂性高。旅游养老产业投资是一个极具复杂性和专业性的行业,是集不动产、旅游资源开发建设、医疗服务与管理、投资管理等多方面综

---

① 刘玲.海南"候鸟式"养老的负外部性调查及其消除策略探析 [J].特区经济,2018(2):13-17.

合特点的行业。目前，民办养老产业投资介入者主要由三方力量组成：一是传统房地产企业；二是健康管理公司；三是人寿保险公司。然而，由于养老产业投资的复杂性，这三方力量在养老项目的投入上都存在各自的短板，难以整合。

三是投资额大，回收周期长。目前从养老产业投入来看，土地成本、建设成本及硬件配套服务等所需资金动辄几亿元，甚至几十亿元，投入较大，但收益不高。回报周期长与资本投入规模大，成为养老产业对社会资金投入的硬约束。

四是投资风险高。旅游养老者虽大多身体健康，能够自理，但老年人生理和心理都可能存在诸多风险，一旦出现问题，企业将面临巨大的责任风险，导致投资风险高。

4. 旅游养老产业科技含量低

养老产业的发展离不开科技的支撑，由此形成了"科技养老"概念。目前，科技养老技术主要涉及五大方面的科技，分别是物联网技术、大数据技术、移动互联网技术、传感器及智能终端、移动医疗及可穿戴设备。

我国科技养老尚处于萌芽和起步阶段。与发达国家和地区相比，我国的养老产业科技含量低是不争的事实，也制约了养老产业的发展。究其原因，主要在于以下三个方面：一是缺乏完整的制度体系，缺乏顶层设计，创新能力低下，激励措施不健全等，这严重制约了科技养老市场的拓展、企业间技术协作的加强及科技养老产业的快速推进。二是缺乏科技养老方面的科研人才。由于培养养老科技人才需要一定的周期，耗时较长，导致人才培养速度远低于我国的老龄化和高龄化速度。三是资金投入不足。由于资金不足，科研成果开发力度不够，难以应用推广。

5. 旅游养老从业人才存在较大缺口

人才是制约旅游养老产业发展的核心要素。从全国范围来看，目前旅游养老产业所需的专业管理人才、产品研发人才和一般服务人员均不能满足旅游养老产业发展。究其原因，主要有三方面：一是产业吸引力低。多数旅游养老企业规模小，效益差，存活期短，薪资低，待遇差，难以吸引专业人才。二是产业科技含量低。旅游养老产品研发主要是应用性技术路线，企业研发投入少，产品和服务技术含量不高，产品价格低。三是养老职业教育和在职教育落后。由于产业吸引力不足，导致养老职业教育和在职教育缺乏生源，招生难度大，专业教育开展乏力。

五、本章小结

为深入分析海南旅游养老产业复杂的供求关系，本章构建出一个分析框架，并采用总量分析和结构分析两种路径进行分析。在总量方面，现阶段供求总量总体处于均衡水平，但未来市场需求总量会增长，供给总量会随之增长但涨幅有限。在结构方面，相对低端的供给结构与相对低端的需求结构基本适应，高端需求增长引导供给品质提升，旅游养老产业整体处于不良循环之中。海南旅游养老产业供给侧存在五大主要问题：一是旅游养老产品总体性价比不高；二是旅游养老产业空间布局不均衡；三是旅游养老产业体系不健全；四是公共服务供给存在较大不足；五是旅游养老产业各行业管理不完善。造成上述问题的主要成因有五个：一是地方政府对旅游养老产业认识存在误区；二是旅游养老需求的季节性严重影响产业供给与企业经营；三是旅游养老产业投资严重不足；四是旅游养老产业的科技含量低；五是旅游养老从业人才存在较大缺口。

第八章

海南旅游养老产业发展衍生问题研究

一、衍生问题的确定

目前，海南旅游养老产业发展遇到诸多问题需要加以分析。在研究过程中，研究者明显感知到本章所衍生出来的更深层次的问题，需要进行深化研究。根据第七章对海南旅游养老产业供需关系的分析，本章研究进程中的新发现及其问题的急迫性，本章在诸多问题中选择了三个目前需要进一步深化的衍生问题进行研究，现说明如下：

一是旅居养老社区评价问题。在旅游地产蓬勃发展的驱动下，海南各地已经形成了多个大型旅居养老社区，但一直未有一个客观的评价指标体系来指导旅居养老社区的开发建设与完善。建立适合海南的旅居养老社区评价指标体系，是提升旅居社区服务质量的基础性工作，对于提升海南旅居养老社区服务质量具有重要的现实意义。

二是海南共享农庄与旅游养老产业对接问题研究。在 2018 年海南开始实施严格的房屋限购政策后，养老地产发展受到严厉打压，城镇建设用地资源几近枯竭，而旅居养老市场需求在进一步扩大，需要进一步满足。在乡村振兴背景下，海南推出了发展共享农庄的指导文件，期望以共享农庄方式满足旅居人口需求，实现高质量的田园旅居养老，带动乡村发展。目前二者如何对接成为扩大海南旅游养老供给的突破口，故选择此问题进行深入研究。

三是海南健康旅游业态配置与旅游养老开发研究。健康产业是海南优势产业和重点产业，如何配置健康旅游业态，并与旅游养老开发相结合，是海南经济社会发展中的重大问题之一，对于促进旅游养老产业发展具有极其重要的现实价值。

二、海南旅居养老社区评价指标体系研究

(一)研究目的与意义

海南是我国唯一的热带岛屿省份,具有发展旅游养老产业的独特优势。在海南国际旅游岛建设进程中,旅游地产得到了空前发展,全岛形成了一大批旅居养老社区,构成了海南一道道亮丽的风景线,旅居养老社区成为海南社会经济的重要组成部分。在海南自贸港建设背景下,如何提升旅居养老社区质量,需要构建一个具有海南地域特色的旅居养老社区评价指标体系。有鉴于此,本节通过文献回顾和深度访谈,运用德尔菲法,构建海南旅居养老社区评估指标体系,为开展旅居养老社区评估、提升旅游养老社区质量和推进海南健康旅居岛建设奠定基础。

(二)研究综述

1. 旅居养老

我国已进入中度老龄化社会,目前,我国基本上形成了居家养老、社区养老、机构养老三大养老服务体系①。旅居养老则是一种新的养老方式,是将养老服务和休闲旅居结合起来,已经发展成为一种新业态。一般认为,旅居养老是候鸟式养老与度假式养老的融合体,是集养老、旅游、健康、休闲于一体的异地养老方式,满足了老年人追求舒适养老环境和健康养生的需要②。目前,关于旅居养老的官方定义是中国老龄产业协会在2015年发布的《旅居养老服务机构评价准则》中所界定的,表述如下:老年人在常住地域以外的地域旅行并居住,单次旅居时间超过15日,在旅居过程中,享受各类适老服务,并进行养老的生活模式③。由于老年人多选择在严冬和

---

① 金红霞. 旅居式养老模式的探析——以海南普仁养老基地为例 [D]. 昆明:云南财经大学,2017.

② 庞小笑. 旅居养老目的地选址研究 [D]. 金华:浙江师范大学,2015.

③ 中国老龄产业协会. 旅居养老服务机构评价准则:LM0003-2015 [S]. 2015.

酷暑时节到气候更加宜人的地方去旅居，并随着季节变化"迁徙"，故称之为"候鸟老人"或"候鸟式养老"。

为满足旅居养老市场需求，一系列相关产品应运而生，旅居养老发展成一种新的业态。根据居住环境，旅居养老产品分为乡村民宿、度假酒店、养老机构、度假社区四种类型，功能上主要包含生活居住、医疗养生和休闲度假①。根据对海南旅居养老市场的调查发现，旅居养老的居住模式主要包括购置住宅、租赁住宅、入住养老机构、养老机构互换、旅居养老基地、度假酒店等，涉及房地产业、酒店业、养老服务业等多个行业②。

2. 旅居养老社区及其评价

随着我国房地产经济和旅游经济的发展，旅游地产不断发展，形成了养老产业和旅游地产融合发展态势，开发出一大批旅居养老社区，一种新的经济形态产生了③。旅居养老社区具有多种形态，最为典型的旅居养老社区是超大型旅居养老综合体，多是由具有较强投资能力的地产商打造而成，其业态十分复杂，包括老年住宅区、老年大学、购物中心、酒店和医院等，为老年群体提供多样性的旅居养老服务④。在海南，雅居乐清水湾、富力红树湾、琼海天来泉等大型旅居社区就是典型的代表。此外，一些城市社区由于交通区位好、生活便利度高、居住环境佳，旅居老人较多，也可称为旅居养老社区。而对旅居养老社区评价，目前尚缺乏深入的研究。文献检索表明，目前相关研究主要是在人居环境理论方面，是在宜居城市、宜居社区、高龄友善环境等方面构建评价指标体系⑤⑥⑦⑧。仅有少数学者对旅居

①　景晓芬. 迁移老人城市社会性养老服务需求及影响因素研究——基于与城市非迁移老人的对比 [J]. 兰州学刊，2020(11)：185-197.

②　雷挺. 海南旅居养老基地规划设计研究 [D]. 北京：清华大学，2016.

③　王斌. 旅居养老——旅游地产业转型升级新机遇 [J]. 城乡建设，2018(3)：56-58.

④　周京蓉，左云. 老龄化背景下旅居养老综合体建设构想 [J]. 智能建筑与智慧城市，2020(10)：58-60.

⑤　胡晓君. 城市宜居社区综合评价研究 [D]. 中山：中山大学，2008.

⑥　田敏，宋彦. 宜居社区评价指标比较研究 [J]. 经济体制改革，2016(3)：182-188.

⑦　张文忠. 宜居城市建设的核心框架 [J]. 地理研究，2016, 35 (2)：205-213.

⑧　曹侃. 城市居住区宜居性与评价体系建构 [J]. 中华建设，2016(1)：80-81.

养老社区的评价指标体系做出一些探索，尚不完善①②③。

显然，旅居养老社区与老年宜居社区是极为相近的概念，可借鉴老年宜居社区评价指标体系来构建旅居养老社区评价指标体系。目前，对老年宜居社区评价有两种研究视角：一是地域性研究视角，以人居环境理论为基础，从生态、健康、物质生活、精神文化、安全等方面，提出适宜老年人生活的环境指标，构建不同地域的老年宜居社区评价体系④⑤；二是以老年人需求为研究视角，重点研究老年人需求，以老年人的相关需求为依据，构建老年宜居社区建设指标体系⑥⑦。

旅居养老需求主要包括居住需求、休闲需求和养老服务需求⑧。在居住方面，旅居养老者的需求包括对住房和环境两方面的需求。对住房的需求对健康性、安全性的要求较高⑨。对住宿环境要求主要表现为低密度住宿、有居家感；对居住社区环境要求主要有：远离市区，安静舒适，环境优美。在休闲需求方面，老年人的休闲活动大致可分为三类：一是参与身体性休闲活动，如散步、健走等；二是益智怡情性休闲活动，如下棋、钓鱼等；三是社会性休闲活动，如志愿服务、集体活动等。在养老服务方面，涉及多种服务，医疗保健服务方面要求有紧急医疗机构、完善的医疗设施；

① 王思瑶，刘艳红，张丽宏. 宜居社区环境评价体系的研究进展 [J]. 山西建筑，2017(22)：183-186.

② 于一凡，朱霏飏，贾淑颖，等. 老年友好社区的评价体系研究 [J]. 上海城市规划，2020(6)：1-6.

③ 聂继凯. 居民日常生活需求导向下的宜居社区评估指标体系研究 [J]. 现代城市研究，2019(11)：120-124.

④ 桂世勋，徐永德，楼玮群. 田青长者友善社区建设：一项来自上海的经验研究 [J]. 人口学刊，2010(4)：23-29.

⑤ 赵东霞，孙俊玲. 我国城市老年人宜居环境评价指标体系研究 [J]. 环境保护与循环经济，2013(3)：52-55.

⑥ 李珊，杨忠振. 城市老年宜居社区的内涵和评价体系研究 [J]. 西北人口，2012(2)：17-21.

⑦ 江立华，黄加成. 老年人需求与宜居社区建设 [J]. 华东理工大学学报(社会科学版)，2011(6)：87-92.

⑧ 黄性男. 花莲地区发展健康促进型长宿休闲小区评估指标研究 [D]. 台北：朝阳科技大学，2008.

⑨ 袁崇希. 健康银发族对养生村与银发住宅之需求探讨——以台北都会区为例 [D]. 台南：昆山科技大学，2018.

公共服务设施方面要求有咨询服务设施，增加老人涉足户外新鲜空气的配套设施在交通条件方面要求公共交通便利，站牌设置地点合适①。

本节在借鉴宜居城市、宜居社区、高龄友善环境等评价指标体系的基础上，结合养老旅居理论，构建旅居养老社区评价指标体系。

（三）研究设计

1. 总体思路

本节根据人居环境理论，结合旅居养老需求，以旅居养老群体需求为核心，借鉴国内外宜居社区研究成果，结合海南地域特色，设计一套反映旅居养老宜居性的综合量化评价体系，科学地指导旅居养老社区规划与建设。

2. 研究方法

（1）文献研究法。本节运用中国知网、万方等中文文献数据库，对老年宜居社区已有成果进行梳理和总结，提炼旅居养老社区相关评价指标，梳理各评价指标之间的内在逻辑关系，构建旅居养老社区评价模型。

（2）深度访谈法。本节对旅游养老社区住户、小区物业管理人员进行深度访谈，进一步明确旅居养老客户需求。

（3）德尔菲法。德尔菲法是针对某一特定的议题，借该议题相关领域专家的特殊经验与知识，通过数回合反复回馈循环式问答，直到专家间意见差异降至最低为止②。本节先将拟构建出的旅居养老社区评估模型交由该领域的专家进行评定，并根据文献梳理设计出德尔菲专家咨询问卷，问卷内容主要是评定选取指标的重要度。然后运用匿名问卷收集专家的判断与建议，并采用统计分析法整合专家的意见，选取专家共同认为重要程度高的评估因子。具体步骤如下：首先，选出相关领域的若干专家就初步拟建的评估模型进行问卷调查与深度访谈，获取修正意见；其次，根据修正的评

---

① 张芝菱.银发族对于长宿休闲环境认知及养生条件发展之研究——以竹山为例［D］.台北：南开科技大学，2013.

② 仲继寿，于重重，李新军.老年人居住健康影响因素与适老宜居社区建设指标体系［J］.住区，2013（3）：18-25.

估指标，研究设计旅居养老社区评估指标专家咨询问卷来收集专家对每个指标的态度与建议，以此作为指标评判依据。对专家态度的衡量采用李克特五分量表法，分别用1分、2分、3分、4分和5分来表示"非常不重要""比较重要""一般""比较不重要""非常重要"五种态度，并根据自身的专业知识与经验定量打分①。

3. 评估模型

经文献检索，旅居养老社区评估指标主要围绕气候环境、医疗服务、旅游资源、休闲活动及基础设施等方面展开。通过调研，发现生活服务资源、休闲娱乐资源是影响旅居养老者选择目的地的重要因素。本节拟从生活服务资源、休闲游憩活动、健康养生资源与居住环境条件四个方面构建旅居养老社区的评估模型(见图8-1)。

图 8-1 旅居养老社区评估模型

(四)旅居养老社区评估指标构建

1. 指标的经验性预选

根据文献回顾与深度访谈，本节拟构建出旅居养老社区评估指标体系，

---

① 张蓓蓓，王艺芳，姜勇.我国幼儿教师职业感受指标体系的构建——基于德尔菲法和层次分析法 [J].苏州大学学报(教育科学版)，2020，8(3)：109-118.

共包含 4 个一级指标，17 个二级指标和 51 个三级指标，如表 8-1 所示。

表 8-1　旅居养老社区评估指标（预选）

一级指标	二级指标	三级指标	说明
A1 生活服务资源	B1 交通服务	C1 公共交通服务设施	社区附近是否设有公交停靠站
		C2 交通工具租借服务	旅居养老者是否可以租借交通工具
		C3 大众运输便利性	当地大众交通运输系统的便利程度
	B2 餐饮服务	C4 食物新鲜安全	提供的食物新鲜、安全，符合健康标准
		C5 餐饮设施	餐饮设备是否齐全，提供不同种类的美食
		C6 外卖服务	提供上门送餐服务
		C7 服务人员素质	餐饮服务人员素质较高，提供满意的服务
	B3 医疗服务	C8 完善的基础医疗设施	提供完善的基础医疗系统
		C9 紧急医疗机构及水平	在一个小时车程距离内有紧急医疗机构，并且具有处理紧急事件的专业水平
		C10 医疗机构的易达性	社区临近医疗设施，就医便利性程度
		C11 医护人员的专业性	当地医护人员水平高，可信任程度
	B4 购物场所	C12 商场	30 分钟车程内有商场进行购物
		C13 生鲜市场	社区附近设有生鲜市场
		C14 便利商店	社区内有便利商店可购买日常用品
	B5 网络服务	C15 电脑维修便利性	提供计算机维修服务及问题咨询平台
		C16 提供无线网络服务	公共空间覆盖网络
	B6 安全防范措施	C17 社区 24 小时安保服务	社区内设有全天安保服务
		C18 定时社区巡守	辖区警察定期巡逻强化地方治安
		C19 紧急事件处理中心	提供专门处理紧急事件问题的统一窗口
		C20 安全告知及措施	对社区内有安全顾虑的地点或场所设有警告标识与防范措施
	B7 金融服务	C21 金融服务机构	社区附近设有银行等金融服务机构
		C22 存提款的便利性	存提款机构的易达性，操作简单易懂

续表

一级指标	二级指标	三级指标	说明
A2 休闲游憩活动	B8 自然与人文资源	C23 特色优美的自然景观	当地景观与气候具有独特性，满足旅居者的新奇心与养老需求
		C24 多样性的文化活动	了解与体验当地的文化，并与当地居民融为一体
		C25 历史古迹等人文景观	社区所在地有历史古迹等供旅居养老者参观
	B9 社区集体活动	C26 参与志愿服务活动	可以与社区居民共同参与志愿服务活动
		C27 参与社区居民联谊活动	与社区居民一起参与社区联谊活动
		C28 社团活动	社区有专门的社团开展集体活动，如老年舞蹈社、象棋社
	B10 休闲体验活动	C29 乡村田园体验	能够亲自体验农耕工作与田园生态风光
		C30 短期观光体验	社区周边有观光场所
		C31 趣味活动	提供静态式的休闲活动，如象棋、围棋、趣味运动会
A3 健康养生资源	B11 营养保健资源	C32 提供养生讲座及教学	定期邀请营养师或烹饪师开展健康养生讲座
		C33 提供营养保健相关的读物与节目	营养知识的相关读物或节目供旅居者阅读与学习
		C34 养生咨询服务	专业营养师指导及协助对食物的营养调配
	B12 中医药养生资源	C35 中医药养生保健机构	一个小时车程内有专门的中医药养生保健机构
		C36 中医药材的易得性	当地有丰富中药材，可供调理身体
		C37 中医药养生专家	有知名的中医药专家
	B13 健康运动资源	C38 良好的运动场所	提供多元且设施完备的运动设施
		C39 专业运动指导	有专业的运动指导员进行运动技巧上的指导与协助
		C40 定期举办户外活动	定期举办各项户外运动竞赛活动提升旅居养老者对运动的兴趣
		C41 运动团体	可参与小区多样的运动团体，如晨跑会等

续表

一级指标	二级指标	三级指标	说明
A4 居住环境条件	B14 气候条件	C42 空气清新度	社区所在地空气清新，污染指数低
		C43 气候舒适度	社区所在地温、湿度适宜养老
	B15 房屋户型	C44 住宅户型适宜度	提供的户型居住舒服
		C45 住宅户型供选择	旅居者选择喜爱的房屋户型
	B16 咨询服务	C46 社区咨询服务机构	提供社区事务咨询窗口
		C47 社区物业管理机构	设有专门的社区物业办事处
		C48 咨询人员	设有咨询服务人员，提供旅游等资讯
	B17 社区卫生	C49 社区清洁程度	社区清洁程度是否达到干净卫生
		C50 社区环境卫生	住宿周边环境清洁状况
		C51 垃圾处理	垃圾处理状况是否符合标准

2. 指标的筛选及确定

（1）指标的初步筛选。本节在初步拟定的旅居养老社区评估指标的基础上，设计德尔菲法的第一轮专家问卷。此问卷为半结构性问卷，将各层次的每项指标设计"适当""不适当""建议"三个选项。问卷的发放对象为该领域的专家学者，共发放10份，有效问卷10份。问卷回收后加以整理并依据专家学者的意见修改本节指标。本节将"适当"达到70%以上作为筛选的标准，否则删除或新增。

经过专家的认真筛选，本节拟构建的四个一级指标得到一致认可。对于二级与三级指标的选取，根据第一轮专家问卷调查结果，对指标进行删除、合并与修改等操作（见表8-2、表8-3），以供下一步进行统计分析。

表8-2　旅居养老社区评估分目标第一轮专家调查结果

名称	同意率(%)	主要建议	处理结果
B6	100	建议修改为社会治安服务	保留
B7	50	不太合适	删除
B12	80	与B11有重合，建议合并	合并

表 8-3　旅居养老社区评估基本指标第一轮专家调查结果

名称	同意率(%)	主要建议	处理结果
C3	50	模糊，不合适	删除
C6	40	不合适	删除
C7	80	难以量化，建议修改为服务满意度	保留
C15	10	不适当，现在电脑坏的较少	删除
C16	70	大部分在家里上网，建议修改为网络服务质量	保留
C18	60	可操作性不强，难以量化	删除
C21	40	不适当	删除
C22	60		删除
C28	100	与C27重复，建议合并	合并
C30	100	与C29有重复，建议合并为田园观光体验	保留
C32	30	不现实，可操作性不强，建议删除	删除
C33	40		删除
C35	100	与B11的评估因子重复，建议合并	合并
C36	90	重复	合并
C37	100	重复	合并
C39	40	不符合实际	删除
C48	90	与C46重复，建议合并	合并
C50	80	与C49有重复，建议合并	合并
C51	90	与C49和C50都有重复，建议合并	合并

（2）指标的确定。经过第一轮的专家筛选，旅居养老社区评估指标包括 4 个一级指标、16 个二级目标和 40 个三级指标，以此设计旅居养老社区评估指标第二轮专家咨询问卷。本轮问卷设计采用李克特五分量表法，分别用 1 分、2 分、3 分、4 分和 5 分来表示"非常不重要""比较重要""一般""比较不重要""非常重要"五种态度。在调查对象上，选取 20 位专家对各指标的重要度进行评价，回收率 100%。其中，男性占比 50%，女性占比 50%；硕士研究生 12 人，占比 60%，博士研究生 8 人，占比 40%；80%在高校工作，为该领域的科研工作者。研究使用 SPSS22.0 软件计算各项指标的得分均值。本轮指标筛选将指标重要度得分均值小于 3.00 的予以删除，相关的统计分析如表 8-4 所示。

表 8-4　调查问卷各指标重要度得分均值

一级指标	二级指标	三级指标
A1 生活服务资源（3.80）	B1 交通服务（3.40）	C1 公共交通服务设施（3.50）
		C2 交通工具租借服务（2.60）
	B2 餐饮服务（3.60）	C4 食物新鲜安全（4.00）
		C5 餐饮设施（3.50）
		C7 服务满意度（3.60）
	B3 医疗服务（4.20）	C8 完善的基础医疗设施（4.20）
		C9 紧急医疗机构及水平（4.10）
		C10 医疗机构的易达性（4.10）
		C11 医护人员的专业性（4.20）
	B4 购物场所（3.20）	C12 商场（3.00）
		C13 生鲜市场（3.30）
		C14 便利商店（3.30）
	B5 网络服务（2.80）	C16 网络服务质量（3.20）
	B6 社会治安服务（4.00）	C17 社区 24 小时安保服务（3.30）
		C19 紧急事件处理中心（3.70）
		C20 安全告知及措施（3.30）
A2 休闲游憩活动（3.20）	B8 自然与人文资源（3.70）	C23 特色优美的自然景观（3.40）
		C24 多样性的文化活动（3.40）
		C25 历史古迹等人文景观（3.10）
	B9 社区集体活动（3.40）	C26 参与志愿服务活动（3.20）
	B10 休闲体验活动（3.50）	C27 参与社区居民联谊活动（3.20）
		C30 田园观光体验（3.50）
		C31 趣味活动（2.90）
A3 健康养生资源（3.80）	B11 营养保健资源（3.60）	C34 养生咨询服务（3.30）
		C36 中医药服务（3.60）
	B13 健康运动资源（3.50）	C38 良好的运动场所（3.30）
		C40 定期举办户外活动（3.20）
		C41 运动团体（2.90）

续表

一级指标	二级指标	三级指标
A4 居住环境 条件 (3.60)	B14 气候条件(4.10)	C42 空气清新度(4.20)
		C43 气候舒适度(4.20)
	B15 房屋户型(3.00)	C44 住宅户型适宜度(3.40)
		C45 住宅户型供选择(3.00)
	B16 咨询服务(3.10)	C46 社区咨询服务机构(3.30)
		C47 社区物业管理机构(3.00)
	B17 社区卫生(3.60)	C49 社区清洁程度(3.50)

表 8-4 显示，二级目标"网络服务"的均值为 2.80 小于 3.00，予以删除；三级指标"交通工具租借服务""趣味活动""运动团体"的均值分别为 2.60、2.90、2.90 均小于 3.00，予以删除。经由第二轮指标筛选后，最终确定旅居养老评估一级指标 4 个，二级指标 14 个，三级指标 31 个，如表 8-5 所示。

表 8-5　旅居养老社区评估指标体系

一级指标	二级指标	三级指标
A1 生活服务 资源	B1 交通服务	C1 公共交通服务设施
	B2 餐饮服务	C4 食物新鲜安全
		C5 餐饮设施
		C7 服务满意度
	B3 医疗服务	C8 完善的基础医疗设施
		C9 紧急医疗机构及水平
		C10 医疗机构的易达性
		C11 医护人员的专业性
	B4 购物场所	C12 商场
		C13 生鲜市场
		C14 便利商店
	B6 社会治安服务	C17 社区 24 小时安保服务
		C19 紧急事件处理中心
		C20 安全告知及措施

续表

一级指标	二级指标	三级指标
A2 休闲游憩活动	B8 自然与人文资源	C23 特色优美的自然景观
		C24 多样性的文化活动
		C25 历史古迹等人文景观
	B9 社区集体活动	C26 参与志愿服务活动
		C27 参与社区居民联谊活动
	B10 休闲体验活动	C30 田园观光体验
A3 健康养生资源	B11 营养保健资源	C34 养生咨询服务
		C36 中医药服务
	B13 健康运动资源	C38 良好的运动场所
		C40 定期举办户外活动
A4 居住环境条件	B14 气候条件	C42 空气清新度
		C43 气候舒适度
	B15 房屋户型	C44 住宅户型适宜度
		C45 住宅户型供选择
	B16 咨询服务	C46 社区咨询服务机构
		C47 社区物业管理机构
	B17 社区卫生	C49 社区清洁程度

为了确保问卷结果的可靠性与有效性，利用 SPSS22.0 对问卷中所有指标的克隆巴赫系数进行了检验，结果显示，问卷总体的克隆巴赫系数为0.989，总目标、分目标、基本指标的克隆巴赫系数分别为 0.953、0.975 和0.987，可见问卷的信度较好。再者，本节以文献研究法与专家访谈法为基础，构建评估指标体系，并且通过了专家的咨询，在一定程度上可以认为具有内容效度。且运用软件对问卷总目标效度进行了检验，得 KMO 值0.823>0.7，Bartlett 的球形度检验的近似卡方值是 820.105，显著性是0.000，可见问卷具有较好的效度。

（五）结论与建议

1. 结论

本节通过文献研究法与深度访谈法建立旅居养老社区评估指标的概念

化模型，并从生活服务资源、休闲游憩活动、健康养生资源及居住环境条件四个维度拟定了17个二级指标和51个三级指标体系；再利用德尔菲法，经过两轮专家筛选正式构建包括14个二级指标和31个三级指标的评估指标体系。具体讨论如下：

(1)生活服务资源指标。生活服务主要用于评价社区的基础配套设施，包括交通、医疗、餐饮、购物场所等基本指标。生活服务资源是提供生活上的基础保障类的设施，评价该指标用基础设施覆盖程度来衡量。此外，要兼顾生活服务资源品质的提升，旅居养老者拥有一定的时间与财富，对养老服务品质的需求日渐提高，随着深度老龄化，旅居养老的需求日趋扩大。因此，除了保证基础设施的高覆盖程度以外，还要重视品质提升类相关设施的覆盖程度。

(2)休闲游憩活动指标。休闲游憩活动主要用于评价社区周边的自然与人文资源、社区集体活动及休闲体验活动等基本指标。现今，社会追求休闲化的人生，而老年人比任何年龄层都更具休闲条件，有充足的时间从事休闲活动。评价该指标用休闲资源丰富程度及活动类型数量来衡量。传统的休闲思维认为老年人年老体衰且没有经济能力，因此大多数商品及服务只是满足其生理与安全需求。如今，老年人的精力与经济能力较传统有所转变，因此，旅居养老社区在休闲游憩活动提供上还应重视老年人的社会需求、尊重需求和自我实现需求的满足。

(3)健康养生资源指标。健康养生资源主要用于评价营养保健资源、健康运动资源等基本指标。"健康养生"方面的要求，包括为旅居养老者的身体健康提供配套的服务设施及中医药养生资源。评价该指标主要用相应配套设施的覆盖程度及中医药资源的易得程度来衡量。经济水平的提高，使人们更加重视身体健康状况，老年人尤为重视，甚至部分选择旅居养老模式的原因在于调理身体。因此，旅居养老者对健康养生资源的要求较高，社区建设要特别重视该项指标。

(4)居住环境条件指标。居住环境条件主要用于评价社区所在地气候条件、卫生条件、房屋户型等基本指标。老年人对居住环境条件的需求各异，评价该指标主要用环境卫生达标率及服务设施整体的配套水平来衡量。气候条件包括空气清新度与气候舒适度，对于旅居养老者来说，这是选择旅居养老目的地的关键因素。因此，社区管理者应充分发挥在地气候条件优势，促进社区高质量发展。

2. 建议

对于评估指标构建，德尔菲法仅为其中一种研究方法，建议后续研究可利用其他研究方法再行探讨。例如，使用层次分析法给各项指标赋予权重，以使研究结果更加完善。再者，以相关文献为基础拟定评估指标，建议后续研究者可针对本节研讨的评估指标各因素进行实证研究，并作为未来发展旅居养老社区的参考依据。此外，还可依据本节研究结果发展适宜的量表或问卷，并结合具体的社区案例进行探讨，总结旅居养老社区评估指标体系用于指导社区的实践方法。鉴于时间、人力资源的限制，本节中影响因素的选取主要是在文献回顾中归纳拟定的，虽已通过德尔菲问卷确立各项初步指标，但力求客观，建议后续研究者能多次反复咨询专家学者的意见。

三、海南共享农庄与旅游养老产业对接问题研究

(一)研究目的与意义

中国已经进入老龄化社会，养老问题成为中国经济社会发展中的重大问题。根据海南省统计局公布的第七次全国人口普查主要数据情况，2020年底海南人口总量为10081232人，60岁及以上人口为1476599人，占全省总人口的14.65%[①]。受中国传统文化的影响，归居田园养生养老是老年人较为理想的生活方式，备受"银发族"青睐。但受农村土地管理制度制约，目前田园旅居养老尚未得到科学发展。为破解城乡融合发展的土地制度障碍，2017年中央1号文件正式提出农村土地"三权分置"政策，这为发展乡村旅居养老打开了政策通道。利用这一通道，海南通过大力开展共享农庄建设，期望能够充分发挥海南地理条件与生态环境优势，与候鸟型旅游养老产业对接，振兴海南乡村。有鉴于此，本节从农村土地管理出发，探索

---

① 海南省统计局. 海南省第七次全国人口普查主要数据情况[EB/OL].[2021-05-13].https：//stats. hainan. gov. cn/tjj/ywdt/xwfb/202105/t20210513_2978130. html.

共享农庄与旅游养老产业对接模式与基本路径，这对于探索具有海南特色的乡村振兴战略具有重要的现实意义，同时也为国内其他地区共享农庄建设和发展田园旅居具有重要的启示与借鉴。

(二)旅游养老的形式与居住模式

根据人口转型理论，每个国家在工业化之后都会步入高龄化社会。中国于 1999 年开始正式进入高龄化社会，伴随而来的是旅游养老产业的发展。旅游养老也叫老年长居旅游，在中国台湾又称长宿休闲，是指老年人旅行到其常住地之外生活，连续停留时间为 1 个月至 1 年，旅行距离一般跨越省界甚至国界①。作为一种特定的生活方式，旅游养老属于积极性养老，其本质特征在于异地性和审美性②。

我国旅游养老产业化发展起步较晚，但发展较快。一般认为，旅游养老是"度假式养老"和"候鸟式养老"的融合③。旅游养老产业具有养老、旅游、居住等多重内涵④。根据旅游养老的目的和旅游场所的不同，我国旅游养老产业可分为候鸟式、疗养式、文艺鉴赏式、田园式、社区式五大旅游养老模式⑤。林元昌和许亦善在研究福建旅游养老模式中提出了乡村田园旅居、度假酒店与公寓旅居、换住旅居、文化艺术旅居、医疗康体旅居等多种形式⑥。从全国来看，尽管目前旅游养老尚属小众行为，但其影响与示范作用极为明显。

海南具有发展旅游养老产业的先天优势。对海南旅游养老市场的调研表明，在 2016 年各年龄段的购房者中，每年长居海南 2~5 个月的比例超过

---

① 黄璜.国外旅游养老研究进展与我国借鉴 [J].旅游科学，2013，27(6)：13-21.

② 宋欢，杨美霞.旅游养老的概念与本质 [J].三峡大学学报，2016，38(6)：37-41.

③ 魏薇，林茜.旅居养老综合体的建设特点和发展现状分析 [J].中国市场，2017(7)：54-55.

④ 庞小笑.旅居养老目的地选址研究：以浙江省金华市为例 [D].金华：浙江师范大学，2015.

⑤ 刘昌平，汪连杰.新常态下的新业态：旅居养老产业及其发展路径 [J].现代经济探讨，2017(1)：25-27.

⑥ 林元昌，许亦善.旅居养老业态打造路径研究——基于"清新福建"视角 [J].中共福建省委党校学报，2018(7)：102-107.

50%①。除了候鸟型"银发族"外，还有10%的新海南人是"未雨绸缪"的年轻人。尽管海南旅居养老在产品开发、运营机制、管理体系、保障体系等方面还存在诸多不足②，但不可否认海南旅游养老产业总体上居于国内领先水平。

海南旅游养老居住模式，主要包括购置住宅、租赁住宅、入住养老机构、养老机构互换、旅居养老基地、度假酒店等。首先购置住宅是海南旅游养老的主流，所占比重较大。究其原因主要在于购置房产能实现双重目的：一是获得第二居所；二是获取资产保值或投资收益。其次是租赁住宅，占相当大的比重，是一种投入成本较低的居住模式，比较灵活，可根据自身条件寻找合适的住所，又不担心资产损失。再次是入住养老机构，入住方法有异地互换和交纳床位费两种方式。一般来看，这种方式的成本较低，但一般养老机构的生活条件比较简陋，所以很少人选择这种方式。最后是入住度假酒店或乡村民宿。此外，一些企业开发了旅居养老基地，这是一种较新的居住模式，具备较为完整的旅居养老配套设施。

（三）对共享农庄的基本认知

共享农庄是近年出现的乡村经济新业态。中国人民大学土地政策与制度研究中心在研究农村集体土地改建租赁住房中提出，将共享农庄作为创新方案，能够在不改变农民所有权的前提下，将农村闲置住房进行个性化改造，通过互联网、物联网技术平台，与城市租赁住房需求对接，形成政府、集体经济组织、农户及城市消费者"四赢"局面③。从共享农庄的构成要素和运行特征来看，共享农庄是以共享理念为理论支撑，面向多元化、个性化、自主化的市场需求，是"企业+农村合作社+农户"交叉合作，通过互联网、物联网等共享平台，与消费者对接，吸引消费者前来短租、长租或承包运营，实现乡村闲置资源共享④。

① 刘英团. 旅居养老：推进旅居养老资源的深度融合［J］. 社保论坛，2017（5）：23-24.
② 金红霞. 旅居式养老模式的探析——以海南普仁养老基地为例［D］. 昆明：云南财经大学，2016.
③ 雷挺. 海南旅居养老基地规划设计研究［D］. 北京：清华大学，2016.
④ 叶剑平，王洁. 共享农庄：海南实现乡村振兴的有效途径［J］. 南海学刊，2018，4（3）：76-81.

作为农庄经济与共享经济融合的产物，共享农庄的运行有自身的内在机理，如图8-2所示。从图8-2来看，共享农庄实际上相当于一个共享交易平台，这一平台，将乡村的闲置资源与消费者的需求有效对接，从而实现资源整合而产生效益。从乡村来看，有大量的闲置土地与房屋，有良好的生态环境，可生产各种农副产品，本身又提供了田园生活方式。从城市消费者来看，他们有钱、有时间，希望能获得美好的乡村生活体验，但又苦于没有一个合适的交易平台来实现他们的乡村生活梦想。共享农庄通过协调农户、企业、政府的不同角色，整合资源，构建交易平台，实现乡村与消费者之间的共享。

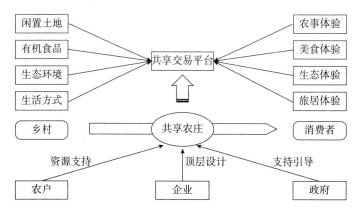

图 8-2 共享农庄的系统结构

目前，共享农庄在北京、广东、海南等地都有所实践，海南更是于2017年出台了《海南省人民政府关于以发展共享农庄为抓手建设美丽乡村的指导意见》（琼府〔2017〕65号）。截至2019年底，海南已经批准了159家试点创建单位，大力开展共享农庄建设。经过多年的实践探索，对共享农庄建设的研究逐步深入，并形成如下基本认识：

1. 共享农庄是中国特有的乡村经济形态

毋庸讳言，共享农庄建设离不开在建设用地上建房，能否建房取决于政策是否允许建房以及房是否可以给城市人使用。中国实行土地的社会主义公有制，即全民所有制和劳动群众集体所有制，通过土地总体规划，将土地分为农用地、建设用地和未利用地三部分。2017年，针对农村土地政策改革的中央一号文件正式提出了农村土地"三权分置"政策，即农村集体建设用地的所有权、承包经营权和使用权可以分开处置，由不同的业主(所有者)分时持有。"三权"可以分置，但"房地"却不能分离，于是共享农庄就应运而生。就此而言，共享农庄是在中国特殊的经济社会环境与特定的所有制背景下出现的新生事物，与其他国家和地区所谓的共享农庄存在根本性差别。

2. 共享农庄的本质特征在于收益共享

共享农庄根源在于农村集体建设用地"三权分置"政策的实施，它的实现路径有赖于"三权分置"后出现的"地主""庄主""宿主"之间的"三主合作"。"地主""宿主"只有进行合作，充分分享由地方政府让渡出来的建设用地的政策红利，共享农庄的内生机制才能得以形成。"庄主"通过企业平台为"宿主"提供长期服务而获得稳定收益，最终达到宿主、庄主、地主三方共赢。因此，被分置的"三权"通过共享回归一体后，最终才能发挥农村集体建设土地的潜在效能，进而普惠各方。从这个意义上看，共享农庄的共享根源在于收益的共享。

3. 共享农庄具有"分时度假"属性与"众筹投资"特性

共享农庄具有"分时度假"属性与"众筹投资"特性。"分时度假"是消费者在某一特定的度假村或酒店，以较优惠的价格购买特定年限内一周或数周的度假时段使用权，并通过时段交换网络机构提供的服务，与网络中的其他度假村或酒店的度假时段使用权进行置换使用的一种度假旅游方式。海南共享农庄的市场主要是由冬季候鸟居客、夏季团队创客和外地城市居民市场组成。其中，冬季候鸟居客是共享农庄的众筹投资者和主要使用者；夏季团队创客将村庄民宿闲置期的使用权作为酒店产品进行"分时度假"；在共享农庄附近城市中居住的周末日常旅游休闲客人是日常消费的主体。由于大家需求的季节性差异，这三大市场组成分时度假市场，通过共享平台形成对接。在三大市场中，北方冬季候鸟旅居养老为主导市场。他们以"众筹自用"的方式在庄主提供的农民宅基地平台上投资建房自用，因而具有"众筹投资"特性。

4. 共享农庄是美丽乡村建设的重要抓手

党的十八大提出美丽乡村建设，其核心内容是人居环境建设和生态文明建设。通过美丽乡村建设，许多乡村的整体环境和基础设施都得到很大改善，但很难改变村庄现有的生产方式和生活方式，缺乏产业支撑的乡村难以走出空心化的困境。要实现乡村振兴，必须兴旺乡村产业，以共享农庄作为抓手，可以充分激活"三权分置"政策的内在功效：一方面要让农民与农村在城市和城市人的帮助下，通过城乡共享农村集体所有建设用地而享受到土地政策红利，振兴乡村，并缓解城市面临的一些居住问题；另一方面可以避免在自由市场经济背景下，商业资本出于逐利本性对乡村振兴战略的土地政策红利采取杀鸡取卵式的掠夺，保护农民的根本利益。因此，共享农庄成为美丽乡村建设的重要抓手。

（四）旅游养老产业与共享农庄的对接模式

旅游养老产业的核心是住宿设施建设，住宿设施建设必须符合用地性质，合规报建。在2018年全国专项整治"大棚房"运动中，已有大量违规建筑设施被拆除。基于农村土地管理政策，海南通过建设"村庄民宿""乡村客栈"与"田园旅馆"等住宿设施，配套建设半亩菜园与设施临建，打造乡村旅居社区，与旅游养老产业有效对接。

上述对接模式可通过图8-3加以分析，具体概述为：以农业产业为依托发展休闲农业与乡村旅游，通过统筹村庄存量宅基地与村集体建设用地建设"村庄民宿"与"乡村客栈"；利用农业5%（畜牧业7%）的附属设施用地指标适当搭建"设施临建"；争取美丽乡村建设中5%的增量建设用地指标配置"田园旅馆"与"社区公建"，以形成完整的"乡村居住社区"功能，吸引内地冬季候鸟型人群与当地农民"共地建房"，以分时度假的方式完成养老过冬，进而促进海南的城乡一体化，推进乡村振兴战略，实施全域旅游目标[①]。

---

① 陈才，杨春准. 海南共享农庄建设的系统结构与驱动机制研究——基于利益相关者视角的探讨 [J]. 南海学刊，2018，4（3）：69-75.

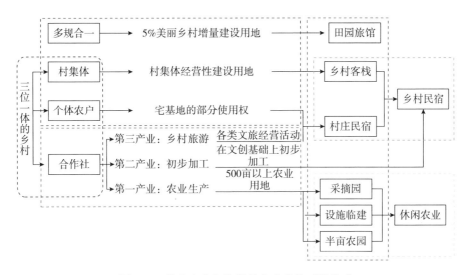

图8-3　共享农庄与旅游养老产业的对接模式

在图8-3中，左端的乡村是由村集体、个体农户、合作社三种经济实体构成的综合体。其中，村集体与合作社是由个体农户组成的两种组合方式。右端为乡村旅居设施与产品，由乡村住宿设施和休闲农业设施构成。其中，根据用地性质，乡村住宿设施分为田园旅馆、乡村客栈、村庄民宿和设施临建四大类。乡村客栈与村庄民宿构成了乡村民宿，它们分别是建在村民宅基地和村集体建设用地上的居住类建筑，这两项用地都属于农村集体所有建设用地。休闲农业设施包括采摘园、半亩农园等。中端为乡村土地和乡村产业。其中，根据土地性质，共享农庄中的用地涉及以下四类：一是5%的美丽乡村增量建设用地，属于点状建设用地，可用于建设田园旅馆；二是属于村集体的村集体经营性建设用地，可用来建设乡村客栈；三是属于个体农户的宅基地，可用来建设村庄民宿；四是属于合作社的产业用地，性质是非建设用地，只能建设临时设施，并且属于农业设施。乡村产业包括第一、第二和第三产业。

（五）旅游养老产业与共享农庄对接的基本路径

在旅游养老产业与共享农庄的对接模式中，共享农庄与旅游养老产业的对接点为住宿设施。由于用地性质的差异，四类住宿设施在建筑性质、产品性质与使用年限方面存在差别，具体如表8-6所示。

表8-6 共享农庄住宿设施分类

住宿设施	用地性质	建筑性质	产品性质	使用年限
田园旅馆	国有建设用地	长期建筑	中高端旅馆	40~50年
乡村客栈	村集体建设用地	长期建筑	中低端旅店	根据租用合同
村庄民宿	村民宅基地	长期建筑	院落式客房	根据租用合同
设施临建	农林业用地	临时建筑	体验式客房	根据租用合同

田园旅游养老市场主要是低龄老年人，他们一般身体比较健康，喜欢农耕生活，有一定的经济收入。这一市场的核心需求主要包括两个方面：一是富有地方特色的住宿设施，满足其正常居住需求；二是能提供一块土地，用来耕作，满足其躬耕生活需求。从农村土地利用角度来看，上述四类设施中的村庄民宿、乡村客栈和田园旅馆均为长期建筑，能满足居住需求。设施临建为临时建筑，虽可做成富有特色的体验式客房，但不适宜长居，一般与半亩菜园组合，作为配套产品来使用。

基于上述分析，旅游养老产业与共享农庄对接的基本路径可概括为以下四条：

1. 利用"一户一宅"政策开发村庄民宿

村庄民宿是指在村民宅基地上用已有房屋改造的或直接在宅基地上建设的提供给外来人生活居住的房屋。一般来看，村庄民宿开发有三种方式：一是直接租用农民房子进行装修改造；二是在农民宅基地院子里把旧房拆掉，重新进行建设，主要适用于那些因建筑质量问题需拆迁重建的房屋；三是把成片的宅基地上的建筑一起拆掉，按照美丽乡村规划要求，以村民住宅名义重新规划报建，形成有一定规模的乡村居住组团，相关村民组成专业合作社，按出地比例分享未来收益。在上述三种方式中，前两种方式最为简单和直接，旅居客人与房主签订租赁合同即可实现；第三种方式较为复杂，通常需要企业介入，由企业、政府和村民合作社共同合作，按照企业化方式运营管理才能实现。目前，海南共享农庄主要通过第三种方式进行建设，借助企业专业化运营管理，提高养老服务产业化和专业化水平。

2. 利用村集体建设用地并与村集体合作开发乡村客栈

乡村客栈是在村集体建设用地上由投资者与村集体合作建设的中低端的旅店。乡间客栈建设所用的村集体建设用地不同于宅基地①，主要是早期的乡镇企业发展用地，以及后来作为国家征地补偿给村民用于发展集体经济的建设用地，或者是用于发展基础教育的村庄小学校用地，这些都是属于村集体且可以进行建设的土地。对于这类土地，投资者可以采用承租村庄建设用地的方式进行建设和经营。正因如此，乡间客栈不会有产权证，也无法转让，只能通过经营来回收投资。因此，乡村客栈通常需要企业开发建设。此外，在共享农庄背景下，一些闲置的村集体建设用地可以有效地激活。例如，村庄废弃的学校用地，在冬季可以成为"民宿候鸟"的文化活动中心，夏季可以成为大学生文创基地。从海南目前的发展现状来看，这种途径还不成熟，利用村集体建设用地并与村集体合作开发乡村客栈这条路经还不成熟，存在诸多风险。许多村庄也缺乏足够的村集体经营性建设用地，难以大规模开发。

3. 利用"点状供地"建设田园旅馆

田园旅馆是建在田园乡间国有建设土地上的中高端旅店，其建设用地需要通过正规的招、拍、挂形式获得，有土地证，但不是住宅，不可以销售，其规划用地性质只能是商业设施用地。《海南省人民政府关于支持美丽乡村建设的若干意见》（琼府〔2018〕10号），明确提出了要"积极保障乡村建设用地计划指标"。文件要求"每年按照省级土地利用年度计划指标的5%下达美丽乡村新增建设用地指标。对列入全省共享农庄、美丽乡村重点建设计划，需要使用建设用地的项目，优先安排新增建设用地计划指标"。因此，美丽乡村5%指标确定的增量建设用地是真正的建设用地。政府之所以提供建设用地，是因为共享农庄面对的是城市居民，要使城市居民长期入住共享农庄，就必须使其生活标准达到或者接近城市生活的基本标准。因此美丽乡村必须配备相应的居住服务设施，以保证这个由共享农庄演变的乡村居住社区有基本的生活配套功能，这就需要增量建设用地，用来建

---

① 根据《中华人民共和国土地管理法》，村民宅基地属于村集体建设用地。

设社区公建，以供开设商业网点、医疗保障体系及其他配套服务设施。这条途径相当于把城市酒店搬到乡村，但由于5%的指标太少，很难大范围实施。

需要说明的是，田园旅馆与乡村客栈在建筑学意义上没有差别，都是建在乡村地区的住宿设施，只是在建设土地的规划用地性质上不同而已。在管理经营层面上，二者均可以用分时度假理念来经营。由于各种因素制约，国内分时度假并没有在正规酒店中得到推广。相反，以处置闲置房屋为目的的"酒店式公寓""公寓式酒店""共享民宿"等产品，却在互联网高度发达的背景下开始迅速地发展起来。

4. 利用农地配套建设临建设施

临建设施是在农业用地"三权分置"政策背景下，在农业附属设施用地上，以临时性小建筑(如小木屋、帐篷、集装箱)的形式安置的室外活动小品和非日常居住空间。根据《国土资源部 农业部关于完善设施农用地管理有关问题的通知》(国土资发〔2010〕155号)，设施农用地具体可分为生产设施用地和附属设施用地。需要强调的是，农业附属设施用地不是"非农建设用地"，这在《国土资源部 农业部关于完善设施农用地管理有关问题的通知》(国土资发〔2010〕155号)文件中有明确的表述：在以农业为依托的休闲观光项目及各类农业园区，涉及建设永久性餐饮、住宿、会议、大型停车场、工厂化农产品加工、中高档展销等的用地，不属于设施农用地范围，按非农建设用地管理。目前发生在全国范围内的打击"大棚房"运动，实际上就是打击那些在农业附属设施用地上建设的各种非农设施。许多乡村旅游和休闲农业设施利用各种手段打擦边球，目前已遭到严重打击。由于临建设施在性质上属于农业设施，不能直接与旅游养老产业对接，但可作为配套，与休闲农园组合，形成可以欣赏周边田园优美环境的体验点，与村庄民宿、乡村客栈、田园旅馆配套组合，构成完整的旅居产品，一起对接旅游养老市场。

(六)共享农庄与旅游养老产业对接中的实践困境

共享农庄与旅游养老产业对接是推进海南美丽乡村建设的重要环节，

但从海南的实践来看，仍面临着诸多困境。通过对共享农庄创建单位和候鸟型老人的调查，结合笔者对大量实践案例的经验性总结，发现在共享农庄与旅游养老产业对接中存在多重困境，尤其是在土地利用、投资理念、商业模式、政府管理等方面尤为突出，现阐释如下：

1. 土地利用困境

共享农庄建设离不开土地利用，但相关法规与政策并不完善。共享农庄的建设用地分为增量建设用地和存量建设用地两部分，目前这两部分建设用地都遇到深层困境。

从增量建设用地来看，目前共享农庄难以取得新增集体建设用地，原因有两个：一是相关法规对集体建设用地的利用主体和用途限制过严；二是建设用地指标紧缺。海南虽然提出了每年新增5%的美丽乡村增量建设用地，但在操作层面并未明确其性质为国有建设用地还是集体建设用地。并且，海南每年新增建设用地指标较少，乘以5%后指标就更少，难以满足乡村建设需求。

从存量建设用地来看，共享农庄利用存量集体建设用地和农地存在法律风险，其原因有两个：一是《中华人民共和国土地管理法》第六十三条明确规定，集体所有土地的使用权不得出让、转让或者出租用于非农业建设。尽管目前一些地方在此方面有所突破，但这并未获得《中华人民共和国土地管理法》的明确认可。与此同时，共享农庄采用分时度假式的利用方式，实质上是农村集体经营性建设用地使用权、宅基地使用权转让与租赁行为，其合法性缺乏《中华人民共和国土地管理法》的明确支持。二是《中华人民共和国农村土地承包法》对农地流转的限制阻碍了共享农庄农地的有效利用。《中华人民共和国农村土地承包法》没有明确土地经营权的性质，又对土地经营权流转设置了一些限制条件，这对共享农庄利用农地带来风险。

2. 投资理念困境

共享农庄建设离不开投资。投资主体包括消费者、企业和地方政府。其中，消费者和企业主要投资于旅居产品，政府主要投资于村庄环境整治和公共设施建设。就消费者和企业而言，目前面临着资本投资逻辑与人本投资逻辑错位的困境。资本投资逻辑可简单解释为"投资目的在于获得最大的投资回报率"，人本投资逻辑则是"投资不以最大的投资回报为目的，而以获取一个美好的生活为最大回报"。共享农庄建设需要遵循人本投资逻辑。

与旅居海南的候鸟型老人的访谈可知，他们将其积蓄投入共享农庄时，其主要动机在于获得"美好的生活"。但长期以来受经济发展中房地产投资心理的影响，许多人期望能在享受"诗意栖息和浪漫旅居"的同时，还能获取投资收益，抱有投机心理。在对企业投资的调研中可以看到，在 159 家海南共享农庄创建单位中，企业作为申报主体的数量为 97 家，其中主营业务为农业开发的企业有 64 家，主营业务为旅游开发或涉旅投资公司主体的有 33 家。目前，企业多把共享农庄作为一个投资项目，其投资逻辑主要遵循资本投资逻辑，因此特别关注投资回报率与投资风险等指标。

3. 商业模式困境

共享农庄建设是一种商业行为，需要创造符合自身规律的商业模式。目前，大多数人将共享农庄等同于乡村民宿，照搬乡村民宿的商业模式来运营共享农庄。乡村民宿一般被解释为"将房屋拥有者闲置的空房，经过改造使之成为接待游客的小(微)型的旅馆"。乡村民宿具有环境舒适、价格便宜、服务亲切等特点，目前备受市场追捧，成为乡村旅游中的一个通用产品。共享农庄中的乡村民宿不同于普通的乡村民宿，需要独特的商业模式。

从商业运营角度来看，国内的乡村民宿可分为自有经营型、租赁自用型和租赁经营型。自有经营型乡村民宿是传统意义上真正的乡村民宿，民宿主人可以自我经营，以旅游服务为主要用途，以中国台湾为代表。租赁自用型乡村民宿是指通过租赁方式获得房屋使用权来建设的民宿，民宿自用为主，旅游接待为辅，以长三角地区为代表。租赁经营型乡村民宿是指通过租赁方式获得房屋使用权来建设的民宿，以服务游客为主要目标，以云南丽江地区为代表。显然，共享农庄中的乡村民宿不同于以上三种乡村民宿。从海南来看，尽管有一定的旅游客流量，但旅游地产形成了海量闲置房，替代了租赁经营型乡村民宿，因此，对于海南的共享农庄来说，共享众筹型的乡村民宿才是适合海南本土的乡村民宿商业模式。①

---

① 杨春淮，张珊，李晓书. 海南乡村民宿"共享众筹"模式探究 [J]. 海南热带海洋学院学报，2019(3)：27-34.

4. 政府管理困境

共享农庄是新生事物。2017 年和 2018 年，海南分别推出了《2017 年海南"共享农庄"创建试点申报方案》（以下简称《申报方案》）和《海南共享农庄建设规范》（以下简称《规范》），按照试点先行、循序渐进的原则逐步推进。其中，2017 年的《申报方案》规定"每个县（市）试点建设 2~3 个、地级市试点建设 3~5 个"；2018 年的《建设规范》明确提出"市县申报数量原则上不搞区域平衡"，各市县申报积极性得到充分调动，试点单位明显增多。

（七）共享农庄与旅游养老产业对接困境的消除策略

1. 切实落实共享农庄建设用地问题

《海南共享农庄建设规范》（DB HN/045—2018）要求"共享农庄基本功能板块包括生产、生活、体验、购物、餐饮、住宿六大功能"，这说明共享农庄一定会有非农设施需要建设，而非农设施建设就一定需要建设用地，但在目前土地政策框架下，还不能有效解决这一问题。但是对海南而言，在自贸港建设背景下，有"先行先试"的政策优势。文昌作为全国 33 个"三块地"改革试点之一，通过农村集体经营性建设用地入市、农村宅基地和土地征收制度改革，推动共享农庄、特色小镇等特色乡村旅游发展，已经取得了一定的成效①。目前应进一步深化文昌"三块地"改革试点经验，为农地试出合理的管理模式，推动传统"以农为本的农村"逐渐转型为"农工商业的乡村"。

2. 纠正错位的投资逻辑

共享农庄遭遇投资困境的根本原因在于投资者误读了共享农庄的性质。从本质上说，共享农庄是在乡村振兴战略的背景下，结合农村土地"三权分置"的政策，把原来由地方政府独享的建设用地红利让渡给农村与农民，通过城市人的加入而实施乡村振兴。以共享农庄为抓手的美丽乡村建设，可

---

① 林超，吕萍，顾岳汶. 文昌"三块地"改革与乡村旅游发展与思考［J］. 中国房地产，2019（7）：44-47.

以充分激活"三权分置"政策设计的内在功效：一方面，要让农民与农村在城市和城市人的帮助下，通过"城乡共享"农村集体所有建设用地而享受到土地政策红利，振兴乡村，并同时缓解城市与城市人面临的一些居住问题；另一方面，避免在自由市场经济背景下的商业资本出于逐利本性对乡村振兴战略的土地政策红利采取杀鸡取卵式的掠夺，从而保护农民的根本利益。

共享农庄的实现路径有赖于"三权分置"后出现的所有者、投资者、经营者之间的合作与分享。被"分置"的"三权"只有通过"共享"回归"一体"后，最终才能发挥土地的潜在效能，进而普惠各方。因此，共享农庄建设不是变相的房地产项目，不能沿袭房地产项目的投资逻辑，而是三方利益共享。从这个意义上看，共享农庄的共享本质在于收益共享。正因如此，共享农庄建设需要遵循人本投资逻辑与众筹分享逻辑。人本投资逻辑是以获取美好生活为回报，众筹分享逻辑是指参与共享农庄建设所有环节的相关者都要出钱投资并分享利益的分配逻辑。显然，只有共享农庄的利益相关者们真正认识到共享农庄的本质，从传统的资本投资逻辑转换为人本投资逻辑，才能走出困境。

3. 创新乡村民宿的商业模式

海南共享农庄中的乡村民宿，属于共享众筹型乡村民宿，与自有经营型、租赁自用型和租赁经营型等传统意义上的乡村民宿存在根本差别。共享众筹型乡村民宿是在共享农庄建设背景下设计出来的一种商业模式。在这个商业模式中，村民是所有者，投资者是使用者，经营者是有偿服务者，他们分享政府让渡出来的建设用地红利。就此而言，土地可通过共享方式取得，资金可通过众筹方式获得，环境通过政府打造，村民可通过参与农业服务、提供农副产品、分红土地租金等获取收益。

4. 回归市场经济的逻辑

海南共享农庄建设是由政府发起的。为此，海南省政府专门出台了纲领性文件，要率先建设共享农庄，在财政、用地、金融、保险等方面给予大力扶持。从目前的进程来看，大部分共享农庄并未取得实质进展。毕竟，共享农庄建设是一种经济行为。目前，许多创建单位对海南旅居市场缺乏足够的信心，尤其是受物价因素的影响，海南候鸟型旅居市场波动较大，如果加上政治绩效的影响，会对市场带来负面的影响。因此，共享农庄建设要回归市场经济的逻辑，处理好政府、市场、社会之间的关系，政府在引导启动后，要及时归位，从政府推动回归市场主导。

四、海南健康旅游业态配置与旅游养老融合发展研究

(一) 研究目的与意义

健康旅游是健康产业和旅游产业融合发展形成的新业态，是贯彻落实"健康中国"战略的重要载体之一。充分发挥海南地域特色和政策上、资源上的比较优势，加快推进海南健康旅游产业发展，是落实《海南自由贸易港建设总体方案》《"健康海南 2030"规划纲要》的重要抓手，是实现经济以国内循环为主的国内国际双循环新新格局、促进旅游与"健康海南"创新推进的有效载体，是改善民生和提升全民健康素质的必然要求。

(二) 健康旅游的概念与分类

迄今为止，关于健康旅游，尚无统一的定义，并存在着一定的争议。从国外来看，学者们对健康旅游的定义主要从需求和供给两个角度展开。从需求角度来看，健康旅游是人们离开日常生活圈而开展的以恢复、维护与增强健康为主要目的的旅游活动①。从供给角度来看，健康旅游是通过主动疗法、被动疗法与休闲度假结合来吸引旅游者的活动②。由此可见，健康旅游是一个大概念，具有多重内涵。

在健康旅游大概念下，因需求特性与供给层面的差异，健康旅游可以细分为保健旅游与医疗旅游。保健旅游(国内也叫养生旅游)是从事预防与促进健康(包括心灵上的健康)的旅游活动；医疗旅游是以治疗与康复为目的的旅游活动。根据国外相关文献研究，保健旅游产品主要包括 Spa、矿泉

---

① Carrera P M, Bridges J F. Globalization and Healthcare: Understanding Health and Medical Tourism [J]. Expert Review of Pharmacoeconomics & Outcomes Research, 2006, 6 (4): 447-454.

② 钟晖，王媛. 健康旅游研究综述 [J]. 昆明理工大学学报(社会科学版)，2020, 20(5): 109-115.

和健康度假中心三种类型（Health Resort）。相对于保健旅游，医疗旅游更强调医疗行为的重要性。根据医疗行为，可将医疗旅游分成三种形态：直接治疗、特别治疗与间接治疗。直接治疗指其行为或活动直接与治疗或复健相关，如经由旅行到他处进行外科手术等；特别治疗指其行为活动仅针对特别形态的疾病或对象做治疗，如仅针对患有相同疾病的孩童进行疾病治疗；间接治疗指其行为或活动间接与治疗或复健相关。

（三）海南发展健康旅游的比较优势

1. 生态环境得天独厚

海南地处热带，生态环境优越，四季温暖，光照充足。海南岛是我国唯一的热带海岛，森林覆盖率高达62%以上，空气负离子含量高，富硒土壤面积大，具有发展健康旅游的先天优势，对呼吸道疾病、关节类疾病及很多常见疾病有一定的治愈作用和很好的康复作用。

2. 健康资源独具特色

海南地理形态多样，生物多样性丰富，药用动植物种类繁多，素有"天然药库"之称，黎医苗药富有特色并具有发展潜力。矿泉资源丰富，温泉冷泉资源数量多、分布广、种类全，具有发展健康旅游的良好资源条件和开发潜力。

3. 政策保障优势明显

国家对海南自由贸易港建设在土地、资金、人才、管理等多方面赋予开放和优惠，为发展健康旅游提供了政策保障，更给全国唯一的医疗旅游先行区——海南博鳌乐城国际医疗旅游先行区九项极具含金量的政策，为海南发展健康旅游提供了坚实的政策保障。

4. 市场需求潜力巨大

2016年的《中国健康养生大数据报告》指出：我国健康养生市场规模已超万亿元，其中城市常住居民年人均用于健康养生的花费超过1000元。随着我国国民生活水平的提高，加上老龄化社会的来临，越来越多的"候鸟人群"选择在海南进行康养旅游。尤其是2020年发生的新冠肺炎疫情更加促使人们重视健康，在此阶段，海南旅游业虽受到了此疫情的冲击和影响，但相对于其他省份而言，没有特别严重，反而促使海南健康旅游不断提升。

（四）海南健康旅游发展的问题与不足

1. 产业融合度较低

海南健康旅游在全国虽然起步较早，但是总体上仍然处于产业融合度较低的初级阶段。具体表现为：一是总体上医疗业与旅游业融合程度低；二是健康旅游与美丽乡村建设及其他相关产业融合度较低；三是健康产业与信息技术融合度低。

2. 产品未能有效满足需求

随着人们对健康旅游需求的日益增长，中高端市场需求尤为强烈。而从供给端来看，海南健康旅游产品开发层次低，更多的是在打优质资源与自然环境牌，缺乏更多富有技术含量的康养产品，利用健康和旅游资源针对中高端人群需求开发相应的健康旅游产品，在数量和质量上均显不足。

3. 缺乏产业特色知名品牌

海南凭借得天独厚的自然环境资源塑造了整体上的"健康岛"区域品牌。由于缺乏对健康旅游的科学规划、高水平策划与创新开发，健康旅游更多表现为自发状态，多种资源尚待打造成为具体化的健康旅游产品和有影响力、知名度的品牌。

4. 复合型专业人才匮乏

健康旅游是融合多种产业的新业态，其发展需要医疗、康复、保健、旅游、营销、管理等方面的专业人才，更需要对以上若干方面跨界兼知的综合性、复合型人才。但是，一方面这样的人才极其匮乏，另一方面海南院校对健康旅游的研究薄弱，其人才培养体系和模式尚处于萌芽阶段。

（五）海南健康旅游的六大基本业态

健康旅游是以维护和提升旅游者健康水平为目的，从生理、心理或社会适应等方面促进旅游者健康的各种旅游活动的总称。针对旅游者身心健康的不同状况和满足健康旅游需求的产品多样化，健康旅游的产品和产业呈现复杂而多元的形态。结合海南健康旅游比较优势和健康旅游创新发展的要求，围绕旅游者在人生不同时段和不同健康状态下的旅游需求，我们认为可将健康旅游细分为康疗旅游、康复旅游、康养旅游、康健旅游、康美旅游、康寿旅游六大基本业态（以下简称"六康"），"六康"构成互有区别、互相联系的健康旅游产业链。海南发展健康旅游应围绕"六康"精准定位市场、科学配置资源，创新打造一批特色鲜明、布局合理、技术先进、引领市场的健康旅游基地和项目，打造海南人民和中外游客共享的高端化、品质化、国际化健康旅游目的地。现对海南健康旅游六大基本业态诠释如下：

1. 康疗旅游

康疗旅游是针对慢性病、富贵病等非传染性疾病人群的旅游需求，主要依托医疗机构、康养与旅游资源而开发的健康旅游产品，是有别于跨地医疗，通过医疗与旅游相结合，并借助特色旅游提升医疗效果和增进健康的消费活动。

2. 康复旅游

康复旅游是针对需要康复人群的旅游需求，主要依托各种康复机构的疗养资源、旅游资源而开发的健康旅游产品，包括病后康复、产后康复、运动康复、弱儿康复等。

3. 康养旅游

康养旅游是针对亚健康人群、体弱者、需要在体力或精神上获得恢复者的旅游需求，依托优质自然环境、特色人文环境和康养旅游设施资源而开发的健康旅游产品，其载体包括养生会所、各种康养基地、康养旅居型社区和乡镇。

4. 康健旅游

康健旅游是针对健康人群的运动健身旅游需求而开展的各种以健身为目的的运动与活动类旅游产品，其主要载体为各类运动场所、训练基地，以及户外的包括陆地、水上和低空的多种运动与活动空间。

5. 康美旅游

康美旅游是针对以美容、整形与塑身等追求美的客群的需求，利用专业技术、设施和相关活动而开展的健康旅游产品，其主要载体为各类具有增美功能的机构、企业，包括医院、美容院和专题酒店等。

6. 康寿旅游

康寿旅游主要针对"银发族"中高、中端养老人群的健康长寿需求，依托包括自然、文化和社会保障的优质康养环境而开发的健康旅游产品，其代表性的载体为具备医养保健和旅游度假功能的旅居型长寿社区、长寿村和专业园区。

（六）优化海南健康旅游业态发展的对策建议

1. 明确总体发展思路

海南健康旅游总体发展思路为：以"健康海南"为发展目标，巩固"健康岛"品牌形象，充分发挥海南健康资源优势和自贸港政策优势，大力开发高端化、品质化、国际化的健康旅游产品，围绕"六康"培育和不断完善健康旅游产业链，打造健康旅游目的地，创造具有引领性的中国健康旅游发展范例。

2. 优化空间布局和项目配置

根据海南健康旅游发展现状、资源比较优势、区位交通条件、人才技术条件及相关上位规划，优化健康旅游产业空间布局，打造海口、三亚、琼海、儋州、五指山五大具有鲜明特色和功能各异的健康旅游产业中心，辐射带动周边地区健康旅游产业发展，构建"中心—城区—镇区—乡村"相互支撑的健康旅游产业基地体系。围绕康疗旅游、康复旅游、康养旅游、康健旅游、康美旅游、康寿旅游六大基本业态，依据各业态的特色要求进行科学的空间布局与配置项目。

（1）康疗旅游。

空间布局：在博鳌、海口、三亚等优质医疗资源密集区重点发展康疗旅游，至少形成三个以上不同特色、相互支撑的大型康疗旅游中心，辐射带动周边发展中小型康疗旅游基地。

项目配置：重点发展针对各种慢性病、富贵病等非传染性疾病的康疗旅游项目。以高端化、特色化、差异化、高附加值、与旅游融合度高、无厌恶性医疗门类等为基本条件，优选开发医疗旅游项目。积极吸引和利用高端医疗技术、医疗设备、医学专业人才，引入国外知名医疗机构、健康管理机构，开展第三方医学检测、高端医疗和医养旅游综合服务。

（2）康复旅游。

空间布局：全省均可开展康复旅游，各县市要根据自身医疗条件和资源禀赋，开设特色康复和疗养机构。鼓励引进省外优质医疗资源，合作建立各种类型的康复中心。鼓励各类社区设置特色康复基地，培育特色养生社区。

项目配置：重点发展病后康复、运动康复、产后康复、弱儿康复项目。鼓励发展康复护理、老年护理、家庭护理和母婴护理等护理服务。重点扶持以中医中药为主，以南药、黎医、黎药为特色的健康旅游基地，通过传统中医疗法，提供健康疗养、慢性病疗养、老年病疗养、运动康复和职业病疗养等特色服务。

（3）康养旅游。

空间布局：利用海南热带雨林国家公园、温泉旅游区及酒店、度假村、旅游公寓、乡村旅游点、主题民宿等设施，发挥海南气候、森林、海滨、温泉、冷泉等资源优势，面向亚健康人群，打造一批特色康养旅游基地，提供康养旅游服务。对存量房地产进行旅游化、健康化改造，使之成为承接康养旅游的社区基地。

项目配置：大力推广中医传统疗法，发展中医营养饮食、按摩保健、调理保健、慢病预防等特色养生服务。充分利用海南森林资源，通过引进国际先进森林康养技术、设备和人才，开发森林康养旅游基地。利用海南丰富而优质的日光、海水、空气、海沙、海泥和矿泥等滨海康养资源，依托海滨旅游度假区和度假酒店，打造一批热带海滨康养旅游基地，形成环岛海滨康养旅游圈。利用海南温泉地热及冷泉资源，结合各地特色，打造一批特色温泉、冷泉养生度假基地。

（4）康健旅游。

空间布局：结合各种运动场地、体育旅游基地建设和赛事活动，推进全民健康运动，大力发展康健旅游。一是利用城镇公园绿地、空置场所、小区公共绿地等区域，建设健身房、健身步道、健身球场、健身公园等社区健身场地，满足城镇旅居市场的健身运动需求。二是在海滨地区与中西部地区，利用场地资源优势，建设一批水上运动基地和山地户外运动基地，打造环岛海上运动休闲产业带和中西部山地运动旅游示范区。

项目配置：依托海南自贸港政策优势和海、岛、山、河、林、文等资源，创建国家体育旅游示范区，开发滨海休闲、山地探险、运动康复、文化体验等体育旅游产品，开展水上运动旅游、滨海运动旅游、山地运动旅游、雨林运动旅游、徒步旅游、自行车运动旅游等。重点发展具有海南特色、高消费的健身休闲运动旅游，如高尔夫运动旅游、航空运动旅游、游艇汽艇旅游、潜水运动旅游、海上运动旅游等。

(5)康美旅游。

空间布局：充分发挥海南东部地区的高端康疗资源与区位条件优势，引进国际先进医疗美容技术和专业人才，利用高端度假酒店开展度假和康美紧密结合的品牌化康美旅游基地建设，把海南东部打造成康美旅游产业核心区。

项目配置：大力扶持以安全可靠和政策法规允许为前提、以个性化订制为特色，具有国际领先技术的医疗美容项目和抗衰老服务。充分挖掘热带气候、生态环境、健康饮食、生活习惯中的康美文化基因，丰富海南康美旅游的文化内涵，打造富有海南特色的康美旅游产品。开发和应用医疗美容新材料、新仪器、新技术，探索医疗美容保险服务，培育一批医疗美容特色服务康美企业，提高市场竞争力和国际影响力。

(6)康寿旅游。

空间布局：一是在中西部地区，充分发挥旅居养老成本低、养老气候优、生态环境好的优势，打造康寿旅游基地。二是支持拥有特色康寿资源环境的区域，如养生文化历史悠久、益寿环境条件优越的琼北火山岩分布区，各地生态环境优良的乡村旅游区，深入挖掘海南"长寿之乡"的环境禀赋和"天然药库"的资源基础，充分发挥海南健康的饮食文化和养生文化的比较优势，开发康寿旅游产品和服务。

项目配置：培育一批社会化、综合性养老服务机构，完善老龄健康支持体系。充分利用"生态岛""健康岛""长寿岛"品牌，选择生态环境优、交通区位好的村镇，打造一批康养长寿村和康养长寿乡。充分发挥海南特有动植物资源、先进生物和现代农业技术等综合优势，推进海南特色康寿保健品研发和应用。

(7)综合性健康旅游项目。

在康疗旅游、康复旅游、康养旅游、康健旅游、康寿旅游、康美旅游六大系列健康旅游产品和品牌的基础上，结合食、住、行、游、购、娱六大要素，扶持发展具有健康元素的综合性旅游产品，推动海南健康旅游文化和健康旅游经济融合发展，使健康旅游成为海南国际旅游消费中心的重要支柱和特色内容，充分体现旅游作为综合性产业的特性，带动第一、第二、第三产业融合发展。

3. 提升旅游要素类产品的健康化水准

(1)提升旅游餐饮产品的健康化水准。一是鼓励健康旅游食材基地建设，鼓励种养具有绿色健康食品功效的热带作物和水果瓜菜品种，鼓励发展海南本土特色的健康食材。二是鼓励健康旅游餐饮加工基地建设，重点鼓励开发海南本土健康食品与饮品。三是高质量引进国内外健康食品与饮品，尤其是国外免税食品与饮品，丰富、完善健康旅游餐饮产品。

(2)提升旅游住宿产品的健康化水准。一是鼓励根据健康旅游住宿产品质量标准(待制定)，对海南现有旅游住宿产品改造升级。二是鼓励新开发的旅游住宿产品，按照健康旅游住宿产品质量标准进行开发。三是鼓励对海南存量地产进行旅游化、健康化改造，打造健康旅居社区。

(3)提升旅游景区和旅游交通的健康化水准。一是制定健康旅游景区评价标准(待制定)，通过创建健康旅游景区，全面提升旅游景区健康化水平。二是制定健康旅游交通评价标准，全面提升旅游交通和交通旅游的健康化水平。

(4)提升与旅游相关的娱乐品与购物品的健康化水准。一是支持与旅游相关的健康娱乐产品开发，提升健康旅游娱乐产品质量。二是鼓励相关企业研发具有海南地方特色的健康旅游购物品。

(5)促进与健康旅游相关的专项产品研发。针对海南健康旅游业态发展，鼓励相关企业开发专项产品。一是依托国家体育产业基地、专项训练基地，发展运动营养、运动康复、生理生化监测等相关产品研发制造。二是依托海南品牌体育运动赛事和特色健身休闲活动项目，大力发展健身休闲运动产品制造业。支持企业围绕热带山地运动、热带海岛休闲、热带低空飞行等领域，设计制造定制化、个性化高端器材装备。三是开发高品质的家用理疗、按摩、养生保健器械和智能监护设备，扩大多样化智能健康服务产品供给。

4. 完善产业发展保障因素和发展环境

（1）健全政策和法规。结合海南自贸港建设总体方案，深入研究健康旅游产业发展所需的扶持政策，在用地、财政、金融、税收等方面制定具体可操作的各项扶持政策。大力推进健康旅游标准化建设，制定健康旅游产业的准入制度、运营流程、评价体系和退出门槛。

（2）丰富人力资源供给。结合海南自贸港建设总体方案，将健康旅游产业专业人才纳入全省人才管理体系。充分利用海南博鳌乐城国际医疗旅游先行区的政策优势，引进具有持续创新能力的一流科研团队和高层次人才。支持海南地方职业院校设置相关专业，大力培养健康管理专业人才。鼓励院校及培训机构开设相关专业或课程，提供职业培训和创业辅导，加快培养照护康复、养生保健、体育健身等专业技能人才。

（3）积极发展与健康旅游相关的各种保险服务。鼓励商业保险机构、专业健康险企业参与健康旅游产业链整合，引导相关机构与国际健康保险机构合作，拓展专业健康险品种范围，发展适应国际健康旅游要求的一体化保险服务，设计与健康服务新业态发展相衔接的多样化健康险产品，推出覆盖国际前沿医疗技术、创新药、高端医疗器械应用的医疗险品种。

（4）大力加强信息化建设。大力推进"互联网+"健康旅游，打造智慧旅游服务，实现信息数据共享，建立标准化电子健康档案，保障游客享受旅游服务的延续性。以"互联网+"为手段，结合大数据、人工智能、物联网等新一代信息技术，扩展健康旅游服务空间和内容，优化健康旅游流程，改善服务质量和效率，提升服务便捷性与可及性，发展面向个人、家庭的精准健康旅游服务。

（5）加大行业指导和监督。在海南省旅游协会指导下，成立健康旅游分会，充分发挥健康旅游分会的协调、指导和监督作用，并通过自律功能实现自我调控。分会制定和实施健康旅游的行规行约、行业标准与从业规范，指导和协调企业经营行为；开展企业信用、服务质量等级评定，实施"黑名单"管理制度，对违反协会章程或损害行业利益的行为采取自律措施；开展行业培训和公益宣传，引导全行业、全社会树立健康旅游价值观，形成健康消费自觉；广泛接受社会和媒体监督。

第九章
研究结论、对策建议与相关讨论

一、研究结论

本书以海南为研究样地，研究旅游养老产业结构调整策略。通过对海南旅游养老产业运行环境、旅游养老需求和供给关系的调研与分析，对海南旅游养老产业研究形成若干结论，具体如下：

(一)海南养老需求模式多元化且需求水平不断升级

海南旅游养老萌芽于21世纪初的老年观光旅游，兴盛于候鸟式旅居养老，目前已经形成了百万人以上的市场规模，但潜在市场需求旺盛，需求水平处于不断升级之中。目前海南旅游养老需求模式主要有置业养老(自购房产)、社区旅居、机构养老、老年公寓、度假酒店、田园旅居六大基本模式。其中，置业养老和社区旅居占主导地位，其次是机构养老、老年公寓、度假酒店和田园旅居。

(二)海南旅游养老产业供给主体多元化且业态比较丰富

目前，海南已经形成了集观光休闲式的旅游养老与候鸟式的旅居养老于一体的旅游养老产业体系，供给主体多元化，主要是地产商、养老机构、酒店宾馆、养老公寓、城乡居民、地方政府等。在业态方面主要有养老地产、机构养老、酒店宾馆、养老公寓、乡村民宿等多种类型，业态比较丰富，并有一些新业态在不断发育。

(三)海南养老需求与供给间关系复杂且具有一定的适应性

海南旅游养老市场需求与旅游养老供给之间形成了比较庞杂的供求关系体系，并且相对于旅游养老需求侧，旅游养老供给侧已经具有一定的适应性：在总量方面，现阶段供求总量总体处于均衡水平，但未来市场需求总量增长，供给总量随之增长但涨幅有限。在结构方面，相对低端的供给结构与相对低端的需求结构基本适应，高端需求增长引导供给品质提升，旅游养老产业整体处于不良循环之中。

(四)海南旅游养老产业供给侧存在诸多问题

海南旅游养老产业在供给侧存在诸多问题，主要表现在五大方面：一是旅游养老产品总体性价比不高；二是旅游养老产业空间布局不均衡；三是旅游养老产业体系不健全；四是公共服务供给存在较大不足；五是旅游养老产业管理不完善。

(五)海南旅游养老产业供给侧问题成因十分复杂

海南旅游养老产业供给侧问题成因十分复杂，主要有五方面：一是地方政府对旅游养老产业认识存在误区；二是旅游养老需求的季节性严重影响产业供给与企业经营；三是旅游养老产业投资严重不足；四是旅游养老产业的科技含量低；五是旅游养老从业人才存在较大缺口 。

(六)海南旅游养老产业现阶段面临诸多深层次问题

海南旅游养老产业现阶段发展面临的问题较多，根据研究需要和调研资料，本书研究了三个问题：一是旅居养老社区评价指标体系构建问题；二是海南共享农庄建设与旅游养老产业对接问题；三是健康旅游业态配置与养老产业融合发展问题。

二、对策建议

基于上述研究结论，本书提出如下对策建议来进一步促进海南旅游养老产业健康发展。

（一）明确旅游养老产业定位，做好顶层设计

1. 更新传统观念，正确认识旅游养老产业

旅游养老产业是旅游产业与老年服务产业之间的融合，属于"新经济"范畴，也是海南具有优势和市场前景的新经济之一。政府部门要摈弃对旅游养老产业的片面认识，要用发展的眼光认识旅游养老产业，明确旅游养老产业在海南社会经济发展中的定位，要以新时代人民日益增长的健康养老需求为导向，把旅游养老产业培育成为海南自贸港和国际旅游消费中心的重要引擎之一，把海南打造成业态丰富、品牌聚集、特色鲜明、品质一流的具有国际水准的旅游养老目的地。

2. 制定并落实切合海南实际的旅游养老产业发展规划

将旅游养老产业纳入海南现代服务业总体规划，科学规划，统一部署，培养一批大中型旅游养老龙头企业和旅游养老产业知名品牌；政府要将旅游养老产业规划纳入现代服务业发展规划的重点建设项目中，加强交通、绿化、科教、文卫等公共设施建设，为养老旅居社区提供相关配套服务，打造海南高龄友好城市和海南高龄友好社区。

3. 健全旅游养老产业相关政策

海南地方政府要深入落实国家关于养老产业和大健康产业发展的各项政策，结合海南实际，建立旅游养老产业良性发展的政策体系，综合运用医疗政策、民政政策、财政政策、税收政策、用地政策和行政事业收费政策等，促进养老服务产业的快速成长。

（二）优化旅游养老产品体系，丰富旅游养老业态

1. 开发乡村旅居养老产品

乡村旅居养老又称为田园旅居养老，是以农家乐与民宿、乡村田园景观、农事娱乐体验、特色乡村风情为依托，以满足老年人休闲养生为目标

的旅居养老模式①。乡村一般具有良好的生态环境,生活节奏舒缓规律,有益于老人的身心健康,乡村生活成本相对低廉。经过文明生态村建设和美丽乡村建设的海南乡村,基础设施和人居环境得到了普遍改善,农村公路交通网络初步形成,基本上实现了村村通公路,物流体系日趋完善。在通信方面,全部实现无线网络全覆盖。目前,农村的生活已经十分便利,现代化程度越来越高。尤其是美丽乡村建设,使农村人居环境得到综合整治。同时,中国人素有田园旅居的文化传统,城市老年人大多都有在乡土社会的生活经历,使在养老时渴望归居田园,体验田园氛围,为开展田园旅居养老奠定了文化基础。

海南农业人口占全省总人口的 60% 以上,农村土地占比在 80% 以上,是一个拥有广大乡村地区的自贸港。为保证自贸港建设,海南省委办公厅、省政府办公厅于 2020 年 3 月印发了《关于建立房地产市场平稳健康发展城市主体责任制的通知》,实施了被称为史上最严厉的房地产调控政策,探索经济转型发展。在此背景下,将旺盛的旅居养老需求引向广大的乡村地区,成为海南调整旅居养老产品结构的必然选择。海南已经出台了一系列支持乡村发展共享农庄、乡村民宿和乡村旅游的政策意见,为开展乡村旅居养老提供了保障。海南应充分利用上述实施政策,开发乡村旅居养老产品,与旅居养老市场对接,以优化海南旅居养老产品体系。

2. 完善旅居社区配套,提升社区旅游养老业态

旅居社区以养老地产为支撑,融合了多种养老业态,是我国房地产的重要组成部分。大型旅居养老社区集中了老年住宅区、老年大学、购物中心、星级酒店和社区医院等多种业态,产业链比较完善,能为旅居老年群体提供多样性的养老服务。但中小型的旅居养老社区,缺乏相关配套设施,难以满足不断升级的养老旅居市场需求。

调研发现,大多数候鸟型老人愿意选择旅居养老社区。伴随房地产的繁荣发展,海南现已形成大量旅居养老社区,但相关配套服务相对滞后,尤其是远离中心城镇的独立社区,缺乏完善的配套设施。政府需要加大对

---

① 刘昌平,汪连杰. 新常态下的新业态:旅居养老产业及其发展路径 [J]. 现代经济探讨,2017(1): 23-27.

旅居养老社区的公共设施配套建设；地产企业在设计住宅时应加强适老化设计，以更好地满足旅居养老者的需求。政府要积极推动房地产、旅游产业和养老产业的结合，打造主题养老社区。

3. 打造一批康养旅居小镇

康养旅居小镇以康养相关产业为中心，集多种健康业态于一体，同时具备相关健康业态和完善的康养服务设施[①]。康养旅居小镇开发涉及地产、养生、休闲、度假、旅游等多种业态，能够实现与健康相关的大量消费聚集。

海南康养资源丰富，具有建设康养小镇的先天优势。基于海南康养资源特色，利用海南"百镇千村"建设契机，海南可开发温泉康养型、森林康养型、长寿资源型、中医药保健型、文化养生型等特色康养小镇，推进海南城镇化进程。

4. 做好度假酒店养老开发

海南是我国度假酒店业最为发达的省份，尤其是三亚，一直是我国度假酒店的排头兵。海南应以度假酒店为载体，大力开发水疗、养生、理疗、营养、膳食等产品，打造高端康养旅居生活，开发长住型旅居市场，为候鸟型老人提供高端旅居养老服务。与此同时，应大力引入分时度假体系，打造一批适合家庭短期旅居的度假型酒店和度假村，也要发展家庭旅馆和养老公寓，满足中低端旅居养老需求。

（三）壮大旅游养老市场主体，激发旅游养老消费活力

1. 壮大旅游养老市场主体

针对旅游养老市场主体结构类型不丰富、数量规模不大的实际，海南要按照"整合资源、盘活存量、用好增量"的原则，引导政府、社会资本、企业共同发展旅游养老，培育多元化的市场主体。

一是盘活社会旅游养老资源。支持采用股份制、股份合作制、PPP（政

---

① 何况. 度假养老型康养小镇规划研究——以蒙自南山康养小镇为例［D］. 昆明：昆明理工大学，2021.

府和民间资本合作)等模式建设或发展旅游养老机构；鼓励政府投资公建民营的旅游养老服务机构。在明晰产权的基础上，鼓励通过公开招标，以承包、联营、合资、合作等方式，交由社会力量来运营，实现运行机制市场化。

二是支持旅游养老企业发展。鼓励旅游养老骨干企业做大做强，打造一批精品旅游养老项目，通过管理输出、连锁经营等方式，延伸产业链和利润链，实现规模经济，提升核心竞争力，树立海南旅游养老品牌。以国内和省内知名的旅游企业和关联行业企业为主要对象，通过政策、资金、市场、舆论等方面的力量，开发一批公寓式康体休闲养老机构。加强酒店建设，开发一批全方位的旅游养老酒店；围绕地产开发，开发一批综合型的旅游养老社区。围绕老年人需求，开发老年用品和服务；围绕特色生物医药资源，开发老年保健品。鼓励各类中小微养老企业，通过细分养老市场，并采用差异化经营策略，强化特色定位、特色经营、特色产品和特色服务。

三是鼓励社会资本广泛参与。按照政府引导、市场主导、平等协商、风险分担、互利共赢的原则，吸引和鼓励社会资本进入老养旅游产业。支持各类度假村、培训中心和疗养院等单位开发旅游养老产品，

转变职能，向养老服务机构转型。支持民间资本对企业厂房、商业设施、废弃学校等各类闲置资源进行改造升级，用于养老服务；鼓励个人兴办家庭式、小型化养老服务机构。

四是壮大旅游养老社会组织。旅游养老社会组织在产业发展中具有重要的作用，为此，要推进养老类社会团体、基金会、民办非企业单位等各类社会组织发展，支持其加强自身建设，健全内部治理结构，增强服务功能。充分发挥社会组织在营造氛围、组织活动、服务消费者等方面的积极作用。

2. 激发旅游养老消费活力

以旅游养老市场需求为导向，以优势旅游养老资源为依托，创新市场营销手段，着力塑造"健康岛""养生岛""长寿岛"等海南候鸟型旅游养老目的地品牌形象，积极拓展旅游养老客源市场，尤其是加大中高端养老市场

的开发，激发健康旅游消费活力。

一是培育和树立海南鲜明独特的旅游养老形象。立足海南热带气候和生态环境优势，突出海南医药、温泉、乡村、文化和生物保健资源，进一步突出"健康岛""长寿岛""养生岛""欢乐岛"等海南旅游养老形象定位。

二是拓展旅游养老客源市场。以国内"活力老人"为目标市场，尤其是东北、华北、西北的中高端老年旅游市场，重点推出观光型旅游养老、候鸟型旅游养老和疗养型旅游养老，大力发展康体疗养型旅游养老产品。

三是加大旅游养老推介力度。大力发展各类养老中介服务组织，加强旅游养老推介平台建设。积极运用网络营销、中介机构宣传、举办或参加博览会等多种方式，加大海南旅游养老宣传力度。

四是引导消费理念。加大旅游养老知识普及力度。鼓励制作和播出旅游养老类节目，鼓励旅游养老题材的文艺创作。鼓励利用多媒体广播电视、网络广播电视、手机应用程序(App)等传媒新业态，宣传各种形式的旅游养老，引导旅游养老消费。

(四)推进产业融合，培育旅游养老新业态

1. 积极开发医养融合养老产品

随着旅游养老市场的发展，对医养结合型养老产品需求不断升级。尤其是在高端旅游养老需求市场，急需高质量的医疗服务。促进医养融合，能有效提升旅游养老产业的竞争力。目前，我国医养结合养老服务主要有三种基本模式①：一是医疗机构开展养老服务，即在医疗机构中设立老年病房或老年机构，为老年人提供专业陪护、建立健康档案等服务，满足老年人对于健康护理医的需求。二是在养老机构内增设医疗服务，在养老机构内部设置医疗部门，有专业的医护工作者，为老年人提供健康档案、护理服务、生活照料、康复锻炼等长期照护服务。三是医疗机构与养老机构合作，医疗资源和社会资源被充分利用，邻近的医院或社区卫生中心与养老机构进行不同程度的合作，由医疗机构人员定期为老年人提供营养健康咨询、健康数据监测等服务，同时设立就医、复查绿色通道，使养老机构的

---

① 刘洁，鲁捷．医养结合养老模式困境及对策［J］．合作经济与科技，2022(6)：166-167．

老年人能够方便快捷地得到医疗救护。

海南拥有独特的热带气候、清新的空气和优质的生态环境，具有开展医养结合的先天优势条件。目前，海南在医养融合方面还存在很大空间，需要进一步推进的工作主要如下：一是扩大定点医保单位，将养老机构内设的医务室、护理站等纳入医保定点单位，方便旅居老人就近医保。二是充分发挥社区医院贴近老年群体的优势，加大医养结合建设，方便老年群体在居家养老社区就医。

2. 积极培育"互联网+"智能化养老服务

移动互联网、物联网、云计算、大数据、人工智能等技术的快速发展，推动了社会生产方式和生活方式的深刻变革。海南应将互联网技术、智能化技术融合到旅游养老产业当中，以满足老年人需求为目标，通过产业融合，推动旅游养老产业的新发展。

3. 促进养老与健康管理融合

海南应借鉴国际流行的健康管理产业经验，贯彻国务院《关于加快推进健康与养老服务工程建设的通知》，鼓励发展以健康调理、康复与健康维护为核心的旅游养老服务；支持发展以各类休闲度假、健康运动为核心的健康保健服务；探索推进以健康评估为核心的健康咨询服务、家庭医生服务、健康旅游卡服务及健康数据信息通信服务，为旅游养老者提供涵盖健康体检评估、健康咨询、康复调理、医疗服务、养老看护等的健康服务，满足旅游养老者多元化需求。

4. 促进养老与投资、金融、保险的融合

海南应积极构建"养老+投资+管理+金融"的运营模式，强化中介协调服务，加强对养老保险基金和养老地产投资的支持力度，充分发挥行业引领功能，进一步规范商业银行、保险公司等金融机构的行为，支持各类金融机构开发各类适合老年人的理财、信贷、保险等产品。

(五)完善养老产业要素供给，提高旅游养老产业效率

1. 提高旅游养老产业人才供给

在养老服务产业诸要素中，人力资源是最为重要的产业要素之一。目

前，我国养老服务产业在人力资源方面普遍存在年龄大、学历低、外来务工人员所占比重大、就业门槛较低及"用工荒"等一系列问题，说明人力资源要素已经成为养老产业发展的主要短板。从培养专业人才的角度来看，必须做好养老产业人才发展规划。一是鼓励相关院校设置专门养老专业，做好增加招生计划，提升行业从业人员的学历。二是加大职业培训力度，增加教育培训的投资和资源投入，发放技能培训补贴。三是用人单位要提升行业薪资水平，引进一批具有岗位资质的专业人才，不断充实养老服务队伍。四是做好行业宣传，纠正社会偏见，提高社会认可度和行业自豪感。五是做好从业人员职业生涯规划，从入职开始，就要做好相关教育培训工作，明确其职业发展路径，增强其职业归属感，降低员工离职率，进一步夯实养老产业发展的人才基础。

2. 形成专项用地保障机制

用地问题是各个产业都面临的主要问题，而对养老产业来说用地问题日益突出。国家出台的一系列扶持养老产业发展的各项政策，均提及用地保障，但在实施过程中，很难落地。为此，建议地方政府要形成养老专项用地保障机制，确保用地政策真正落地。

3. 创新资金发展保障机制

旅游养老产业具有投资回报期长、利润率低、投资风险大等特征。尽管养老产业市场巨大，发展前景较好，但目前对资金市场的吸引力不大。为此，需要创新资金保障机制，为旅游养老产业提供资金保障。一是设立旅游养老产业投资基金，引导社会资金投向旅游养老产业；二是对养老服务机构、设施和服务网络以及养生养老健康产业链上的重点项目提供资金支持；三是采取股权投资基金、上市融资、公益创投和PPP等模式，带动社会资本加大投入，兴建养老设施，提供养老服务。

（六）推进产业融合，构建旅游养老产业生态圈

1. 积极发展健康农业

健康农业是以安全、营养、健康为新理念，以中药材、绿色健康食品、保健食品种植养殖为主体的农业新业态。发展健康农业是落实健康中国战

略的重要抓手。海南优质的生态环境为发展健康农业提供了良好的基础。为此，海南要大力发展健康农业，突出营养和健康导向，积极做好热带作物和水果瓜菜生产，大力开发绿色食品和有机食品，推进海南传统农业向绿色农业、休闲农业和健康农业转型。进一步加大南药种植(养殖)基地建设，打造具有海南特色的中医药健康旅游基地。利用石斛、忧遁草、牛大力、诺丽果等特色种质资源，结合南药资源和养生文化，发展特色健康农业。

2. 积极发展养老保险业

鼓励各类商业保险机构拓展各类旅游养老保险，开发适应旅游养老要求的一体化保险服务，设计与养老服务新业态发展相衔接的多样化健康险产品。

3. 积极发展养老产品制造业

养老制造业涵盖了健康食品、药品、医疗器械、康复辅助器具等产品生产制造。海南要充分利用自贸港政策和旅游养老产业优势，支持科技企业引进先进技术，开发高科技养老产品，发展养老制造业，推动旅游养老产业向高品质转型升级。

(七) 健全行业标准，营造良好的旅游养老产业发展环境

1. 推进旅游养老标准化工作

通过借鉴国内外养老服务和旅游服务的相关标准，结合国家相关政策法规，按照"规范性、引领性、全面性、操作性"原则，结合海南实际，制定适合海南旅游养老发展的特色标准化体系，建立旅游养老服务业准入制度。特色标准化体系要简明、科学，充分体现海南地方特色，具有可操作性，易于实施。准入制度和程序要公平、合理、简明。

2. 营造公平的市场竞争环境

旅游养老产业属于市场化行为，要坚定不移地走市场化之路，不断提高市场化程度，要培育一个高效率的旅游养老服务市场。地方政府要不断优化营商环境，形成公平竞争的产业环境，引导各类生产要素向民营养老服务机构流动，以壮大旅游养老产业市场主体。

3. 加强旅游养老机构诚信体系建设

诚信问题已经成为我国社会发展中的重大问题之一。增强诚信意识，开展诚信服务，是旅游养老企业义不容辞的责任。为保证旅游养老机构诚信体系建设，要加强旅游养老相关行业协会建设，充分发挥行业协会的指导和监督作用，制定行业自律准则，规范行业发展，推动旅游养老产业可持续发展。

三、相关讨论

（一）关于研究创新的讨论

创新是人类发展面临的永恒课题，也是科学研究的生命力所在。本书以海南为研究样地，研究旅游养老产业结构调整问题。对照国内外相关研究成果，本书在研究内容和主要观点方面可能的创新点（仅供讨论）主要如下：

1. 理论层面的创新

在理论层面，通过文献梳理，对照产业发展实践，可能的创新点主要如下：

一是厘清了旅游养老的概念内涵。长期以来，对旅游养老的概念内涵一直处于争议之中。从我国旅游发展的实践来看，旅游养老源于老年旅游，发源于旅行社组织的老年观光团，然后发展到养老度假，再演化出旅居养老，形成了目前旅游养老的整体样貌。因此，旅游养老这一概念既包含了老年人短期的观光度假，也包含了老年人长期的旅居养老。

二是明确了旅游养老产业的构成与产业性质。旅游养老产业是由围绕旅游养老活动而提供各种产品和服务的企业构成的，其主体构成是旅游地产（含养老公寓）和养老机构（民营），其次是酒店宾馆和乡村民宿。旅游养老在性质上属于服务业，这不同于以往研究中主要把养老机构作为旅游养老产业主体的传统观点。显然，养老机构易于统计分析，但从实践来看，目前大多数养老机构都是公办性质，受体制制约，很难开展旅游养老服务。

旅游养老产业中的机构养老主要是民办私营的养老机构，是以市场为导向赚取利润的企业。

三是诠释了旅游地产是旅游养老产业的发展根基和主要驱动力的观点。从海南旅游养老产业发展的实践来看，旅游养老产业实际上是以旅游地产为基础发展起来的，是受到地产发展驱动而发展起来的新业态。在海南，旅居养老者市场最大，多在海南拥有房产，相当于异地居家养老。其次是社区旅租，相当于异地租房养老。再次是养老公寓，这实际上是另一种形式的地产。专业养老机构依靠租赁一定数量的房源并提供专业服务而生存。酒店是旅游地产的重要组成部分。因此，旅游养老产业离不开地产的支撑。

四是深化了旅游养老需求和旅游养老产品理论。旅游养老需求是一种高层次的综合性需求，涵盖了食、住、行、游、购、娱等多个方面，其核心是健康、养生和娱乐。基于旅游养老需求的综合性，旅游养老产品是一种以目的地为依托的整体产品，即地点型产品，主要体现在旅居城市和旅居社区两个层面。

五是建立起旅游养老产业结构调整的理论逻辑和实践路径。旅游养老产业结构调整的目标是建立一个适应老年群体不断增长的多元化、个性化的旅游需求，形成精准供给的旅游养老服务体系，达到供需匹配合理，推进旅游养老产业不断演进升级。基于供给侧调整理论，旅游养老产业结构调整要从产业层面、要素层面和制度层面入手，制定切合实际的实施路径。

2. 对海南旅游养老产业实践的创新认识

通过对海南旅游养老产业运行环境、需求侧和供给侧的调研与分析，本书对海南旅游养老产业形成诸多新观点，主要有：

一是海南旅游养老产业是以旅游地产为支撑发展起来的综合性产业，业态模式复杂多样，除了传统的旅居社区、养老机构、酒店宾馆、养老公寓外，还有乡村民宿、共享农庄等新业态。

二是海南旅游养老市场需求与旅游养老产品供给之间形成了比较庞杂的供求关系体系，并且相对于旅游养老需求侧，旅游养老供给侧已经具有了一定的适应性。

三是海南旅游养老产业在海南社会经济中占有独特的地位，但整体处在不良循环当中。虽然海南旅游养老产业效益不高，大多数企业微利运营，但这一市场在一定程度上弥补了海南人口总量不足导致内需乏力的问题，也减轻了旅游淡旺季的冲击（尤其是酒店业和旅租业）。在一些候鸟型老人"逃离"海南后，海南地方政府和企业尤为明显地认识到发展旅游养老产业的必要性。

四是海南旅游养老供给侧存在五大方面的问题，其成因比较复杂。从供给侧改革视角，海南要制定旅游养老产业结构策略，包括明确旅游养老产业定位，做好顶层设计；优化旅游养老产品体系，丰富旅游养老业态；壮大旅游养老市场主体，激发旅游养老消费活力；推进产业融合，培育旅游养老新业态；完善养老产业要素供给，提高旅游养老产业效率，构建旅游养老产业生态圈；健全行业标准，营造良好的旅游养老产业发展环境。

（二）关于研究不足

本书的研究不足点主要有以下三个：

一是对旅游养老消费模式缺乏深入的定量分析，主要采用的是基于经验的定性判断。主要原因在于，问卷规模不大，精准度不高。在问卷过程中，由于问卷内容较多，旅居养老者大多不愿意如实填写，所以主要通过问卷者当面询问，并由问卷发放者帮助填写。

二是对相关案例研究和专题调研深度不足。主要原因在于，对许多案例进行深层分析难度较大。例如，在涉及的企业的商业模式和盈利方面，很难得到准确信息，一些企业只把旅游养老作为副业，也没投入更多资源。同时，大多数企业访谈对象不愿触及深层问题，多谈表面问题，缺乏企业高管的深入研判。上述原因导致本书在对海南旅游养老供需关系分析时主要凭直觉研判，缺乏深入的逻辑实证分析。

三是缺乏对国内外相关案例和产业实践的经验总结和借鉴分析。目前，国外已有诸多经验可供借鉴。考虑到我国国情、海南省情等诸多现实，在一定程度上忽略了对国内外相关案例的分析和实践经验总结。

（三）后续研究建议

基于本书的研究不足和研究中所认知的新问题，本书建议后续研究应突出以下三点：

一是构建更加完善的供需双轮驱动的旅游养老产业发展模型。深化旅游养老市场细分，基于细分市场需求特征，提升产品供给质量，形成更加精细的供需双轮驱动模式分析。

二是完善对旅游养老产业要素供给的研究，对用地问题、资金问题、人才问题、政策问题等做更加深入的研究。

三是进一步深化乡村民宿、共享农庄和健康旅游等具有海南特色的旅游养老新业态的研究，为海南旅游养老产业发展注入新活力。

参考文献

［1］ Bennett D G. Retirement Migration and Economic Development in High-amenity, Nonmetropolitan Areas［J］. Journal of Applied Gerontology, 1993, 12 (4)：466-481.

［2］ Bozic S. The Achievement and Potential of International Retirement Migration Research：The Need for Disciplinary Exchange［J］. Journal of Ethnic and Migration Studies, 2006, 32(8)：1415-1427.

［3］ Carrera P M, Bridges J F. Globalization and Healthcare：Understanding Health and Medical Tourism［J］. Expert Review of Pharmacoeconomics & Outcomes Research, 2006, 6 (4)：447-454.

［4］ Casado-Díaz M A, Kaiser C, Warnes A M. Northern European Retired Residents in Nine Southern European Areas：Characteristics, Motivations and Adjustment［J］. Ageing and Society, 2004, 24(3)：353-381.

［5］ De Jong G F, Wilmoth J M, Angel J L, et al. Motives and the Geographic Mobility of Very Old Americans［J］. Journal of Gerontology：Social Sciences, 1995, 50B(6)：S395-S404.

［6］ Gustafson P. Tourism and Seasonal Retirement Migration［J］. Annals of Tourism Research, 2002, 29(4)：899-918.

［7］ Hogan T D, Steinnes D N. A Logistic Model of the Seasonal Migration Decision for Elderly Households in Arizona and Minnesota［J］. The Gerontologist, 1998, 38(2)：152-158.

［8］ Longino C F, Crown W H. Retirement Migration and Interstate Income Transfers［J］. The Gerontologist, 1990, 30(6)：784-789.

［9］ Nimrod G. Retirement and Tourism Themes in Retirees' Narratives［J］.

Annals of Tourism Research, 2008, 35(4): 859-878.

[10] Oldakowski R K, Roseman C C. The Development of Migration Expectations: Changes throughout the Lifecourse[J]. Journal of Gerontology, 1986, 41(2): 290-295.

[11] Oliver C. Retirement Migration: Paradoxes of Ageing[M]. New York: Routledge, 2008.

[12] Sunil T S, Rojas V, Bradley D E. United States' International Retirement Migration: The Reasons for Retiring to the Environs of Lake Chapala, Mexico[J]. Ageing and Society, 2007, 27(4): 489-510.

[13] Walter W H. Place Characteristics and Later-life Migration[J]. Research on Aging, 2002, 24(2): 243-277.

[14] Warnes A M, Williams A. Older Migrants in Europe: A New Focus for Migration Studies[J]. Journal of Ethnic and Migration Studies, 2006, 32(8): 1257-1281.

[15] Williams A M, Hall C M. Tourism and Migration: New Relationships between Production and Consumption[J]. Tourism Geographies, 2000, 2(1): 5-27.

[16] Zimmer Z, Brayley R E, Searle M S. Whether to Go and Where to Go: Identification of Important Influences on Seniors' Decisions to Travel[J]. Journal of Travel Research, 1995, 33(3): 3-10.

[17] 曹侃. 城市居住区宜居性与评价体系建构[J]. 中华建设, 2016(1): 80-81.

[18] 陈才, 杨春淮. 海南共享农庄建设的系统结构与驱动机制研究——基于利益相关者视角的探讨[J]. 南海学刊, 2018, 4(3): 69-75.

[19] 陈昶屹. "候鸟式异地养老"的困境[J]. 经法视点, 2005, 25(1): 40-41.

[20] 陈剑晖. 关于海南人文环境建设的几点思考[J]. 新东方, 1995(1): 71-76.

[21] 陈茉. 中国养老政策变迁历程与完善路径[D]. 长春: 吉林大学, 2018.

［22］陈雪钧，李莉，付业勤．旅游养老产业发展的国际经验与启示［J］．开发研究，2016（5）：122-126．

［23］陈雪钧，李莉．旅游养老产业发展研究［M］．北京：北京理工大学出版社，2018．

［24］丁恩超．国外养老产业发展经验及启示［D］．郑州：河南大学，2017．

［25］董伟．浅谈中国经济"新常态"［J］．中国商论，2017（6）：3-4．

［26］杜晓艳，王丹，王思朦，等．居养老地产市场需求调查与发展对策——以扬州市为例［J］．商业经济，2018（7）：66-67．

［27］冯志峰．供给侧结构性改革的理论逻辑与实践路径［J］．经济问题，2016（2）：12-17．

［28］符和积．海南地域文化的历史构成、发展与特性［J］．海南师范大学学报，2015（4）：96-106．

［29］符嘉愉．岛屿旅游视域下海南民族文化的传承与保护［J］．海南热带海洋学院学报，2021，28（3）：104-110．

［30］高峰．我国煤炭需求总量分析与预测［J］．煤炭经济研究，2014，34（4）：10-13+23．

［31］高力．国际一线城市养老地产市场潜力巨大［J］．住宅与房地产，2017（10）：129-130．

［32］耿童．论候鸟老人社区融入的障碍——以三亚金鸡岭社区为例［J］．长江丛刊，2016（12）：93-94．

［33］巩慧琴．三亚候鸟游客行为特征分析［J］．全国流通经济，2018（34）：89-90．

［34］关帆．旅游养老目的地开发模式研究［D］．青岛：中国海洋大学，2009．

［35］桂世勋，徐永德，楼玮群．田青长者友善社区建设：一项来自上海的经验研究［J］．人口学刊，2010（4）：23-29．

［36］郭莉莉，杨洁．日本机构养老服务发展经验与启示［J］．中国管理信息化，2022，25（15）：221-223．

［37］何纪周．我国老年人消费需求和老年消费品市场研究［J］．人口学

刊，2004(3)：49-52.

[38] 何况．度假养老型康养小镇规划研究——以蒙自南山康养小镇为例[D]．昆明：昆明理工大学，2021.

[39] 何云灿．永嘉县养生养老产业发展战略研究[J]．科技风，2015(14)：227-228.

[40] 胡鞍钢，周绍杰，任皓．供给侧结构性改革——适应和引领中国经济新常态[J]．清华大学学报(哲学社会科学版)，2016，31(2)：17-22.

[41] 胡晓君．城市宜居社区综合评价研究[D]．中山：中山大学，2008.

[42] 华云．康养小镇开发模式探究[J]．城市住宅，2018，25(11)：32-35.

[43] 黄诚．基于需求层次理论的"候鸟老人"养老方式研究[J]．生产力研究，2016(12)：114-117.

[44] 黄璜．国外养老旅游研究进展与我国借鉴[J]．旅游科学，2013，27(6)：13-24+38.

[45] 黄性男．花莲地区发展健康促进型长宿休闲小区评估指标研究[D]．台北：朝阳科技大学，2008.

[46] 江海燕，刘庆友．银发族乡村旅游养老意愿及影响因素分析——基于南京市200位老年者的调查[J]．湖南农业科学，2014(9)：61-65.

[47] 江立华，黄加成．老年人需求与宜居社区建设[J]．华东理工大学学报(社会科学版)，2011(6)：87-92.

[48] 蒋秀芳，陈才．长宿休闲研究进展[J]．海南师范大学学报(自然科学版)，2015，28(4)：456-460.

[49] 金红霞．旅居式养老模式的探析——以海南普仁养老基地为例[D]．昆明：云南财经大学，2017.

[50] 金天超，余子萍．养生生态旅游地核心竞争力研究[J]．产业与科技论坛，2011，10(3)：39-40.

[51] 景晓芬．迁移老人城市社会性养老服务需求及影响因素研究——基于与城市非迁移老人的对比[J]．兰州学刊，2020(11)：185-197.

[52] 康蕊．关于旅居养老产业发展的思考——以海南省为例[J]．社会

福利，2016(4)：25-28.

[53] 赖一阳．旅游养老的发展模式与推进路径研究[D]．上海：上海工程技术大学，2019.

[54] 雷挺．海南旅居养老基地规划设计研究[D]．北京：清华大学，2016.

[55] 李佳薇．大理市发展"候鸟式"养老模式的实践研究[D]．昆明：云南师范大学，2017.

[56] 李莉，陈雪钧．旅游养老产业的构成体系与发展动力机制研究[J]．经济研究导刊，2018(15)：67-70.

[57] 李敏纳，蔡舒，李营堑．海南省经济空间分异格局分析[J]．Advances in Economics，Business and Management Research，2019，76：324-328.

[58] 李珊，杨忠振．城市老年宜居社区的内涵和评价体系研究[J]．西北人口，2012(2)：17-21.

[59] 李松柏．我国旅游养老的现状、问题及对策研究[J]．特区经济，2007(7)：159-160.

[60] 李雨潼，曾毅．"候鸟式"异地养老人口生活现状研究——以海南省调查为例[J]．人口学刊，2018，40(1)：56-65.

[61] 李振纲，吕红平．中国的尊老敬老文化与养老[J]．人口学刊，2009(5)：27-31.

[62] 梁陶．我国养老旅游产品开发策略研究[J]．现代商贸工业，2008(7)：117-118.

[63] 梁增贤，陈颖欢．退休移民的流动模式与社会融入研究——以珠海为例[J]．旅游学刊，2021，36(2)：27-39.

[64] 林超，吕萍，顾岳汶．文昌"三块地"改革与乡村旅游发展与思考[J]．中国房地产，2019(7)：44-47.

[65] 林菁．海南省中等职业学校养老护理人才培养现状及对策研究[D]．天津：天津大学教育学院，2018.

[66] 林昱宏．Long Stay产业行销策略研究——以小垦丁度假村为例[D]．嘉义：嘉义大学管理学院，2020.

［67］林元昌，许亦善. 旅居养老业态打造路径研究——基于"清新福建"视角［J］. 中共福建省委党校学报，2018（7）：102-107.

［68］刘昌平，汪连杰. 新常态下的新业态：旅居养老产业及其发展路径［J］. 现代经济探讨，2017（1）：25-27.

［69］刘芳，傅云新. 我国城市低龄老年旅游市场的营销策略研究［J］. 商场现代化，2006（23）：127-129.

［70］刘芳. 老年群体"候鸟式"旅游心理研究及开发策略分析［J］. 旅游纵览（下半月），2017（4）：92.

［71］刘光前，刘逸. 海南饮食文化特色［J］. 新东方，2010（3）：35-38.

［72］刘洁，鲁捷. 医养结合养老模式困境及对策［J］. 合作经济与科技，2022（6）：166-167.

［73］刘丽. 新时期旅居养老产业发展方式研究［J］. 北京印刷学院学报，2021，29（1）：28-30.

［74］刘玲. 海南"候鸟式"养老的负外部性调查及其消除策略探析［J］. 特区经济，2018（2）：13-17.

［75］刘玲，王爱华，朱月季，等. 海南"候鸟式"养老的负外部性调查及其消除策略探析［J］. 特区经济，2018（2）：13-17.

［76］刘璐婵. 流动人口跨省异地就医困局的缘起、政策分析与制度破解［J］. 四川轻化工大学学报，2010（5）：31-34.

［77］刘淑娟. 我国养老服务人才培养现状及对策研究［D］. 秦皇岛：河北科技师范学院，2016.

［78］刘英团. 旅居养老：推进旅居养老资源的深度融合［J］. 社保论坛，2017（5）：23-24.

［79］陆杰华，沙迪. 老龄化背景下异地养老模式类型、制约因素及其发展前景［J］. 江苏行政学院学报，2019（4）：56-63.

［80］罗鹤蓉. 康养旅游城市的内涵与规划［J］. 住宅与房地产，2020（15）：77.

［81］罗赟敏. 社会关系对异地养老旅游者行为的影响研究［J］. 长春大学学报，2017，27（7）：21-25.

[82] 马晓河，郭丽岩，付保宗．推进供给侧结构性改革的基本理论与政策框架[J]．宏观经济研究，2017(3)：3-15.

[83] 孟桂如，张小锋，王靖童，等．黑龙江省"候鸟式"旅游养老存在的问题及对策研究[J]．商业经济，2017(5)：6-7.

[84] 孟宪敏．候鸟型养生旅游社区居住者情感特征研究[D]．南宁：广西师范学院，2017.

[85] 穆光宗．关于"异地养老"的几点思考[J]．中共浙江省委党校学报，2010(2)：19-24.

[86] 聂继凯．居民日常生活需求导向下的宜居社区评估指标体系研究[J]．现代城市研究，2019(11)：120-124.

[87] 潘美含．基于生命历程理论的养老旅游者决策行为影响因素研究——以重庆市为例[J]．人文地理，2017(6)：154-16.

[88] 潘梦婷．北海市候鸟式养老旅游消费行为影响因素研究[D]．南宁：广西大学，2019.

[89] 庞小笑．旅居养老目的地选址研究：以浙江省金华市为例[D]．金华：浙江师范大学，2015.

[90] 史家利．因地制宜探索新方式　提升养老服务新水平——辽宁省丹东市探索候鸟式休闲旅游养老服务新方式[J]．社会福利，2012(6)：40-41.

[91] 司徒尚纪，许桂灵．海南文化的特质和历史地位[J]．琼州学院学报，2014，21(1)：93-98.

[92] 宋玢．积极老龄化视角下的海南省候鸟式养老研究[D]．海口：海南大学，2018.

[93] 宋欢，杨美霞．养老旅游的概念与本质[J]．三峡大学学报(人文社会科学版)，2016，38(6)：37-41.

[94] 孙冬燕．旅游业产业发展视阈下海南"候鸟"养老产业现象解读[J]．商业经济研究，2017(13)：171-172.

[95] 孙伊凡．养老方式嬗变及其原因探析[J]．人民论坛，2019(13)：74-75.

[96] 田敏，宋彦．宜居社区评价指标比较研究[J]．经济体制改革，

2016(3)：182-188.

[97] 王斌. 旅居养老——旅游地产业转型升级新机遇[J]. 城乡建设，2018(3)：56-58.

[98] 王姜彤. 可租赁候鸟式老年公寓设计研究[D]. 北京：北京工业大学，2015.

[99] 王守义，罗丹，陆振豪. 供给侧结构性改革是中国特色社会主义政治经济学的重大理论创新[J]. 改革与战略，2017，33(12)：8-12.

[100] 王思瑶，刘艳红，张丽宏. 宜居社区环境评价体系的研究进展[J]. 山西建筑，2017(22)：183-186.

[101] 王兴斌. 旅居养老难破"旅而不养"困局[N]. 北京商报，2019-11-27.

[102] 王亚丽. 三亚"候鸟式"老年旅游市场的开发研究[D]. 兰州：西北师范大学，2015.

[103] 魏来，章杰宽. 老年人旅游动机及其旅游景点选择偏好研究[J]. 经济研究导刊，2012(18)：157-159.

[104] 魏薇，林茜. 旅居养老综合体的建设特点和发展现状分析[J]. 中国市场，2017(7)：54-55.

[105] 乌丹星. 国外养老产业发展经验对中国的借鉴[J]. 中国保险，2021(4)：60-63.

[106] 吴传钧，蔡清泉. 中国海岸带土地利用[M]. 北京：海洋出版社，1993.

[107] 吴娟娟. "候鸟式"旅游地养老地产开发适宜性及风险规避研究[D]. 南宁：广西大学，2017.

[108] 吴明隆. SPSS操作与应用：问卷统计分析实务[M]. 台北：五南图书出版有限公司，2008.

[109] 吴胜安，邢彩盈，朱晶晶. 海南岛气候特征分析[J]. 热带生物学报，2022(7)：315-323.

[110] 辛建荣，唐惠良，陈水雄. 海南海岸带旅游开发及环境问题与可持续发展[J]. 热带农业科学，2011，31(9)：82-86.

[111] 颜建贤，方乃玉. 台湾发展日本银发族长宿休闲评估指标之研

究[J].台湾乡村研究,2008(8):39-64.

[112] 杨春淮,张珊,李晓书.海南乡村民宿"共享众筹"模式探究 [J].海南热带海洋学院学报,2019(3):27-34.

[113] 杨国良,谭奇辉.海南岛民性格及文化的形成[J].文艺争鸣, 2006(3):148-150.

[114] 杨素雯.推进养老模式多元化发展[N].中国社会科学报,2019- 02-20.

[115] 杨涛.新常态下的新业态:旅居养老产业及其发展路径[J].经 贸实践,2017(21):23-27.

[116] 叶剑平,王洁.共享农庄:海南实现乡村振兴的有效途径[J]. 南海学刊,2018,4(3):76-81.

[117] 叶萍,刘晓农.日本温泉旅游产业发展及对我国的启示[J].老 区建设,2019(18):12-18.

[118] 于红,苏勤.候鸟老人的地方融入——以三亚市区为例[J].海 南热带海洋学院学报,2019,26(6):50-55.

[119] 于一凡,朱霏飐,贾淑颖,等.老年友好社区的评价体系研究 [J].上海城市规划,2020(6):1-6.

[120] 袁崇希.健康银发族对养生村与银发住宅之需求探讨——以台 北都会区为例[D].台南:昆山科技大学,2018.

[121] 张蓓蓓,王艺芳,姜勇.我国幼儿教师职业感受指标体系的构 建——基于德尔菲法和层次分析法[J].苏州大学学报(教育科学版), 2020,8(3):109-118.

[122] 张开志,高正斌,张莉娜,等."候鸟式"流动亦或"永久" 迁移?——基于社会融入视角的公共服务可及性与人口流迁选择[J].经济 与管理研究,2020,41(7):112-133.

[123] 张铠宁.云南养老旅游产品供需分析与发展对策研究[D].昆 明:云南师范大学,2021.

[124] 张丽,朱圆梦,韩学风.老年人旅游养老意愿影响因素实证研 究[J].四川旅游学院学报,2021(3):46-50.

[125] 张美英,李柏文,陈晓芬.日本医疗旅游的发展经验及其对中

国的启示[J].广西职业师范学院学报,2022,34(1):56-63.

[126] 张文忠.宜居城市建设的核心框架[J].地理研究,2016,35(2):205-213.

[127] 张衔,杜波.供给侧结构性改革的理论逻辑和本质属性[J].理论视野,2021(5):42-48.

[128] 张颖超,巩慧琴.基于游客满意度的三亚候鸟旅游市场营销研究[J].现代商业,2018(6):21-23.

[129] 张园.供给侧改革视角下我国养老服务产业化模式与路径研究[M].北京:经济科学出版社,2018.

[130] 张芝菱.银发族对于长宿休闲环境认知及养生条件发展之研究——以竹山为例[D].台北:南开科技大学,2013.

[131] 赵东霞,孙俊玲.我国城市老年人宜居环境评价指标体系研究[J].环境保护与循环经济,2013(3):52-55.

[132] 赵西君.我国旅游养老服务业发展现状与对策研究——以广西壮族自治区为例[J].中国市场,2016(26):107-111.

[133] 郑宜颖.日本长宿休闲客选择长宿地点影响因素之探讨[D].台北:台湾师范大学,2014.

[134] 中国老龄产业协会.旅居养老服务机构评价准则:LM0003-2015[S].2015.

[135] 钟晖,王媛.健康旅游研究综述[J].昆明理工大学学报(社会科学版),2020,20(5):109-115.

[136] 仲继寿,于重重,李新军.老年人居住健康影响因素与适老宜居社区建设指标体系[J].住区,2013(3):18-25.

[137] 周刚.养老旅游理论与实践研究[J].地域研究与开发,2009,28(2):112-116.

[138] 周刚,章天园,高晓妍.重庆避暑型旅游养老产业基础调查研究[J].经济师,2017(7):172-174.

[139] 周刚,周欣雨,梁晶晶.旅游养老产业化发展初步研究[J].荆楚学刊,2015(1):53-58.

[140] 周京蓉,左云.老龄化背景下旅居养老综合体建设构想[J].智

能建筑与智慧城市，2020（10）：58-60.

［141］朱贺．社会工作介入养老机构服务专业化的研究［J］．智库时代，2018（19）：42-44.

［142］朱子依．健康中国背景下"太禾国际康养小镇"的产品开发定位研究［D］．西安：西北大学，2018.